全国中等职业技术学校汽车类专业通用教材

Qiche Danpianji ji Chezai Wangluo Xitong
汽车单片机及车载网络系统

（第二版）

林为群　主　编

李秉玉　辛　勤　副主编

人民交通出版社股份有限公司
China Communications Press Co.,Ltd.

内 容 提 要

本书是全国中等职业技术学校汽车类专业通用教材,依据《中等职业学校专业教学标准(试行)》以及国家和交通行业相关职业标准编写而成,主要内容包括:汽车电子控制与车载网络综述、汽车单片机基础、接口基础、汽车网络概念、汽车网络的 CAN-BUS 协议格式及应用、汽车车载网络系统、汽车车载网络系统的检修,共计 7 个单元。

本书供中等职业学校汽车类专业教学使用,亦可供汽车维修相关专业人员学习参考。

图书在版编目(CIP)数据

汽车单片机及车载网络系统/林为群主编.—2 版.—北京:人民交通出版社股份有限公司,2017.8
全国中等职业技术学校汽车类专业通用教材
ISBN 978-7-114-13991-8

Ⅰ.①汽… Ⅱ.①林… Ⅲ.①汽车—单片微型计算机—中等专业学校—教材 ②汽车—计算机网络—中等专业学校—教材 Ⅳ.①U463.6

中国版本图书馆 CIP 数据核字(2017)第 162246 号

全国中等职业技术学校汽车类专业通用教材

书　　名:	汽车单片机及车载网络系统(第二版)
著 作 者:	林为群
责任编辑:	闫东坡
出版发行:	人民交通出版社股份有限公司
地　　址:	(100011)北京市朝阳区安定门外外馆斜街 3 号
网　　址:	http://www.ccpress.com.cn
销售电话:	(010)59757973
总 经 销:	人民交通出版社股份有限公司发行部
经　　销:	各地新华书店
印　　刷:	北京市密东印刷有限公司
开　　本:	787×1092　1/16
印　　张:	17.75
字　　数:	414 千
版　　次:	2007 年 5 月　第 1 版 2017 年 8 月　第 2 版
印　　次:	2017 年 8 月　第 2 版　第 1 次印刷　累计第 5 次印刷
书　　号:	ISBN 978-7-114-13991-8
定　　价:	39.00 元

(有印刷、装订质量问题的图书由本公司负责调换)

第二版前言
FOREWORD

为适应社会经济发展和汽车运用与维修专业技能型紧缺人才培养的需要,交通职业教育教学指导委员会汽车(技工)专业指导委员会于2004年陆续组织编写了汽车维修、汽车电工、汽车检测等专业技工教材、高级技工教材及技师教材,受到广大中等职业学校师生的欢迎。

随着职业教育教学改革的不断深入,中等职业学校对课程结构、课程内容及教学模式提出了更高的要求。《教育部关于深化职业教育教学改革全面提高人才培养质量的若干意见》提出:"对接最新职业标准、行业标准和岗位规范,紧贴岗位实际工作过程,调整课程结构,更新课程内容,深化多种模式的课程改革"。为此,人民交通出版社股份有限公司根据教育部文件精神,在整合已出版的技工教材、高级技工教材及技师教材的基础上,依据教育部颁布的《中等职业学校汽车运用与维修专业教学标准(试行)》,组织中等职业学校汽车专业教师修订再版了全国中等职业技术学校汽车类专业通用教材。

此次修订再版的教材总结了全国技工学校、高级技工学校及技师学院多年来的汽车专业教学经验,将职业岗位所需要的知识、技能和职业素养融入汽车专业教学中,体现了中等职业教育的特色。教材特点如下:

1."以服务发展为宗旨,以促进就业为导向",加强文化基础教育,强化技术技能培养,符合汽车专业实用人才培养的需求;

2.教材修订符合中等职业学校学生的认知规律,注重知识的实际应用和对学生职业技能的训练,符合汽车类专业教学与培训的需要;

3.教材内容与汽车维修中级工、高级工及技师职业技能鉴定考核相吻合,便于学生毕业后适应岗位技能要求;

4.依据最新国家及行业标准,剔除第一版教材中陈旧过时的内容,教材修订量在20%以上,反映目前汽车的新知识、新技术、新工艺;

5.教材内容简洁,通俗易懂,图文并茂,易于培养学生的学习兴趣,提高学习效果。

《汽车单片机及车载网络系统》是汽车运用与维修专业课之一,教材主要内容包括:汽车电子控制与车载网络综述、汽车单片机基础、接口基础、汽车网络概念、汽车网络的CAN-BUS协议格式及应用、汽车车载网络系统、汽车车载网络系统的检修，共计7个单元。教材由天津交通职业技术学院林为群担任主编，山东交通技术学院李秉玉和天津滨海汽车工程职业学院辛勤担任副主编。教材编写分工为：天津市东丽区职业教育中心学校李鑫、天津艾米现代网络科技有限公司林鹏翔编写单元1，山东交通技术学院李秉玉、刘海峰、段德军，天津云控科技有限公司郭渊，天津市劳动经济学校王辰宸，天津市东丽区职业教育中心学校李鑫编写单元2～单元5，天津滨海汽车工程职业学院辛勤、天津市东丽区职业教育中心学校李军、天津市劳动保障技师学院付童、天津市劳动经济学校张鹏炜、天津艾米现代网络科技有限公司林鹏翔、天津云控科技有限公司郭渊编写单元6、单元7。在教材编写中，对提供资料及技术上给予大力协助与支持的相关行业专家李春利、王光磊、庞军、张军、候士伟、李树峰、陈魁明等表示感谢。

限于编者经历和水平，教材内容难以覆盖全国各地中等职业学校的实际情况，希望各学校在选用和推广本系列教材的同时，注重总结教学经验，及时提出修改意见和建议，以便修订再版时改正。

编　者

2017年5月

目录 CONTENTS

单元一 汽车电子控制与车载网络综述 ································· 1
 课题一 汽车电子控制技术应用概述 ································· 1
 课题二 网络信息技术在汽车上的应用 ································· 3
 课题三 汽车电子控制技术综述 ································· 8

单元二 汽车单片机基础 ································· 14
 课题一 单片机概述 ································· 14
 课题二 处理器、存储器的基本概念 ································· 17
 课题三 常用汽车单片机的结构框架 ································· 22

单元三 接口基础 ································· 35
 课题一 接口及接口技术、功能与组成 ································· 35
 课题二 接口电路的结构形式 ································· 40
 课题三 CPU 与接口交换数据的方式 ································· 44
 课题四 汽车单片机的典型应用 ································· 50

单元四 汽车网络概念 ································· 58
 课题一 网络基础知识 ································· 58
 课题二 常用车载网络系统简介 ································· 61
 课题三 多路总线传输系统 ································· 66
 课题四 CAN 物理层模型 ································· 70
 课题五 CAN 技术规范介绍 ································· 73

单元五 汽车网络的 CAN–BUS 协议格式及应用 ································· 87
 课题一 独立控制器 SJA1000 ································· 87
 课题二 Basic CAN 与 Peli CAN 的区别 ································· 92
 课题三 Basic CAN 与 Peli CAN 的寄存器及功能 ································· 93
 课题四 CAN 总线的驱动器 ································· 118

单元六 汽车车载网络系统 ································· 132
 课题一 大众车系数据总线应用 ································· 132
 课题二 奥迪数据总线系统应用 ································· 154
 课题三 奔驰数据总线系统应用 ································· 162
 课题四 宝马数据总线系统应用 ································· 180
 课题五 丰田数据总线系统应用 ································· 214
 课题六 通用汽车公司数据总线系统应用 ································· 223

单元七 汽车车载网络系统的检修 ·· 233
　课题一　CAN 网络故障的诊断与维修 ·· 233
　课题二　其他网络故障诊断与维修 ··· 251
　课题三　车载网络系统故障案例分析 ··· 258
参考文献 ·· 275

单元一　汽车电子控制与车载网络综述

 知识目标

(1) 综述网络信息技术在汽车控制技术中的主要应用及现状；
(2) 未来汽车控制中网络技术及电子技术的发展趋势。

 技能目标

会识别本单元所列电子控制与车载网络中文专用名称对应的英文缩写词。

课题一　汽车电子控制技术应用概述

汽车问世130多年以来,不断地更新换代。现代汽车已集机械、电子、液压、光缆、计算机、自动控制和信息技术等综合学科与技术于一身。

随着新能源汽车列入我国加快培育和发展的七大战略性新兴产业,汽车的智能化、数字网络化、节能化已成汽车发展的大方向。"如何有效应对大数据、人工智能、新技术新产业新业态等带来的新挑战,让教育变革跟上时代,让我们培养的人不落伍于时代?"这是汽车后服务市场专业群必须面对的课题!

一、汽车电子控制技术内涵

汽车电子控制技术是以汽车微电子、电器技术、新材料与新工艺为基础,应用电子技术、计算机与通信技术快速发展的成果,使汽车电子控制的范围、精度、智能化及人性化水平不断提高的多项技术综合应用的统称。

目前,汽车电子技术已发展到包括电子技术(含微机技术)、优化控制技术、传感器技术、网络技术、机电一体化耦合交叉技术等综合技术的系统阶段。

二、汽车电子控制技术主要内容

(1) 硬件——微机及其接口、执行部件、传感器等。

(2)软件——主要是以汇编语言及其他高级语言编制的各种数据采集、计算判断、报警、程控、优化控制、监控、自诊断系统等程序。

(3)汽车电子控制属于过程控制。过程控制是自动控制技术的一个重要分支,它强调控制连续性、实时性和控制性能的整体性。进入20世纪90年代以来,过程控制不断地融合微处理机、数据库、信号处理、计算机网络及通信等先进技术,形成高新技术的密集型产业格局,就是以计算机集成控制系统CIMS为目标,集合控制、优化、调整及管理于一体的新模式,从而使过程自动化。利用自动控制理论而建立的开环、闭环、最优、自适应控制系统,在汽车优化控制中都有采用。控制拓展为整个过程的控制、调度和决策。

要在汽车中实现自动控制,其前提是采用了汽车单片微型计算机。微机是整个系统的核心,目前汽车上用的微机以通用单片机和高抗干扰及耐振的汽车专用微机为主,其抗干扰性能较强,能适应汽车振动大等恶劣的工作环境。有的由单机控制(即一个微机控制一个项目,如控制点火)向集中控制发展,而汽车集中控制也由原来的多个计算机通信向网络化管理过渡。

三、电子计算机的发展概述

电子计算机的发展经历了四代:

第一代——电子管时代(1946—1958年)。首台电子计算机是1946年2月14日在宾夕法尼亚大学诞生,使用了17468只电子管、70000个电阻器、10000个电容器、1500个继电器、6000多个开关;占地170m^2,质量为30t;耗电达150kW,造价约487000美元,运算速度为每秒执行5000次加法或400次乘法。当时计算机软件主要用机器语言编制程序,用于科学计算。

第二代——晶体管时代(1958—1964年)。计算机的逻辑元件为晶体管。软件开始使用各种高级语言编制程序。计算机的应用已发展至各种事物的数据处理,并开始用于工业控制。

第三代——集成电路时代(1964—1971年)。计算机的逻辑元件为小规模集成电路(SSI)和中规模集成电路(MSI)。软件方面出现了分时操作系统,会话式的高级语言也有相当发展。计算机的应用已开始用于企事业管理与工业控制。

第四代——大规模集成电路时代(1971年至今)。计算机的逻辑元件成为大规模集成电路(LSI)。软件性能也有极大提高,计算机应用进入了网络时代。

电子计算机在数字逻辑运算、推理、自动控制等方面显露出非凡的功能后,在各种控制领域人们对电子的发展提出了与传统大量高速计算完全不同的要求,即面对控制对象、各种传感器信号、人机交互操作控制,能方便地嵌入工控应用系统之中等等。因此,单片机应运而生。

必须指出:继中国国防科技大学研制的"天河二号"超级计算机,连续6次摘得全球运行速度最快的超级计算机桂冠之后,2016年11月,德国法兰克福国际超级计算机大会(ISC)公布的新一期全球超级计算机中,由国家超级计算无锡中心研制装置"中国芯"的"神威·太湖之光"运算速度夺得世界第一,运算速度每秒12.5亿亿次,1min的计算能力相当于全球72亿人同时用计算器不间断计算32年。

四、单片机

单片机也被称为"微控制器"、"嵌入式微控制器",就是把电脑的处理器 CPU、存储器以及外围接口电路(如 I/O 电路)都集成在一块芯片上,拥有计算机的基本功能,因本身的集成度相当高,内存储器容量有限,接口电路也不多,所以适用于一般小系统中。也就是说,单片机是在一块高精度、高密度、多层电路板上把 CPU、存储器以及 I/O 接口电路等大规模集成电路组装在一起而成的微机。

单片机一词最初源于"Single Chip Microcomputer",简称 SCM。在单片机诞生时,SCM 是一个准确、流行的称谓,"单片机"一词准确地表达了这一概念。随着 SCM 在技术上、体系结构上不断扩展其控制功能,单片机用"单片微型计算机"已不能准确表达其内涵。

国际上逐渐采用微控制器 MCU(Micro Controller Unit)和嵌入式系统 SoC(System on Chip)来代替 SCM。在国内因"单片机"一词已约定俗成,故而继续沿用。单片机的发展阶段与技术发展方向见表 1-1。

单片机的发展阶段与技术发展方向   表 1-1

阶　　段	主要的技术发展方向
Single Chip Microcomputer 早期:SCM,即单片微型计算机阶段	主要是寻求最佳的单片形态嵌入式系统的最佳体系结构。该"创新模式"获得的成功,奠定了 SCM 与通用计算机完全不同的发展道路
Micro Controller Unit 中期发展:MCU,即微控制器阶段	在不断扩展满足嵌入式应用时,对象系统要求的各种外围电路与接口电路,突显其对象的智能化控制能力。它所涉及的领域都与对象系统相关
System on Chip 当前趋势:SoC,嵌入式系统的独立发展阶段	向 MCU 阶段发展的重要因素,就是寻求应用系统在芯片上的最大化解决,因此,专用单片机的发展自然形成了 SoC 化趋势。随着微电子技术、IC 设计、EDA 工具的发展,基于 SoC 的单片机应用系统设计获得较大发展
小结:对单片机的理解可从单片微型计算机、单片微控制器延伸到单片应用系统	

汽车制造业在大量应用电子设备和电子控制单元实施过程控制中,针对传统线束车身布线长而复杂、运行可靠性低、故障维修难度大等缺陷,以及汽车综合控制系统中大量的数据信息共享于不同的电子单元中,且大批的控制信号也需要进行实时快速、准确交换的要求,已在运用现场控制和计算机网络技术的基础上,开发出各种适用于汽车的网络技术和信号处理技术。

课题二　网络信息技术在汽车上的应用

IT(Information Technology)是信息技术的简称,指与信息相关的技术。大家基本上都认同的观点是 IT 由以下三部分组成:

传感技术——人的感觉器官的延伸与拓展,最明显的例子是条码阅读器。

通信技术——人的神经系统的延伸与拓展,承担传递信息的功能。

计算机技术——人的大脑功能延伸与拓展,承担对信息进行处理的功能。

必须指出:随着信息技术的飞速发展,以及在军事上的需求,网络信息技术已被单列出来,成为现代作战系统的一个重要组成部分。

网络信息技术在汽车内部的应用——比较高级的汽车上装有几十个微机控制器、上百个传感器,计算机网络是用通信线路和通信设备将分布在不同地点的多台自治计算机系统互相连接起来,按照共同的网络协议,共享硬件、软件和数据资源的系统。而车载网络系统能实现信息共享、减少布线、降低成本和提高总体可靠性。通常的车载网络系统采用多条不同速率的总线分别连接不同类型的节点,并通过网关服务器来实现整车的信息共享和网络管理。

网络信息技术在汽车外部的应用——汽车上网系统,是一种无线网络结构。人们在驾驶汽车时,通过它就可以进行上网、发 E-mail 等所有网上操作。

一、计算机集成控制系统(CIMS)在汽车内部的应用概况

汽车应用网络技术解决了汽车一直存在的分散控制(用一个微控制器控制一个部件)和集中控制的矛盾。

1. 汽车集中控制系统分类

(1)完全集中式控制系统(如:采用一个微机系统分别控制汽车优化点火、牵引力控制、超速报警、防滑制动、自动门锁和防盗等)。

(2)分级式控制系统(如:采用1台中央控制计算机指挥4台微机,分别控制汽车数据传输、优化点火、燃油喷射、防滑制动等)。

(3)分布式集中控制(如:日本五十铃生产的汽车 ITEC 系统,对发动机的点火、燃油喷射、怠速及废气再循环进行分块集中控制,根据汽车的各大组成部件——发动机、底盘、信息、显示和报警等部件进行分布式集中控制)。

上述各类的控制各有优缺点,例如完全集中式控制,一旦微机出现故障将导致全车瘫痪。但采用网络技术后,进行环形网控制,共用所有传感器和其他设备,即使个别微机出现问题,整车还可以正常运行。

2. 车载网络系统具有的优点

(1)结构配置的灵活性。容易针对不同的汽车电子设备在无须重新设计整个系统的前提下,进行组成结构的配置,从而可使用或扩展其功能。

(2)系统开发的方便性。系统所用软硬件均是通用器件,便于设计人员的开发和升级。

(3)信息使用的一致性。子系统均使用同一信息(或数据),既能减少传感器的数量,又可提高子系统的控制精度。

(4)降低成本的可行性。减少所需传感器、导线束及接插件的数量,减轻安装工作量、降低生产成本。

(5)功能扩充的现实性。可在不增加硬件的情况下提高、扩充子系统功能,易于大量资料的流通交换。

(6)自我诊断的完善性。使车载电子设备的自我诊断更加完善。

20 世纪 80 年代中期,随着微处理器与计算机功能的不断增强和价格的急剧降低,计算机与计算机网络系统得到迅速发展。处于生产过程底层,采用自封闭式控制的测控自动化系统,难以实现设备之间以及系统与外界之间的信息交换,使自动化系统成为"信息孤岛"。现场总线作为过程自动化、制造自动化、数字、交通等领域现场智能设备之间的互联通信网

络,沟通了生产过程现场控制设备之间及其与更高控制管理层网络之间的联系,为彻底打破自动化系统的信息孤岛创造了条件。经过发展的现场总线经3C技术(计算机、通信、控制)在信息传输方法的革新与系统开放和互操作要求的合力推动下,终于超越了传统的分散控制系统DCS(Distributed Control System,国内习惯称为集散控制系统),将信息化、网络化结合于底层系统,为计算机集成控制系统CIMS的发展打开了广阔的空间。

二、信息技术在汽车上的应用

1. 信息技术

信息技术具有技术性,表现为:科学方法性、先进工具设备、熟练性的技能、丰富的经验、快捷的作用过程性、高效的功能。信息技术还具有区别于其他技术的特征——信息性,表现为:服务主体是信息,核心功能是提高信息处理与利用的效率、效益。

2. 汽车上信息技术的应用

汽车上信息技术的应用指运用全球定位系统(GPS)、地理信息系统(GIS)、移动通信网络以及国际网络传输控制协议(TCP/IP)等技术原理,在汽车上实现数据传递、话音通信、目标跟踪、自动报警及各种公众信息、实用信息服务的功能。其主要用于车辆安全系统,电子导航系统,智能交通系统,网络、通信、车身前后摄像系统和移动多媒体系统。

(1) 车辆安全系统。车辆安全系统指应用电子信息技术改善车辆人机系统的安全性,实现车辆高智能化,避免事故发生,在出现突发事故时减轻伤害程度,主要有以下类型。

① 自适应巡航控制系统,是指设定所希望的较低交通行驶速度后,用雷达、声呐或激光波束对前方路面进行扫描,必要时,控制系统将自动减小发动机节气门开度,降低挡位,甚至实施制动,以保持安全车距。

② 防撞警告系统和撞车通告系统。工作原理是利用雷达、声呐和激光波束扫描潜在障碍,在发生撞车事故危险之前,发出警告信号并引入自动制动技术。如果与GPS接收机结合使用,在通信系统的公网覆盖区域,撞车通告系统还可以给救助机构(120)提供车辆精确位置信息,急救中心可快速派车现场救护。国外最近推出的Teleatd紧急求救系统,一旦汽车发生事故,车门即自动打开,危险信号灯也随之亮起,并借助网络通知有关的救助中心。

③ 集成安全系统。凭借先进的电子技术和集成技术,着眼于驾驶的各个环节,如安全带预张紧和过张紧装置、帘式头部气囊、主动膝部护膝、自适应能量吸收转向柱等,调动车辆上所有安全因素,为车上人员提供全面、全程的防护。

④ 被盗车辆寻回系统。利用Internet设定汽车警戒区域,汽车进入防盗状态。一些被盗车辆寻回系统需要车主授权才能启动发射机进行自动车辆跟踪,而另一些被盗车辆寻回系统则在车辆遭到入侵或未经允许被开走时,自动启动发射器进行跟踪,并使用GSM公网向公安机关迅速报警。

(2) 电子导航系统。完整的汽车电子导航系统,包括全球定位系统(GPS)和车辆自动导航系统,由GPS天线,集成了显示屏幕、功能按键的主机以及语音输出设备(利用汽车音响系统,输出语音提示信息)构成。全球定位系统可根据24颗卫星提供的信号随时确定车辆当前的准确位置。车辆自动导航系统,是根据GPS接收机提供的车辆当前位置和用户输入的车辆目的地,参照电子地图计算合适的行驶路线,并在行驶中以适当的方式给驾驶员提供必要的信息。

目前,自动导航应用较多的是自主导航,其主要特征是每套车载导航设备都自带电子地图,定位和导航功能全部由车载设备完成。

(3)智能交通系统(ITS)技术。ITS 是利用高新技术,特别是电子信息技术提高交通效率、保障交通安全和促进环境保护。目前,主要功能可分为安全、畅通、环保三大部分,按子系统可分为以下类型。

①交通信息服务系统(ATIS)。通过装备在道路、机动车、换乘站、停车场上以及气象中心的传感器和传输设备,向交通信息中心提供全面的交通信息,交通信息中心对各类信息加以处理后,向社会提供实时的道路交通、公共交通、换乘、交通气象、停车场等信息以及与出行相关的其他信息,出行者可根据这些信息确定自己的出行方式和选择路线。

②交通管理系统(ATMS)。有一部分信息采集、处理和传输系统与 ATMS 与 ATIS 共用,但交通管理者主要使用 ATMS,对道路系统中的交通状况、交通事故、气象状况和交通环境进行实时监视,并根据收集到的信息,对交通进行控制,如控制信号灯、发布诱导信息,进行道路管制、对事故进行处理与救援等。

③公共交通系统(APTS)。APTS 用以改善公共交通工具(公共汽车、城郊铁路和城市间的长途汽车、轻轨列车、地铁等)的运行效率,使公共交通运输更便捷、经济和有效。

④车辆控制系统(AVCS),分为两类:第一类是由车载传感器(激光雷达、微波雷达、摄像机、其他形式的传感器等)、车载计算机和控制执行机构等组成的车辆辅助安全驾驶系统,行驶中的车辆通过车载传感器测定出与前车、周围车辆以及道路设施间的距离,及时向驾驶员报警,在紧急情况下强制制动车辆。第二类是自动驾驶系统,可以在汽车行驶中自动导向,自动检测和回避障碍物;在智能公路上,还能在较高的速度下自动保持与前车的距离。

⑤货运管理系统,是以高速道路网和信息管理系统为基础,综合利用卫星定位(GPS)、地理信息系统(GIS)、物流信息及网络技术有效组织货物运输,并利用物流理论进行管理的智能化的物流管理系统,用以提高货运效率。

⑥电子收费系统(ETC)。交费者可预交通行费领取电子通行卡,并安装在汽车的指定位置。当汽车通过收费站时通过收费站路边安装的电波阅读设备不用停车支付过路费。

(4)网络、通信、车身前后摄像系统。汽车上网系统是无线网络结构,通过便携式电脑和无线电话来接收网络新闻、电子邮件和其他信息,并通过声控传达给驾驶员。这种车载网络通信有两种方式:第一种是通过数字式显示器来阅读邮件文本;另一种是将文本文件转换为语音文件的形式。Microsoft 公司新推出的专门为"车上网"设计的 Auto PC 软件,采用 Windows CE 操作系统,具有交互式语言识别等各种多媒体功能,可让汽车驾驶员在手不离转向盘、眼不离行驶方向的情况下,与个人计算机(PC)系统交换各种信息,从而有效保障行车安全;也可在车上收发 E-mail 和从事其他上网活动。

通用公司不但开发了汽车上网系统,而且还装备了采用超高速光纤串行数据通道(MML)的车载自动化办公系统,具有多路的数字式影音能力,可有效调控多信道大容量的输入、输出信号。凯迪拉克车系已应用车身摄像技术取代后视镜,在车内中控台屏幕上将车后两旁物体显示出来。夜视系统利用水箱护罩后方特定波长的红外线才能穿透的镜头,在夜间将车前的各种物体投射到车内仪表板上方的显示器上。在夜间行车时,夜视系统能事先侦测到远距离之外的障碍物,让驾驶员预先准备,且有提防藏在黑暗处歹徒的功能。

(5)移动多媒体系统。运用移动多媒体技术开发出了汽车娱乐系统,包括全彩屏幕、游戏设备、DVD机、录像机和放唱机等。移动多媒体技术还包括提供语音识别系统,支持多种语言,使驾驶者不用手动操作娱乐系统。还能把Internet的功能集成到车辆中,在车上上网浏览、收发邮件、交易股票,同时采用"即插即用"的方式使汽车消费者可以方便快捷地更新多媒体产品,享受更丰富的全新服务。

三、网络与信息技术在汽车上应用的发展趋势

1. 传感器的发展趋势

汽车车用传感器的发展是促进汽车电子化、自动化和高档化的关键之一。其发展方向为:

(1)开展基础研究:

①发现新现象与新效应。

②开发新材料功能材料。

③采用新工艺传感器的敏感元件性能。

④研究多功能集成传感器。

(2)扩大传感器的功能与应用范围。研究智能式传感器。智能传感器是一种带微型计算机,兼有检测、判断、信息处理等功能的传感器。智能化集成传感器既能产生信号,又能对信号放大和处理,同时还能进行时漂、温漂和非线性的自动校正。

2. 大量应用新的控制理论与方法

例如,在ABS中运用滑模控制、在悬架系统中运用最优控制、在四轮转向中运用人工神经网络以及在自动变速器中运用模糊控制等。

3. 无人驾驶汽车

无人驾驶汽车是利用车载传感器来感知车辆周围环境,并根据感知所获得的道路、车辆位置和障碍物信息,自动规划行车路线、控制车辆的转向和速度,从而使车辆能够安全、可靠地在道路上行驶并到达预定目标。无人驾驶汽车是集自动控制、体系结构、人工智能、视觉计算等众多技术于一体,是计算机科学、模式识别和智能控制技术高度发展的产物。

2025年前的汽车将搭载高效的发动机、更轻量化的材料,采用自动驾驶系统,汽车将向智能、高效发展。许多完全自动驾驶的汽车正在积极进行测试,可分为以下四个级别。第一级,安全驾驶辅助:自适应巡航控制,驾驶员依靠一个系统实现全车的控制。第二级,高复杂驾驶辅助:车道保持和自动制动,两个或以上自动控制系统配合工作。驾驶员只需要观察前方行驶道路并在紧急情况采取措施。第三级,半自动驾驶:热成像摄影机、紧急使用的转向盘以及多量程的传感器,汽车可实现自动驾驶,同样提供驾驶员在紧急情况时的操控。第四级,无人驾驶:全自动驾驶。车前部和车后部的毫米波雷达、超声波传感器、目的地输入设置、可变数座椅、电力驱动系统以及全自动转向装置,汽车可完成安全性节点操作。

4. 车联网(INTERNET OF VEHICLES)

车联网就是汽车移动物联网,是由车辆位置、速度和路线等信息构成的巨大交互网络,利用车载电子传感装置,通过移动通信技术、汽车导航系统、智能终端设备与信息网络平台,在车与车之间以及与更广阔世界交流。物联网新生态的最大特点:通过车联网对汽车、维护、金融、保险、交通、运输、安保各个传统领域和消费者的商业模式进行优化,从而获得新的价值。

课题三 汽车电子控制技术综述

一、发动机电子控制技术概述

汽车发动机电控技术包括汽油机电子控制技术和柴油机电子控制技术。电子控制技术较好地提高了汽车的动力性、经济性、舒适性、安全性及环保性能,实现低污染、低油耗,并且可减小动力传递系统的冲击力,减轻驾驶员的疲劳程度。

1. 汽油发动机电子控制系统

目前,汽油机上常见的电控装置如下:

(1)电控汽油喷射系统(EFI)。电控汽油喷射系统通过各种传感器和控制开关向控制中心 ECU 提供发动机的各种工况信息,ECU 根据电脑内部的程序对汽油喷射进行精确控制,使汽油机在各种工况下的空燃比都达到最佳值。该系统的控制方式分为开环和闭环两种。汽油喷射的电子控制主要包括喷油量(喷油持续时间)、喷油正时(喷油提前角)、喷油顺序、燃油停供及燃油泵(超速、减速断油;清除溢流)控制。

(2)微机控制点火系统(MCI)。使汽油机在不同进气量、不同转速的条件下能在最佳点火提前角的工况下工作,既输出最大功率和转矩,又能将油耗和排放降至最低限度,也分为开环和闭环两种控制方式。点火控制主要包括点火时刻(提前角)控制、导通角控制、限流控制和停车断电控制。

(3)爆燃控制系统(EDCS)。主要通过控制点火提前角来控制发动机的爆燃。

(4)怠速控制系统(ISC)。根据汽油机冷却液温度及空调开关信号、动力转向开关信号等相关参数,在汽车运行、空调工作、变速器挂入挡位、发电机负荷加大等不同工况下怠速运转时,由 ECU 控制怠速控制阀,使汽油机的怠速转速随时处于最佳状态,包括起动后控制、暖机过程控制、负荷变化的控制和减速时的控制等。

(5)排放控制系统。主要控制项目有曲轴箱强制通风装置(PCV),废气再循环(EGR)控制,氧传感器及三元催化(TW)转换装置的开环、闭环控制,燃油蒸气排放控制(EVAP),二次空气喷射,活性炭罐电磁阀控制,CO 控制(VAF)等。

(6)进气控制系统。包括动力控制阀、旋涡控制阀、空燃比反馈控制系统(AFCS)、加速踏板控制系统(EAP)、进气惯性增压控制系统(ACIS)、可变气门正时和升程电控技术(VTEC)、电控节气门等方面。对于增压发动机,还包括增压控制——ECU 根据进气压力传感器传递的进气压力信号控制释压电磁阀进而控制排气通路切换阀,来改变排气通路的走向,控制废气涡轮增压器进入或停止运行的状态。

(7)警告显示。ECU 控制各种装置显示相关系统的工作状况,ECU 还控制各种报警装置,在相关控制系统出现故障时发出报警信号。

(8)故障自诊断系统。利用 ECU 对发动机电控系统的各部件进行监测、诊断,并根据其工作状况自动判断故障原因,同时将系统转入后备功能,并在存储器中留下故障码。

(9)失效保护。当 ECU 检测到故障时,仍会按所设定的程序及数据使控制系统在性能下降的状态下工作或停止工作。

(10)备用功能。备用功能也叫后备系统或后备功能,也称作微机故障备用控制系统。当ECU内微机控制程序出现故障时,燃油喷射和点火正时都由ECU控制在预定水平,以后备功能使车辆维持基本功能,保持正常运转性能,也叫"跛行"状态或"缓慢回家"状态。

(11)其他控制:有发动机输出控制、发电机电压控制、电动风扇控制等,在不同类型的汽车上使用。随着电控技术在汽车上的广泛应用,ECU还将承担控制压缩比、控制燃烧室容积和形状、检测发动机零件机械磨损及可变技术在发动机上的应用等更多的任务。

2. 电控柴油机喷射系统

主要有喷油系统、调速系统、进排气系统、废气涡轮增压系统、进气涡流及喷嘴截面控制等。而电控柴油喷射系统又可分成两类:一是在现有的博世泵、分配式喷油泵的柴油压送系统中实施电子控制;二是不用传统结构,直接采用电控喷油器。后者依据供给喷油器的高压油的来源又可分为蓄压式电控柴油喷射系统和电控组合柴油喷油器系统。也可按控制方式分为位置控制和时间控制两类。电控柴油机喷射系统也是由传感器及其他信号输入装置、电子控制单元和执行器三部分组成,其主要控制功能有:

(1)喷油量控制。ECU根据加速踏板位置传感器和转速传感器输入的信号先计算出基本喷油量,再根据冷却液温度、进气温度、进气压力传感器及电动机等传来的信号,修正基本喷油量,最后与来自控制套筒位置传感器的信号比较,产生与两者差值成比例的驱动电流由ECU输出,执行器让供油拉杆移动到目标位置以确定最佳喷油量。

(2)起动喷油量控制。由加速踏板和转速初定基本喷油量,以及冷却液温度传感器等信号,确定起动补偿油量,两者综合决定起动喷油量。

(3)怠速转速控制。根据加速踏板、车速传感器、起动及转速等信号,决定怠速控制开始时刻,再根据冷却液温度传感器、空调传感器等信号,计算怠速转速及对应喷油量,并依据发动机转速的反馈信号,不断修正喷油量,使怠速稳定。

(4)各缸喷油量的均匀性控制。通过各缸在做功行程中曲轴转速变化来判断各缸喷油量的差别,利用电磁阀的快速响应及时修正各缸喷油量,以减少发动机转速的波动。

(5)喷油定时控制。根据柴油机转速、负荷、冷却液温度的信号及ECU中预存的喷油定时脉谱,计算喷油始点的目标值,再通过检测上止点、参考脉冲和喷嘴针阀升程,传感器输出脉冲间的夹角,计算实际喷油起始点,比较两者数据后,ECU决定最佳喷油始点,并输出脉宽可调信号控制电磁阀,进而控制作用在喷油提前器活塞上的油压,使活塞移动以改变柴油机驱动轴与凸轮轴之间的相位,实现喷油定时的最佳调节。

以及其他与汽油机电控系统相似的功能:

(6)废气再循环(EGR)。

(7)警告显示。

(8)故障自诊断系统。

(9)失效保护。

(10)备用功能。

二、底盘和车身电子控制技术概述

汽车底盘和车身电子控制技术主要用于控制动力性、操纵性、通过性、安全性、舒适性以及娱乐与信息。

1. 动力性方面

应用电子控制自动变速器(ECT)，汽车用自动变速器自动换挡的控制方式分为液力控制与电子控制两大类。20世纪90年代以来，由于发动机与自动变速器合并控制的动力控制系统的应用更加广泛，电子控制自动变速器的使用呈上升趋势。电子控制自动变速器主要由液力传动装置、辅助变速装置和自动变速控制系统构成。

2. 操纵方便性方面

操纵方便性包括：汽车电子巡航控制系统(CCS)、电子控制动力转向控制系统(EPS)和中央门锁控制系统(CLCS)。CCS可使汽车工作在发动机最有利的转速范围内，使汽车的行驶速度稳定在设定的速度内，从而提高了发动机使用效率、减轻了驾驶员的操作劳动强度、提高了行驶的舒适性。汽车巡航控制系统的作用是按驾驶员所要求的速度闭合开关之后，不用踩加速踏板就可以自动地保持车速，使车辆以固定的速度行驶。从而减轻了长途驾驶的疲劳，同时减少了不必要的车速变化，使车速稳定，可节省燃料。EPS主要控制助力油压、气压或电动机电流 CLCS用于门锁自锁、遥控，玻璃窗的升降。

3. 通过性方面

通过性包括：自动驱动管理系统(ADM)、差速器锁止控制系统(VDLS)、驱动防滑控制系统(ASR)或牵引力控制系统(TCS或TRS)和轮胎气压控制系统(TQC)。

ADM用于驱动轮上驱动力控制。VDLS主要控制差速器锁止程度。ASR、TCS或TRS用于控制发动机输出转矩、驱动轮制动力和防滑转差速器锁止程度。TQC用于控制轮胎气压，同时也兼顾了安全性。

4. 安全性方面

汽车的安全性分为主动安全和被动安全。主动安全指汽车防止发生事故的能力，被动安全是指一旦发生事故，保护驾驶员或乘员的能力(防止人体在汽车内发生二次碰撞的能力)。包括：防抱死制动系统(ABS)，用于控制车轮制动力和滑移率；安全气囊控制系统(SRS)，用于控制气囊点火器点火时机和系统故障报警；安全带张紧控制系统(STTS)，用于控制安全带收紧器的张紧时机；前照灯控制与清洗系统(HAW)，用于控制焦距、光线角度和清洗灯罩；此外，还有电子控制制动力分配系统(EBD)、电子控制制动辅助系统(EBA)、动态稳定控制系统(DSC)、电子差速锁(EDS，又称为EDL)、电子稳定程序(ESP)、车辆保安系统(VESS)、气体放电车灯(GDL)、维修周期显示系统(LSID)、刮水器与清洗器控制系统(WWCS)、液面与磨损监控系统(FWMS)、汽车防盗报警系统(GATA)、雷达车距控制系统、安全驾驶监控系统、电子仪表系统和自诊断系统等。

5. 舒适性方面

舒适性方面主要有电子调节悬架系统(ECS)、电动座椅调节系统(SAMS)、车距报警系统(PWS)和自动空调控制系统(ACS)。现代汽车对悬架的要求除了能保证其基本性能外，还致力于提高汽车的行驶安全性和乘坐舒适性，向高性能和高质量的方向发展。通过采用电子技术来实现汽车悬架系统的控制，既能使汽车乘坐舒适性达到令人满意的程度，又能使汽车的操纵稳定性达到最佳状态。电子控制悬架按无源控制和有源控制分为半主动悬架和全主动(简称主动)悬架两大类。

(1)半主动悬架。半主动悬架是无源控制,可依据路面的激励与车身的响应,通过 ECU 进行控制,对减振器的阻尼进行无级调节。

(2)主动悬架。主动悬架是有源控制,是一种具有做功能力的悬架,可依据汽车行驶条件的变化自动调整悬架的刚度和阻尼系数,所以在汽车载荷、行驶速度、路面状况发生变化及汽车起步、转向、制动等工况下都能有效控制悬架系统的刚度与阻尼。主动悬架还可以依据车速变化来控制车身的高度,以改善汽车在坏路面的行驶性能和高速操纵的稳定性。

6. 娱乐信息和通信方面

娱乐信息和通信包括:CD 音响、车载计算机(OBC)、车载电话(CT)、交通控制与通信系统(TCIS)、信息显示系统(IDS)、声音复制系统(ESR)和线束复用系统(CHM)等。

三、汽车卫星导航与全球定位系统(GPS)

1. GPS 系统的用途

GPS 的含义是利用导航卫星进行测时和测距,以构成全球定位系统。其主要用途是:导航,为船舶、汽车、飞机等运动物体进行定位导航;授时校频,使邮电、通信等网络的时间同步。

2. GPS 系统的特点

GPS 导航定位具有高精度、全天候、高效率、多功能、操作简便、应用广泛等特点。

3. GPS 系统的组成

包括:空间部分、地面控制部分和用户设备三部分。

随着 GPS 的发展及应用,汽车行业也已经开始利用 GPS 对移动的汽车进行实时监测,构成自动车辆定位、导航系统。汽车定位、导航系统结构,见图 1-1。三维导航是 GPS 的首要功能,飞机、船舶、地面车辆以及步行者都可使用 GPS 导航接收器进行导航。汽车导航系统是在全球定位系统 GPS 基础上发展起来的一门新型技术。汽车导航系统由 GPS、车载部分和主控中心等组成。主控中心由电台、调制解调器、计算机系统和电子地图四部分组成。主控中心的电台用来接收汽车上电台发出的位置信息,同时也可反控汽车。车载部分由 GPS 接收机、调制解调器及电台组成,有的还包括自律导航装置、车速传感器、陀螺传感器、CD - ROM 驱动器、LICD 显示器等。

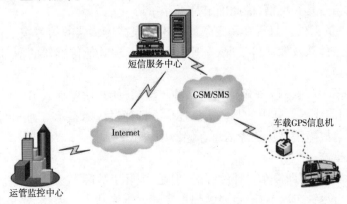

图 1-1 汽车定位、导航系统结构

目前,世界上主要有四大导航系统,分别是美国的 GPS、中国的"北斗"、俄罗斯的"格洛纳斯"、欧洲的"伽利略"。在这些导航系统中,只有北斗和 GPS 具备全球组网能力。必须强调:2016 年 12 月 16 日,中国卫星导航定位协会宣布,北斗"百城百联百用"行动已取得重大进展,国家北斗精准服务网已为 317 座城市的多种行业应用提供北斗精准服务,与 GPS 系统相比,北斗的有源定位和短报文通信功能是其特色服务,在第五届中国卫星导航与位置服务年会上,不少北斗尖端科技应用争奇斗艳,小到世界领先水平的指甲大小的北斗芯片,大到应用广泛的自动驾驶汽车、农用导航收割机,北斗卫星将提供全球服务,目前中国自主研发的"北斗"导航系统有 23 颗卫星在运行,与 GPS 相比,北斗卫星在轨高度是 GPS 的 1.8 倍,中国北斗系统整体应用已进入产业化、规模化、大众化、国际化的新阶段,北斗已写入海事应用的定位、导航及授时 PNT 导则内,这是北斗国际海事应用领域取得的重大进展。2020 年完成全球组网,北斗的定位精度将达到惊人的亚米级,将成为世界上精度最高的导航卫星系统,GPS 将无法匹敌。

四、车载故障自诊断系统(OBD)

汽车电子控制系统十分复杂,系统中的任何一个元件出了故障都会导致整个系统出现故障。所以现在汽油机电子控制系统都有自诊断功能,称为"车载故障诊断"(用 OBD 表示,第二代车载故障诊断系统用 OBD - Ⅱ 表示)。车载故障自诊断系统的任务是不断监测电控系统的异常之处,从中找出故障,一方面采取临时补救措施,使汽车勉强继续行驶,另一方面将故障信息存入中央控制器(ECU)的随机存储器(电脑中常见的是内存 RAM)中。在维修车辆时,可将故障码调出并解读,以使维修人员很快能找到系统的故障所在。

1. OBD 自诊断系统的故障监测

(1)故障监测的目的。既监测电子控制系统本身,如各种传感器和执行器是否有故障,包括电路的短路、开路;匹配、信号等;也监测虽不属于电子控制系统,但却是电子控制系统服务对象的硬件,例如三元催化转换器是否有故障;监测发动机工作过程是否正常,例如是否有缺火等;还监测发动机机械状态是否正常,例如机油油位是否太低、冷却液是否太少等。

(2)故障监测对象。故障监测对象包括各部位传感器、执行器、开关和电路等。

(3)故障监测原理。计算机程序不断地将 ECU 的指令和系统的反应进行比较,同时检查各个传感器的信号是否可信,借此确定是否存在某一种故障。

(4)故障检测的条件。只有在一定条件下才能根据传感器的信号按上述方式确定故障是否存在。这些条件涉及发动机工况、车速、环境状况和其他传感器的信号与状况等,因故障本身的特点而异。

(5)故障信息的处理。ECU 确认出现某种故障后,使此信息存入 RAM 中的故障信息存储器,并赋予不同的代码。其中的某些信息还应立即通过故障指示灯通知驾驶员,维修站可以用故障阅读器将故障信息从故障信息存储器中读出。

2. 故障应急措施

监测到故障后,应立即停车,排除故障。但是,实际上故障不会恰好发生在维修站旁边。所以发生故障之后尽管车况不佳,也要勉强把车开到维修站去。为此,要采取一系列故障应急措施自动转入后备功能,争取保持两项最基本的控制功能即燃油定量和点火正时控制。

3. 故障自诊断结果显示

ECU 故障自诊断系统检测到故障信息,经判断为故障后,即将故障信息以故障码的形式存储到存储器中,有的控制系统还将全部故障资料也存入存储器中,同时点亮仪表板上的故障指示灯。该灯除故障报警外,还有其他功能,例如:检查故障指示灯工作是否正常、显示故障码、发动机定期维修提示作用。

4. 故障的最终确定

故障诊断系统提供的故障信息只能提示哪个部分发生故障,却不能明确指出发生什么故障。例如,某传感器信号超出可能范围,ECU 设置了相关的故障信息记录。但这并不意味着该传感器已经损坏,因为也可能是线路开路或短路所致。有时,ECU 中的故障信息记录仅仅涉及某种不正常的现象,维修人员要认真分析故障现象,确定故障范围,采取有效的检测方法逐一排查,最后排除故障。

单元二　汽车单片机基础

知识目标

(1) 简述微型计算机工作原理及基本组成。
(2) 正确描述汽车单片机处理器、存储器的基本概念。
(3) 简述8位单片机的结构。
(4) 简述16位单片机的结构。
(5) 简述32位单片机的结构。

技能目标

(1) 会分析微型计算机各组成部分的作用与关系。
(2) 会分析汽车局域网的组成。
(3) 会识别汽车单片机处理器、存储器。
(4) 会分析8位汽车单片机外部各引脚的位置。
(5) 会分析16位汽车单片机外部各引脚的位置。
(6) 会分析32位汽车单片机外部各引脚的位置。

课题一　单片机概述

一、单片机的基本知识

单片机是在一块集成电路芯片上把中央处理器、随机读写存储器、只读存储器、定时器、计数器及输入、输出接口电路等主要计算机部件，集合而成的微型计算机，又称微处理器。芯片组成和功能具备微型计算机系统全部特点。

8051单片机常用于小型和中型的设施上。特别是20世纪80年代中期，Intel公司将8051内核的使用权以专利或出售形式转让给如菲利普、西门子公司等世界上许多著名的集成电路(IC)制造厂商，从而得到众多制造厂商的支持，发展成百余个品种的大家族。随着硬件的发展,8051 的软件开发工具也获得了很大发展,并开发出多种 C 语言编译器和适于单片机使用的 RTOS(实时多任务操作系统),8051 已成为单片机领域的实际标准。直到现在,MCS-51 仍不失为单片机的主流机型,并被作为单片机教学的首选机型之一。

二、微型计算机的工作原理

1. 计算机的基本组成

计算机的基本组成如图 2-1 所示。电子计算机的计算过程与人用算盘计算的过程相类似,有以下装置:

(1)运算器——进行数字运算。

(2)存储器——保存和记录原始数据、计算步骤、中间和最后结果。

(3)控制器——相当于使用纸、笔、算盘的人的大脑。能根据人们预先编好的一系列计算命令(软件),统一指挥计算机各部分的工作。

(4)输入、输出设备——输入设备把要计算的题目的计算步骤、原始数据等直接送到计算机的存储器内。输出设备以人们能理解的形式,把计算结果从计算机内输出,如:用打印机打印在纸上。

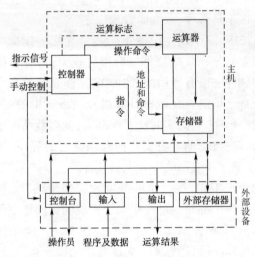

图 2-1 计算机的基本组成框图

2. 电子计算机的主要部件

包括:运算器、存储器、控制器和输入、输出设备。另外,电子计算机还包括控制台以及电源等设备。通常,控制器、运算器和存储器称为计算机的主机部分,而输入、输出设备和外部存储器称为外部设备。

三、汽车微型计算机的硬件系统

汽车用微机和通用微机的硬件系统基本组成大致相同,都是由运算器、控制器、存储器、外部设备、接口等组成。大规模集成电路已将计算机的运算器及控制器集成在同一片电路芯片上,该芯片即为微处理器,又称为中央处理器。而微处理器、存储器和接口就构成了微处理机。目前,汽车使用较多的是 8 位和 16 位微处理机。

中央处理器 CPU 是整个计算机硬件部分的指挥中心。CPU 根据程序中的每一条指令，控制计算机各部分协调工作，完成对数据进行加工和处理的任务。

CPU 相对应地由两部分组成：一部分为控制器（CU），控制各部分协调工作；另一部分为算术逻辑运算器（ALU），负责算术和逻辑运算，核心为一个运算器。

为提高计算机的效率，CPU 中还包括一组寄存器，它们由指令计数器（PC）、指令寄存器（IR）、变址寄存器、堆栈指针以及若干个通用寄存器（R）和反映计算机状态的状态指示寄存器等组成。由于这些寄存器是由一些高速的电子线路构成，并且处于 CPU 内部，所以，其存取速度比读写存储器快。

四、汽车微型计算机的软件系统

微型机软件是为了运行、管理和维护的需要而编制的各种程序的总和。软件和硬件是微型机系统不可分离的两个重要组成部分。微型机软件包括系统软件和应用软件，系统软件主要包括操作系统（Operating System）和系统应用程序。操作系统是控制微型机的资源，使应用程序得以自动执行的程序。目前，广泛应用的操作系统是 DOS、Windows、UNIX（汽车用单片机不一定用这些系统）。系统应用程序也很多，如各种语言的汇编、解释程序、译程序、文字处理程序、服务性工具程序、数据库管理程序等。

在汽车微机控制系统中，除了硬件设备外，还必须配备一定微机专用的软件。软件包括系统软件和应用软件两大部分。系统软件一般用得较少，只有装备上述电子地图一类的特殊装置时才需要。这种软件一般有通用的，如 DOS 操作系统等。应用软件则要根据使用场合及硬件由汽车制造厂自己编制。在汽车计算机控制系统中的应用软件，是为了过程控制或其他控制而编制的用户程序，它的实时性要求高，因此多数情况下采用汇编语言。

应用软件是用户为解决自己的各种实际问题而编写的程序。微机的软件系统包括：操作系统、各种语言的编译程序及应用软件和工具软件等。操作系统是计算机的系统软件，它负责整个计算机系统的管理工作，按一定的高度和管理策略，组织计算机各部件协调地运行。用户对计算机的一切操作都是通过操作系统实现的。操作系统对于计算机来说是十分重要的。当然简单的单板机、单片机系统也得有操作系统才能工作。所不同的是由于单板机和单片机的操作功能比较简单，还算不上名副其实的操作系统，因而叫作监控程序。

在微机控制系统中，控制对象都是不一样的。因此不仅控制系统本身的硬件配置不同，而且系统应用软件也各不相同。但控制系统中的应用软件必须满足实时性、针对性、灵活性、通用性和可靠性几个方面的基本要求。

五、汽车局域网的基本概念

所谓局域网就是由一系列用户终端和具有信息处理与交换功能的节点及节点间的传输线路组成，在有限的距离之内，实现各计算机间的数据通信，具有较高的网络传输速率。局域网具有组建灵活，成本低廉，运行可靠，速度快等优点。

汽车局域网是多个局域网络的互联结构，运用多路传输技术，采用多条不同速率的总线分别连接不同类型的节点，并使用网关服务器来实现整车的信息共享和网络管理。

比较高档的汽车都装有几十个微机控制器、上百个传感器，这就为网络技术应用到汽车上提供了条件,而且可以解决汽车一直存在的集中控制和分散控制的矛盾。为适应汽车网络控制的需要,更好地在各控制系统之间完成交换信息、协调控制、共享资源及标准化与通用化,世界各国都在积极合作,推进汽车局域网的研究与开发。国外在网络标准的制订以及开发符合网络通信标准的微处理器、通信协议等方面都已经取得了成果。汽车上网系统是一种无线的网络结构。通过它,人们可以在行驶的汽车上进行所有网上操作。

课题二 处理器、存储器的基本概念

一、汽车单片机的中央处理器(CPU)

CPU 是运算器和控制器的总称。其中,运算器负责算术运算和逻辑运算,控制器负责指挥计算机系统各个微操作的同步运行。因此,CPU 就决定了单片机的主要性能指标:字长、运行速度、数据处理能力、中断和实时控制能力等。以下分别讨论运算器和控制器的逻辑结构。

1. 运算器

运算器的主要任务有:
(1)完成算术运算。
(2)完成逻辑运算。
(3)完成位操作运算。
(4)数据处理。
(5)利用程序状态字(PSW)表述运算器当前的运行状态,便于程序转移等。

运算器的内部逻辑结构如图 2-2 所示,ALU 是算术逻辑单元,它是运算器的核心部件,它通过内部的一个加法器实现算术和逻辑运算。运算器由两个加数作为输入信号——X 和 Y,它们或来自累加器(ACC),或者来自内部数据总线,运算的结果(Z 信号)仍通过内部数据总线送到累加器(ACC)中。乘除指令需分解成多步微操作才能够用加法器进行运算,故乘除指令是这种单片机执行时间最长的指令。除算数指令外,ALU 还可进行与、或、异或、移位、比较和判断等逻辑运算。

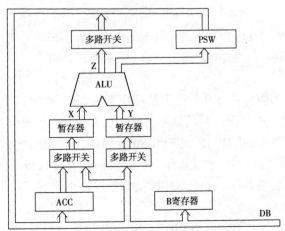

图 2-2 运算器的内部逻辑结构图

图 2-2 中还画出 ALU 的另一路输出信号——程序状态字(PSW),这是一组状态信息,例如运行后进位、溢出等,只用 PSW 的某些位来表示。PSW 又称为标志寄存器(F,Flag),其中各个标志位可用 0 或 1 表示运算的状态,供用户随时查询。

在单片机内部的寄存器中,最重要的是累加器(ACC),ACC 具有如下功能:大部分指令都是针对累加器(ACC)的;可实现加 1 等操作,故把 ACC 叫作累加器;运算的结果大都送入 ACC,这时 ACC 的状态也可以通过 PSW 的某些位得到。

ACC 是 8 位字长的寄存器,在指令中也简写成 A。图 2-2 中的 B 寄存器是 ACC 的辅助寄存器,在执行乘除法指令时,ACC 不够用。例如,两个 8 位数相乘得 16 位数,就要用 B 寄存器。在其他情况下,B 寄存器也可作为一个数据存储单元用。

2. 控制器

CPU 另一重要组成部分是控制器,控制器是单片机的神经中枢。

图 2-3 中点画线框内为控制器的主要组成,按其构成原理可分成 5 部分:时序电路、程序计数器(PC)、指令寄存器(IR)和指令译码器(ID)、微操作控制部件、中断控制部件。

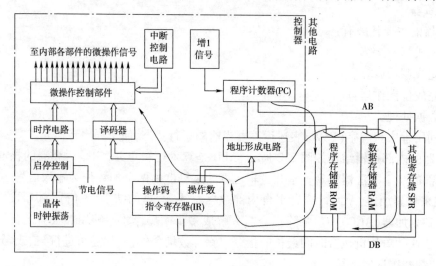

图 2-3　8051 单片机控制器原理示意图

(1)时序电路。它可对晶体振荡器的主振脉冲分频,分解成多种时序信号,并可接收外来"节电运行信号"的控制,使时序电路停止工作,以实现节电功能。

(2)程序计数器(PC)。它是 16 位的寄存器,不在 SFR 之内,但是它非常重要。单片机电动或手动复位后,PC 的内容是 000H,表示从程序存储器的 000H 单元取指令。一条机器指令由操作码(即操作命令)和操作数两部分组成,而 MCS-51 系列单片机的操作码都为 1 个字节(8 位二进制数)指令,从 ROM(或 EPROM)每取出一条指令操作码后,PC 的内容自动加 1,为取下一条操作代码(操作数或操作码)做好准备。所以,指令计数器是一个取指令自动加 1 的程序地址指针寄存器。如果取出的指令是跳转指令时,PC 的内容就自动跳转程序的首地址。

(3)指令寄存器(IR)和指令译码器(ID)。IR 是 8 位的寄存器,用于存放从 ROM 取出的指令码。而且每条指令的第一个字节一定是操作码,其后的指令码可以是操作数或操作码。指令译码器(ID)可以对指令码进行译码,即判断出存放的是操作命令(操作码),还是操作数(操作数可以是操作地址或立即操作数)。如果是操作命令,则通过译码后送给控制器的"微操作控制部件",以完成对其他部件的微操作,如果是地址信号操作数,将通过地址线,选取相关的存储器或寄存器的某个单元,准备对其传送数据。这部分工作都是自动完成的,读者只要理解其工作原理即可。

(4)微操作控制部件。主要是一些逻辑门电路,有许多输出端,连接到单片机的各个部件。它按照指令译码器(ID)传送来的信号和时序向片内各部件送出高低的电平,使片内各部件实现有序的微操作,也通过$\overline{PSEN}$、ALLE、$\overline{RD}$、$\overline{WR}$等片外控制信号,使P0~P3各个口完成有序的微操作。所有这些微操作都是自动完成的,用户只要正确地编制程序即可。

(5)中断控制部件。"中断"一词指的是一个过程,当计算机正在执行某一个程序时,外部突发事件有可能立即提出"中断申请",要求停止当前正在执行的程序,转而去执行预先编好的另一段"中断服务子程序",以便处理引起中断申请的那个紧急事件,这就是"中断响应"过程。接着,转向用户编制的中断服务子程序以进行中断处理。当中断处理结束,PC会自动地恢复到原来执行的某个程序的"断点"处,继续执行原来的程序,这就是中断的过程。除执行"中断服务子程序"外,"中断申请""中断响应""恢复断点"这些工作都是由中断控制电路自动完成的,如图2-3所示。

二、汽车单片机的存储器组织

1. 存储器概述

存储器是计算机的基本组成部分,是用来存储信息的部件。存储器使计算机有记忆功能,把计算机要执行的程序以及数据处理与计算的结果存储在计算机中并自动地工作。

(1)存储器的分类。按存取速度和用途可分为两大类:具有一定容量、存取速度快的存储器称为内部存储器,简称内存。它是计算机的重要组成部分,CPU可对它进行访问。存储容量大、存取速度较慢的存储器称为外部存储器,简称外存。在微型机中常见的外存有软磁盘、硬磁盘等。

在微型机中,内存一般都使用半导体存储器。

(2)半导体存储器的分类。

从制造工艺的角度可把半导体存储器分为双极型、CMOS型、HMOS型等。

从应用角度可将其分为两大类:随机读写存储器(Random Access Memory),又称随机存取存储器,简称RAM;只读存储器(Read Only Memory),简称ROM,如图2-4所示。

①只读存储器(ROM)。只读存储器是在使用过程中,只能读出存储的信息而不能用通常的方法将信息写入的存储器,又可分为:

A. 掩膜ROM,利用掩膜工艺制造,一旦做好,不能更改。因此,只适合于存储成熟的固定程序和数据,大量生产时,成本很低。

B. 可编程ROM,简称PROM(Programable ROM)由厂家生产出的"空白"存储器,根据用户需要,用特殊方法写入程序和数据,即对存储器进行编程,但只能写入一次,写入后信息是固定的,不能更改,类似于掩膜ROM,适于批量使用。

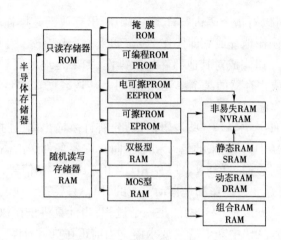

图 2-4　半导体存储器的分类

C. 可擦除的 PROM,简称 EPROM(Erasable Programabl ROM),这种存储器可由用户按规定的方法多次编程,如编程之后想修改,可用紫外线灯制作的擦抹器照射 20min 左右,使存储器复原,用户可再编程,这对于研制和开发特别有利,因此应用十分广泛。

D. 电擦除的 PROM,简称 EEPROM 或 E2PROM(Electrically Erasable PROM),这种存储器的特点是能以字节为单位擦除和改写,而且不需把芯片拔下插入编程器编程,在用户系统即可进行。随着技术的进步,EEPROM 的擦写速度将不断加快,将可作为不易失的 RAM 使用。

②随机读写存储器(RAM)。这种存储器是在使用过程中利用程序随时可写入信息,又可随时读出信息的存储器,它分为双极型和 MOS 型两种。前者读写速度高,但功耗大,集成度低,故在微型机中几乎都用后者,它又可分为三类:

A. 静态 RAM,即 SRAM(Static RAM)。其存储电路以双稳态触发器为基础,状态自定,只要不掉电,信息就不会丢失。优点是不需刷新,缺点是集成度低。适于不需要大存储容量的微型机中,例如,单板机和单片机中。

B. 动态 RAM,即 DRAM(Dynamic RAM)。其存储单元以电容为基础,电路简单,集成度高。但也存在电容中电荷由于漏电会逐渐丢失的问题。因此,DRAM 需定时刷新。它适于大存储容量的计算机。

C. 非易失 RAM,或掉电自保护 RAM,即 NVRAM(Non Volatile RAM)。这种 RAM 是由 SRAM 和 EEPROM 共向构成的存储器,正常运行时和 SRAM 一样,而在掉电或电源有故障的瞬间,它把 SRAM 的信息保存在 EEPROM 中,从而使信息不会丢失。

③半导体存储器的指标。从接口电路来看,最重要的指标是存储器芯片的容量和存取速度。

A. 容量。存储器芯片的容量是以存储一位(bit)二进制数为单位的。因此,存储器容量是指每个存储器芯片所能存储的二进制位数。由于在微型机中,数据都以字节(Byte)为单位并行传送。同样,对存储器的读写也以字节为单位进行。然而存储器芯片因工艺等原因,其数据线有 1 位、4 位、8 位之不同,故在标定存储器容量时,经常同时标出存储单元的数,因此:

存储器芯片容量 = 单元数 × 数据线位数

如:Intel 2114 为 1k×4 位/片,6264 为 8k×8 位/片。

虽然单片机字长已达 16 位甚至 32 位,但其内存仍以一个字节为一个单元,在这种机型中,一次可同时对 2 个单元至 4 个单元进行访问。

B. 存取速度。存储器芯片的存取速度是用存取时间来衡量的。它是指从 CPU 给出有效的存储器地址到存储器给出有效数据所需要的时间。高档微型机 CPU 的时钟已达 100MHz 以上,需要高速存储器,其存储时间只有 20ns。对于单片机,一般常用的存储器均可满足其速度的要求。

2. 只读存储器 ROM 芯片的种类

只读存储器 ROM 的信息在使用时是不能被改变的,即只能读出,不能写入,故一般只能存放固定的程序。ROM 的特点是非易失性,即掉电后再上电时存储信息不会改变。ROM 芯片种类很多,下面介绍其中的几种:

(1)掩膜 ROM。掩膜 ROM 常用于 8051 单片机中,一旦制成,用户不能修改。图 2-5 为一个简单的 4×4 位 MOS 管 ROM,采用单译码结构,两位地址线 A1、A0 译码后可译出 4 种状态,输出 4 条选择线,可分别选中 4 个单元,每个单元有 4 位输出。图示矩阵中,在行和列的交点,有的连有管子,有的没连,这是工厂根据用户提供的程序对芯片图形(掩膜)进行二次光刻所决定的,所以称为掩膜 ROM。若地址线 A1A0 = 00,则选中 0 号单元,即字线为高电平,若有管子与其相连(如位线 D2 和 D0),其相应的 MOS 管导通,位线输出为 0,而位线 1 和 3 没有管子与字线相连,则输出为 1。故存储器的内容取决于制造工艺。

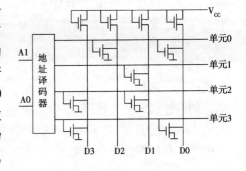

图 2-5 掩膜 ROM 示意图

(2)可擦可编程只读存储器(EPROM)。在某些应用中,程序需要被经常修改,因此,能够重复擦写的 EPROM 被广泛应用。这种存储器可长久保持编程器写入的信息,因此,可作为只读存储器。当其内容变更时,可利用擦抹器(由紫外线灯照射)将其擦除,各单位内容复原(均为 FFH),再根据需要,利用 EPROM 编程器编程,因此这种芯片可以反复使用。

(3)可擦可编程 ROM(EEPROM)。EPROM 的优点是:一块芯片可多次使用;缺点是:整个芯片虽只写错一位,也必须从电路板上取下擦掉重写,实际使用中是很不方便的。在实际应用中,只要改写几个字节的内容即可,因此,多数情况下需要以字节为单位的擦写。而 EEPROM 在这方面具有很大的优越性。

3. 随机读写存储器(RAM)

单片机都采用静态存储器(SRAM)。

(1)静态 RAM 的基本存储电路。该电路通常由 6 个 MOS 管组成如图 2-6 所示。在此电路中,$V_1 \sim V_4$ 管组成双稳态触发器,V_1、V_2 为放大管,V_3、V_4 为负载管。可用 V_1 管的两种状态表示"1"或"0",由此可知静态 RAM 保存信息的特点是和这个双稳态触发器的稳定状态

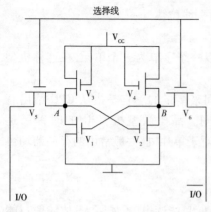

图 2-6 管静态 RAM 存储电路

密切相关的。显然,仅仅能保持这两个状态的一种还是不够的,还要对状态进行控制,于是就加上了控制管 V_5、V_6。当地址译码器的某一个输出线送出高电平到 V_5、V_6 控制管的栅极时,V_5、V_6 导通,于是,A 点与 I/O 线相连,B 点与 $\overline{I/O}$ 线相连。如要写"1",则 I/O 为"1",$\overline{I/O}$ 为"0",它们通过 V_5、V_6 管与 A 点、B 点相连,即 $A=$"1",$B=$"0",使 V_1 截止,V_2 导通。而当写入信号和地址译码信号消失后,V_5、V_6 截止,该状态仍能保持。如要写"0",I/O 线为"0",$\overline{I/O}$ 线为"1",这使 V_1 导通,V_2 截止,只要不掉电,这个状态会一直保持,除非重新写入一个新的数据。读出所存的内容时,仍需地址译码器的某一输出线送出高电平到 V_5、V_6 管栅极,即此存储单元被选中,此时 V_5、V_6 导通,于是 V_1、V_2 管的状态被分别送至 I/O、$\overline{I/O}$ 线,这样就读取了所保存的信息。显然,所存储的信息被读出后,所存储的内容并不改变,除非重写一个数据。

由于 SRAM 存储电路中 MOS 管数目多,故集成度较低,而 V_1、V_2 管组成的双稳态触发器必有一个是导通的,功耗也比 DRAM 大,这是 SRAM 的两大缺点。其优点是不需要刷新电路,从而简化了外部电路。

(2)静态 RAM 的结构。静态内容是由很多的基本存储电路组成的。容量为单元数与数据线位数之乘积。为了选中某一个单元,往往利用矩阵式排列的地址译码电路。例如,1k 单元的内存,需 10 地址线,其中 5 根用于行译码,另 5 根用于列译码,译码后在芯片内部排列成 32 条行选择线和 32 条列选择线,这样可选中 1024 个单元中的任何一个。而每一个单元的基本存储电路个数与数据线位数相同。

课题三 常用汽车单片机的结构框架

一、8 位单片机的结构

以飞思卡尔 MC90S08DZ60 为例说明 8 位单片机结构,该系列 MCU(微处理器单元)是低成本、高性能 HCS08 系列 8 位 MCU 的成员。这个系列的所有 MCU 都采用增强型 HCS08 内核,这一结合将可以降低成本,提高性能和质量。

1. MC90S08DZ60 单片机的内部组成

MC90S08DZ60 单片机的模块结构如图 2-7 所示。各部分的基本功能如下:

(1)8 位 HCS08 中央处理器(CPU):是 40MHz HCS08 CPU,采用 HSC08 指令集,带附加的 BGND 指令,支持最 32 个中断/复位源。

(2)片内存储器:MC90S08DZ60 的 Flash 存储器可读取、编程、擦除,大小为 60k;最大 2k 的 EEPROM 在线可编程内存;支持 8 字节单页或 4 字节双页擦除分区;执行 Flash 程序的同时可进行编程和擦除操作;支持擦除取消操作;最大 4k 的随机存储内存(RAM)。

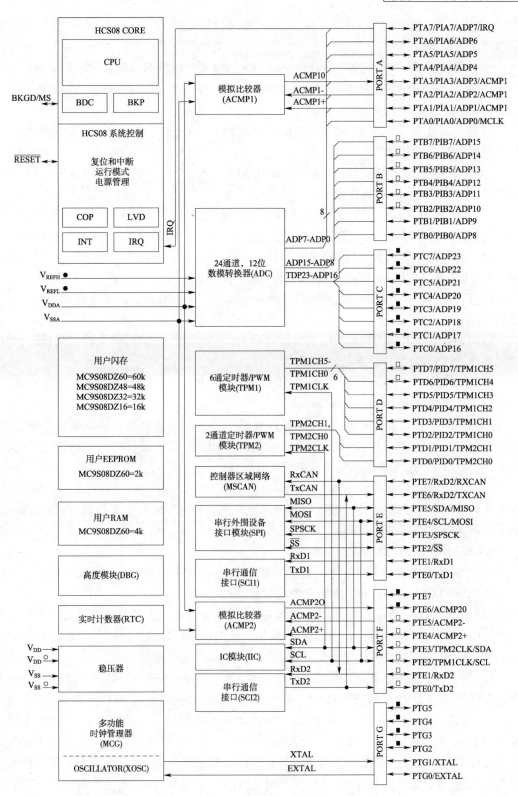

图 2-7 MC90S08DZ60 结构框图

(3)振荡器(XOSC:闭环的皮尔斯(Pierce)振荡器),支持31.25~38.4kHz或1~16MHz的晶体或陶瓷谐振器。

(4)多功能时钟生成器(MCG):PLL 和 FLL 模式(在使用内部温度补偿时 FLL 能够达到1.5%内偏差);带微调功能的内部参考时钟源;带可选择晶体振荡器或陶瓷谐振器的外部参考时钟源。

(5)ADC:24 通道,12 位分辨率,2.5ns 转换时间,自动比较功能,1.7mV/℃温度传感器,包含内部能隙参考源通道。

(6)ACMPx:两个模拟比较器,支持比较器输出的上升、下降或任意边沿触发的中断;可选择与内部参考电压源进行比较。

(7)MSCAN:CAN V2.0A 和 B;支持标准和扩展数据帧;支持远程帧;5 个带有 FIFO 存储机制的接收缓冲器;灵活的接收识别符过滤器,可编程如下:2×32 位、4×6 位或 8×8 位。

(8)SCIx:两个 SCI,可支持 LIN 2.0 协议和 SAEJ2602 协议;全双工;主节点支持 break 信号生成;从节点支持 break 信号检测;支持激活边沿唤醒。

(9)SPI:全双工或单线双向;双重缓冲发射和接收;主从模式选择;支持高位优先或低位优先的移位。

(10)IIC:支持最高 100kb/s 的总线波特率;多主节点模式运行;可编程的从地址;通用呼叫地址;逐字节数据传输驱动的中断。

(11)TPMx:一个 6 通道(TPM1)和一个 2 通道(TPM2);可支持输入捕捉,输出比较,或每个通道带缓冲的边沿对齐 PWM 输出。

(12)RTC:8 位模数计数器(实时时钟计数器),带基于二进制或十进制的预分频器;实时时钟功能,使用外部晶体和 RTC 来确保精确时基、时间、日历或任务调度功能;内带低功耗振荡器(1kHz),用于周期唤醒而不需要外部器件。

(13)输入/输出:53 个通用输入/输出(I/O)管脚和 1 个专用输入管脚;24 个中断管脚,每个管脚带触发极性选择;所有输入管脚上带电压滞后和可配置的上下拉器件;所有输入管脚上可配置输出斜率和驱动强度。

2. MC90S08DZ60 单片机的引脚功能

MC90S08DZ60 是 64 脚 LQFP 封装的集成电路芯片,引脚分配情况如图 2-8 所示。
MC90S08DZ60 单片机的引脚定义及功能如下:

(1)电源。V_{DD} 和 V_{SS} 是 MCU 基本电源管脚,该电源为所有 I/O 缓冲器件和一个内部稳压器提供电源。内部稳压器为 CPU 及 MCU 的其他内部电路提供经过稳压的低电压电源。

V_{DDA} 和 V_{SSA} 是 MCU 的模拟电源管脚,该电源为 ADC 模块提供电源。

(2)振荡器。该 MCU 中的振荡器(XOSC)是一个皮尔斯(Pierce)振荡器,可以支持晶体和陶瓷谐振器,除了晶体和陶瓷谐振器外,还可以将一个外部振荡器连接到 EXTAL 输入管脚上。

(3)复位。RESET 是一个专用管脚,带有内置的上拉器件。它有输入电压迟滞、大电流输出驱动器,但没有输出斜率控制。内部加复位和低电压复位电路在一般情况时不必使用外部复位电路。该管脚通常连接到标准的 6 脚背景调试接头上,以保证开发系统可以直接复位 MCU 系统。如果需要,可以增加一个到地线的简单开关(拉低复位管脚以强制进行复位)来实现手动外部复位。

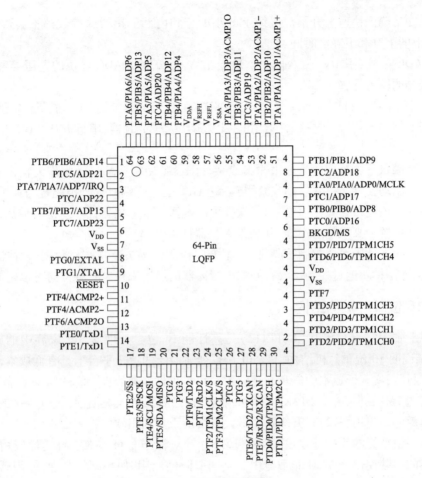

图 2-8 64 管脚分配情况

在任何情况下启动复位时（不管是从外部信号上还是从内部系统中），RESET 管脚都会下拉约 34 个总线周期。复位电路会解析复位原因并通过在系统复位状态寄存器（SRS）中设置一个相应的位来记录这一原因。

（4）背景调试和模式选择。在进行复位的过程中，BKGD/MS 管脚作为模式选择功能管脚。在复位信号上升沿后，该管脚立即作为背景调试管脚，用于背景调试通信。当作为背景调试或模式选择功能管脚时，该管脚包括一个内部上拉器件、输入电压滞后、标准的输出驱动器而没有输出斜率控制功能。

如果没有任何设备连接到该管脚上，MCU 将在复位的上升沿进入正常操作模式。如果有一个调试系统连接到 6 脚标准背景调试头上，它将在复位的上升沿将 BKGD 保持在低位，从而强迫 MCU 进入活动背景调试模式。

BKGD/MS 管脚主要用于背景调试控制器（BDC）通信。在这一通信过程中使用一种定制的协议，该协议在每个比特时间周期内使用目标 MCU 的 BDC 时钟的 16 个时钟周期。目标 MCU 的 BDC 时钟可以和总线时钟速率一样快，因此在任何情况下都不应将大电容器件连接到 BKGD/MS 管脚（这样会干扰背景调试串行通信）。

虽然 BKGD/MS 管脚是一种准开漏管脚，但背景调试通信协议可以提供瞬间、主动驱动的高速脉冲来确保快速上升沿。电缆上的小电容和内部上拉器件参数都不会影响 BKGD/MS 管脚上的上升和下降沿时间。

(5) ADC 参考引脚(V_{REFH}、V_{REFL})。V_{REFH} 和 V_{REFL} 分别是 ADC 模块的电压参考高端和电压参考低端的输入管脚。

(6) 通用 I/O 和外围设备端口。MC9S08DZ60 系列 MCU 最多可支持 53 个通用 I/O 管脚和 1 个专用输入管脚。这些管脚是和片上外围设备(定时器、串行 I/O、ADC、MSCAN 等)共享的。

当一个端口管脚被配置为通用输出或某外围设备使用该端口管脚作为输出时,软件可以选择两个驱动强度之一并启用或禁用斜率控制。当一个端口管脚被配置为通用输入或某外围设备使用该端口管脚作为输入时,软件可以选择一个上拉器件。复位完成后,所有这些管脚被立即配置为高阻抗通用输入(内部上拉器件被禁用)。

当一个片上外围系统控制管脚时,数据方向控制位仍决定从端口数据寄存器中读取内容,即使该外围模块通过控制该管脚的输出缓冲器的启用来控制管脚方向时也是如此。

二、16 位单片机的结构

飞思卡尔 MC9S12XS128(LQFP112)是高性能 16 位微处理器 S12 家族中的成员,以该 MCU 为例说明 16 位单片机结构。该 MCU 系列在广泛的汽车平台上具有低成本(优化的特性集合和封装,实现低成本的汽车车身应用)、可扩展性和兼容性(将 S12X 内存范围从 64kB 扩展到高达 1MB,并带有向 S12XE 系列的兼容升级路径)以及灵活性(提供均衡的外设集以支持成本敏感型应用,S12XE 升级路径最大限度地重新利用软件)。

具有一组精简的片上外设、内存和封装,并针对汽车车身和乘客舒适性应用进行了优化。紧凑的封装使得该 MCU 非常适用于空间受限的应用,如小型的制动器、传感器模块和转向控制模块。

1. MC9S12XS128 单片机的内部组成

MC9S12XS128 单片机的模块结构如图 2-9 所示。各部分的基本功能如下:

(1) 16 位 CPU12X 核:除了五个(MEM、WAV、WAVR、REV、REVM)已被移除的模糊指令外向上兼容 S12 指令集;最高达 80MHz 的 CPU 工作频率和 40MHz 的内部总线工作频率;时钟源选项包括晶体、谐振器、外部时钟,或内部产生的时钟;增强的线性寻址方式;同时依赖于 PPAGE 寄存器来访问大数据块,即扩展于 64k 内部地址之外的空间。

(2) INT(中断模块):7 个等级的中断嵌套。有以下中断情形可以产生中断:IRQ 和 XIRQ、CAN 接收中断,SCI 接收中断。

(3) MMC(存储器模块映射控制器):是一种存储机制,由 CPU 核内部完成,用户可以进行一些配置。

(4) 存储器:128kB flash 程序存储空间,8kB 数据存储空间,8kB RAM 存储空间。分别用 PPAGE、DPAGE、RPAGE,以及 GPAGE 进行访问。而且都带有 ECC(Error Correction Code)错误校验模块,可以进行单位失败修正和双位错误侦测。程序存储空间最小擦除单位是一个扇区 1024B,而数据存储空间最小擦出单位也是一个扇区 256B,以及带有增强的保护区和加密等功能。

(5) ATD：16 通道的高达 12 位精度的 AD 采集模块，支持 8 位/10 位/12 位多种精度选择，支持达 3μs 的 10 位转换，16 个复合的模拟量输入通道。

(6) MSCAN：1Mb/s 传播速率，软件兼容 CAN 2.0A 和 B）。有 5 个 FIFO 模式的接收缓冲区，3 个内部带有优先级的发送缓冲区。

(7) TIM：标准定时器模块。8 个 16 通道的输入捕捉和输出比较，1 个带 8 位精度的 16 位计数器，1 个 16 位的脉冲累加器。

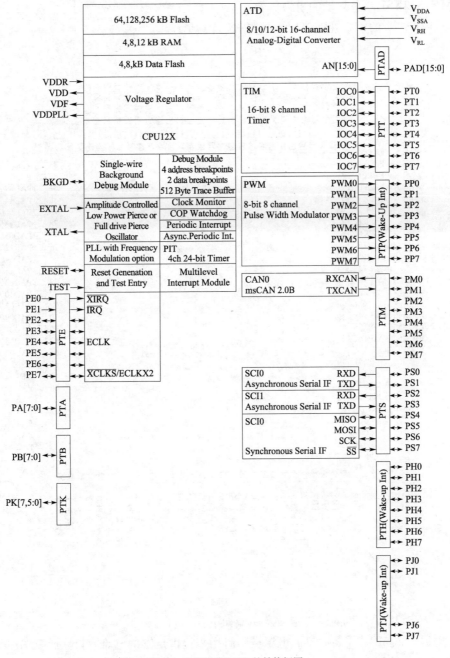

图 2-9　MC9S12XS128 的结构框图

(8) PIT:周期中断定时器。多个带有溢出周期的独立的定时器,溢出周期可以在 $1\sim2^{24}$ 总线周期之间。

(9) PWM:多达 8 个通道×8 位或者 4 个通道×16 位脉冲宽度调制。

(10) SPI:外设接口模块。可配置的 8 位或者 10 位数据大小,全双工或者单双工模式可选择,主从模式选择方式。

(11) SCI:两个 SCI 支持 LIN,13 位的波特率选择。

2. MC9S12XS128 单片机的引脚功能

MC9S12XS128 的 112 管脚分配情况如图 2-10 所示。

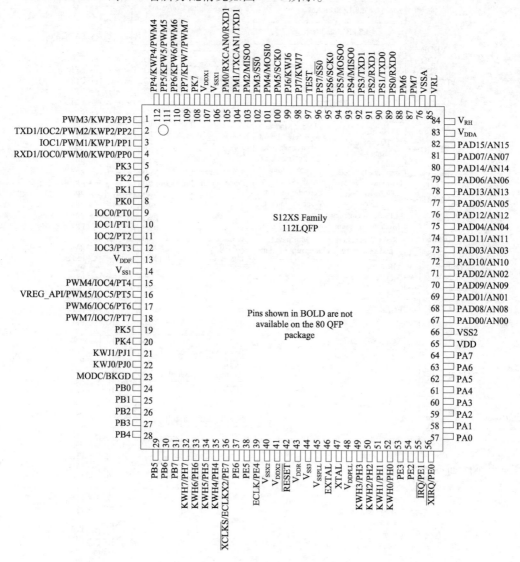

图 2-10　112 管脚分配情况

MC9S12XS128 单片机的引脚定义及功能如下:

(1) 电源。该 MCU 需要大量的电源类引脚用来提供足够的电流容量。所有的电源引脚必须外接适当的滤波电容抑制高频噪声。MC9S12X128 电源引脚如表 2-1 所示。

MC9S12X128 的电源引脚总汇   表2-1

引脚名称	引脚号	额定电压(V)	描述
V_{DDR}	43	5.0	外部电源,为内部电压调节器供电
V_{SSR}	40	0	
V_{DDX2}、V_{DDX1}	41、107	5.0	外部电源和搭铁,为I/O 为供电
V_{SSX2}、V_{SSX1}	40、106	0	
V_{DDA}	83	5.0	A/D 转换器工作电源和地,为内部电压调节器提供参考电源,允许单独为 A/D 提供工作电压
V_{SSA}	86	0	
V_{RH}	84	5.0	A/D 转换器参考电源和搭铁
V_{RL}	85	0	
V_{DD}	65	1.8	内部电源和地,由内部高压器为内核供电
V_{SS1}、V_{SS2}、V_{SS3}	14、66、44	0	
V_{DDF}	13	2.8	内部电源和搭铁,由内部高压器为内部 NVM 供电
V_{DDPLL}	48	1.8	为锁相环(PLL)提供工作电源和搭铁,由内部电压调节器产生。允许单独为 PLL 提供工作电压
V_{SSPLL}	45	0	

(2)振荡器(XTAL-47 和 EXTAL-46)。XTAL 和 EXTAL 分别是晶体驱动输出和外部时钟输入引脚。EXTAL 引脚既可以接晶振,也可以接外部 COMS 兼容的时钟信号,驱动内部时钟发生电路,器件中所有的时钟信号都来自该引脚输入的时钟。XTAL 引脚为晶体驱动输出,当 EXTAL 引脚外接时钟信号时,XTAL 引脚悬空。XCLKS 输入引脚(36)控制时钟由晶体和 Pierce 振荡器电路、外部时钟电路提供。

(3)复位 RESET(42)。RESET 引脚是一个低电平有效的双向控制信号。该引脚做输入时,将其拉低,可将 MCU 初始化成一个已知的起始状态。当任何 MCU 内部复位源触发时,该引脚输出低电平对外指示这种状态。RESET 引脚内部上拉。

(4)BKGD/MODC(23)——背景调试和模式引脚。对于背景调试通信而言,该引脚是一个伪漏极开路引脚。在复位期间,该引脚用于选择 MCU 操作模式的上升沿,将该引脚的状态锁存保持在 MODC 位。该引脚内部上拉。BKGD 采用自定义协议接收串行的背景调试命令,发送命令执行结果,实现实时在线调试功能。

(5)PE7/ECLKX2/XCLKS(36)——端口 E 输入/输出引脚 7。PE7 定义为通用输入/输出引脚。ECLKX2 定义为时钟输出引脚,输出频率是内部总线频率的 2 倍。XCLKS 定义为输入信号,它用于控制使用晶振与内部闭环控制 Pierce 振荡器电路、晶振与全摆幅 Pierce 振荡器电路、外部时钟电路。

(6)PE1/IRQ(55)——可屏蔽中断请求。PE1 可定义为通用输入引脚或可屏蔽外部中断输入 IRQ 引脚。IRQ 信号可从停止(STOP)或等待(WAIT)模式下唤醒 MCU。该引脚可通过软件设置是否和中断逻辑连接,IRQ 可选择下降沿或低电平触发。复位后,IRQ 默认为低电平触发中断方式,当 CCR 寄存器中的 I 位为 1 时,IRQ 中断被屏蔽。通过软件清除或者置位 CCR 寄存器中的 I 位使能或禁止所有可屏蔽中断。

(7)PE0/XIRQ(56)——非屏蔽中断请求。PE0 可定义为通用输入引脚或非屏蔽外部中断输入 XIRQ 引脚。XIRQ 信号可在停止(STOP)或等待(WAIT)模式下唤醒 MCU。XIRQ 是低电平触发中断方式。当 XIRQ 引脚低电平时,MCU 无法进入停止(STOP)模式。在复位期间,当CCR寄存器中的X位为1时,非屏蔽中断被屏蔽。系统初始化程序后,可通过软件清除CCR寄存器中的X位,使能非屏蔽中断。

(8)通用I/O和外围设备端口。MC9S12XS128具有91个独立的数字I/O口,其中某些数字I/O口具有中断和唤醒功能。

三、32位单片机的结构

以飞思卡尔SPC5634M为例说明32位单片机结构,该MCU为入门级汽车和工业控制应用提供增强型动力总成功能。它还可以满足那些专注于新兴市场的发动机和变速器供应商对于成本控制的需求。支持严苛但经济的排放控制方案,实现经济效益和动力提升3%~5%;易于组装和检查(无须红外和X光技术);采用单线性电源,有助于降低成本。

1. SPC5634M 单片机的内部组成

SPC5634M 单片机的模块结构如图2-11所示。

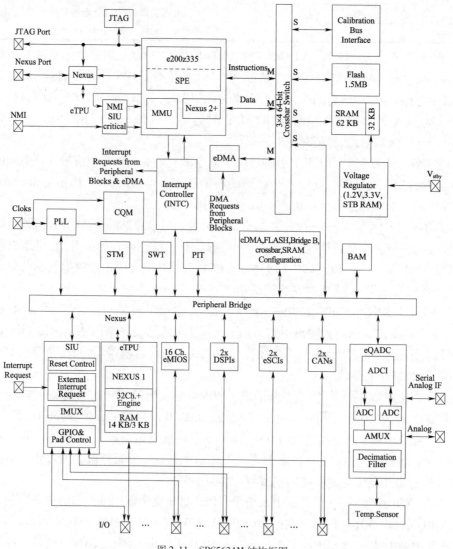

图2-11 SPC5634M 结构框图

各部分的基本功能如下:

(1) e2000z335 内核:e200z335 处理器利用四级流水线进行指令执行。指令获取(阶段1),指令译码/寄存器文件读/有效地址计算(阶段2),执行/内存访问(阶段3)和寄存器回写(阶段4)阶段以重叠方式操作,对于大多数指令来说允许执行单时钟指令。

(2) Crossbar:交叉开关。XBAR 多端口交叉开关支持三个主端口(e200z335 内核复杂指令端口、e200z335 核心复杂装载/存储端口、eDMA)和四个从端口(Flash、校准总线、SRAM、外围桥)之间的同时连接。交叉开关支持 32 位地址总线宽度和 64 位数据总线宽度。

(3) eDMA(enhanced Direct Memory Access):增强的直接内存访问控制器。eDMA 是通过 32 个可编程通道执行复杂数据移动的第二代模块,具有来自主处理器的最小干预。硬件微架构包括执行源和目的地地址计算和实际数据移动操作的 DMA 引擎,以及包含用于通道的传输控制描述符(TCD)的基于 SRAM 的存储器。

(4) INTC(Interrupt Controller):中断控制器。提供基于优先级的中断请求的抢占调度,适用于静态调度的硬实时系统。INTC 允许从最多 191 个外设中断请求源进行中断请求服务,以及为与其他系列成员兼容而保留的 165 个源。

(5) FMPLL:频率调制锁相环。FMPLL 允许用户从 4~20MHz 晶振或外部时钟发生器生成高速系统时钟。此外,FMPLL 支持系统时钟的可编程频率调制。PLL 倍频系数、输出时钟分频比均为软件可配置。

(6) Cablibration EBI:校准 EBI 控制跨越交叉开关到校准地址空间中连接到 VertiCal 连接器的存储器或外设的数据传输。校准 EBI 仅在 VertiCal 校准系统中可用。校准 EBI 包括产生接口信号以支持各种外部存储器的存储器控制器。校准 EBI 存储器控制器支持传统闪存、SRAM 和异步存储器。此外,校准 EBI 通过芯片选择(两个芯片选择与两个地址位复用)支持多达三个区域,以及编程的区域特定属性。校准 EBI 支持功能:22 位地址总线(两个最高有效信号与两个片选择复用);16 位数据总线;多路复用模式,数据线上存在地址和数据信号。

(7) SIU:SPC5634M SIU 控制 MCU 复位配置,焊盘配置,外部中断,通用 I/O(GPIO),内部外设复用和系统复位操作。复位配置块包含外部引脚引导配置逻辑。焊盘配置块控制 I/O 引脚的静态电气特性。GPIO 模块提供对 MCU 的 I/O 引脚的统一和离散的输入/输出控制。复位控制器执行内部和外部复位源的复位监视,并驱动 RSTOUT 引脚。SIU 和 e200z335 CPU 内核之间的通信通过交叉开关进行。

(8) ECSM:错误码校正状态指示模块。ECSM 提供了 Flash 或 RAM 模块产生的不可校正存储错误的地址信息。

(9) BAM:启动辅助模块。BAM 包含了从复位后立即开始执行的代码。在用户代码执行前,BAM 为特定的片上资源设定默认配置。

(10) eMIOS:增强的模块化输入输出。eMIOS 使用 24 位的定时机制,提供 16 个同等的时间相关测控通道,每个通道可以使用 3 个独立的定时时间基准。其中可以由 eTPU 模块为所有的通道提供一个时间基准。

每个 eMIOS 通道可配置用于完成通用输入/输出、单级输入捕获和输出比较、输入脉冲宽度和周期测量、双级输出比较、脉冲或边沿累加计数器、可编程时间窗的定时累加器、3 种不同模式的 PWM 等功能。通过特定的 eDMA 通道，eMIOS 可支持队列操作模式。

（11）eTPU2：增强的时间处理单元。专用于定时和频率信号处理的模块，其内部的 RISC 协处理器可以独立于 CPU 运行，飞思卡尔提供了面向发动机控制应用的 eTPU 函数库，如曲轴转角测量、喷油脉冲输出、点火脉冲输出、凸轮轴相位检测等，使用户可以专注于发动机本体控制算法的设计。

（12）eQADC：增强的队列型模数转换器。eQADC 包含两个 12 位分辨率的模数转换器。同时可编程分表率，提高转换速度。

（13）DSPI：解串/串行外设接口。DSP 为 MPC5634M MCU 和外部器件之间的通信提供了一个同步串行接口。DSPI 通过对 eTPU 和 eMIOS 通道以及存储器映射寄存器进行串行化和反串行化来支持引脚数量减少。通道和寄存器内容使用类 SPI 协议传输。这种 SPI 类协议完全可以配置波特率、极性和相位、帧长度、片选择断言等。帧中的每个位可以配置为串行化 eTPU 通道、eMIOS 通道或 GPIO 信号。DSPI 可以配置为将数据串行化到支持微秒通道协议的外部设备。MPC5634M MCU 上有两个相同的 DSPI 模块。DSPI 输出引脚支持根据微秒通道规范的 5V 逻辑电平或低电压差分信号（LVDS）。

（14）eSCI：增强的串行通信接口。eSCI 允许与外围设备和其他 MCU 进行异步串行通信。它包括对本地互联网络（LIN）在设备接口上的特殊支持。

（15）FlexCAN：控制器局域网。FlexCAN 模块符合 Bosch 公司的 CAN2.0B 规范和 ISO11898 标准。CAN 协议支持多个主设备，并有很强的容错能力。

（16）PIT（Periodic Interrupt Timer）：周期性中断定时器。PIT 提供五个独立的定时器通道，每个通道包含具有自动重载的 32 位宽递减计数器，能够产生周期性中断和周期性触发。PIT 没有外部输入或输出引脚，旨在用于向操作系统提供系统"tick"信号，以及 eQADC 队列的周期触发器。在 PIT 的五个通道中，四个由系统时钟计时，一个由晶体时钟计时。这一个通道也称为实时中断（RTI），用于将器件从低功耗停止模式唤醒。

（17）STM（System Timer Module）：系统定时器模块。系统定时器模块（STM）旨在实现由 AUTOSAR 定义的软件任务监视器。它有一个 32 位计数器，由系统时钟和四个独立的定时器比较器提供时钟。当定时器超过编程值时，这些比较器产生一个 CPU 中断。STM 带有一个 8 位预分频器的 32 位向上计数器，计数器可以在调试模式下停止。

（18）SWT（Software Watchdog Timer）：软件看门狗定时器。SWT 是第二个看门狗模块，用于补充集成在 CPU 内核中的标准电源架构看门狗。SWT 是一个 32 位模数计数器，由系统时钟或晶振时钟计时，可以当在所需的时间窗口内未写入正确的软件密钥时，提供系统复位或中断请求。

2. SPC5634M 单片机的引脚功能

SPC5634M 是 144 脚 LQFP 封装的集成电路芯片，引脚分配情况如图 2-12 所示。

SPC5634M 单片机的引脚定义及功能如下：

（1）电源。SPC5634M 共有 29 个供电和接地引脚。这些引脚被分为 13 个不同的电源段。具有相同功能的 I/O 引脚可以分别使用不同的工作电压。分段式供电还可以带来其他益处，例如敏感模拟电路与数字电路之间的隔离。表 2-2 列出了各分段供电与引脚之间的关系，每一个供电分段都与其他分段相互独立。

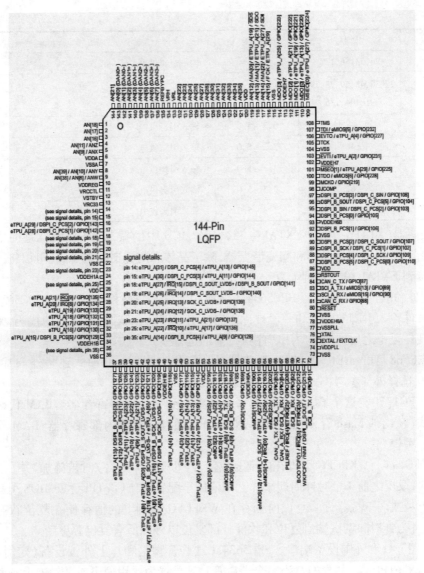

图 2-12 SPC5634M 引脚分配情况

SPC5634M 的电源引脚总汇　　　　　　　　　　　　　　表 2-2

引脚名称	引脚号	额定电压/V	作　用
V_{DDPLL}	74	1.2	为锁相环(PLL)提供电源和搭铁,由内部调压器产生
V_{SSPLL}	77	0	
V_{STBY}	12	1.0	为静态 RAM 提供掉电保持电压
V_{RC33}	13	3.3	3.3V 电压调节
V_{RCCTL}	11	3.3	电压调节控制器输出
V_{DDA}	6	5.0	为 eQADC 提供模拟输入电源
V_{SSA}	7	0	为 eQADC 提供模拟输入地
V_{DDREG}	10	5	电压调节器供电

续上表

引脚名称	引脚号	额定电压/V	作用
V_{DD}	26,53,86,120	1.2	内部逻辑供电
V_{SS}	22,36,48,59,73,79,91,104,115	0	地
V_{DDEH1A}	24,34	3.3~5.0	输入引脚供电
V_{DDEH1B}	46	3.3~5.0	输入引脚供电
V_{DDEH6a}	78,93	3.3~5.0	输入引脚供电
V_{DDEH6b}	61	3.3~5.0	输入引脚供电
V_{DDEH7}	102,113	3.3~5.0	输入引脚供电

（2）振荡器（XTAL-76和EXTAL-75）。该MCU中的振荡器（XOSC）是一个皮尔斯（Pierce）振荡器，可以支持晶体和陶瓷谐振器，除了晶体和陶瓷谐振器外，还可以将一个外部振荡器连接到EXTAL输入管脚上。

（3）硬件和软件初始化。跟SPC5634M之前的绝大多数微控制器不同，SPC5634M是通过对外部硬件输入引脚的配置和一段被称为启动引导辅助存储器BAM内的代码，来共同确定器件在硬件复位之后到用户应用程序执行前的运行模式和初始配置。

PLLREF[68]：PLLREF用于选择振荡器是从复位工作在xtal模式还是外部基准模式。PLLREF=0选择外部参考模式。

BOOTCFG1[70]：这个输入引脚的电平会被锁存到一个内部寄存器。BAM代码共有两种运行模式（从内部Flash存储器、FlexCAN/eSCI），通过读取该内部寄存器，BAM代码可以运行其中一种模式。

WKPCFG[71]：WKPCFG引脚在内部复位信号（RSTOUT断言）时被施加，并在RSTOUT引脚（85脚）取反之前4个时钟周期采样。该值用于配置复位后eTPU和eMIOS引脚是连接到内部弱上拉或弱下拉器件。复位时锁存在WKPCFG引脚上的值存储在复位状态寄存器（RSR）中，且为针对除调试端口复位和软件外部复位以外的所有复位源更新。

（4）通用I/O和外围设备端口。SPC5634M这些管脚是和片上外围设备（定时器、串行I/O、FlexCAN、eTPU等）共享的。当一个端口管脚被配置为通用输出或某外围设备使用该端口管脚作为输出时，软件可以选择两个驱动强度之一并启用或禁用斜率控制。当一个端口管脚被配置为通用输入或某外围设备使用该端口管脚作为输入时，软件可以选择一个上拉器件。复位完成后，所有这些管脚被立即配置为高阻抗通用输入（内部上拉器件被禁用）。

当一个片上外围系统控制管脚时，数据方向控制位仍决定从端口数据寄存器中读取的内容，即使该外围模块通过控制该管脚的输出缓冲器的启用来控制管脚方向时也是如此。

（5）调试。对SPC5634M进行调试时，使用JTAG方式（JCOMP[98]、TDO[100]、TDI[107]、TCK[105]、TMS[108]、RESET[80]）。

单元三　接口基础

(1) 简述接口及端口的概念。
(2) 正确描述接口的功能与组成。
(3) 正确描述接口电路的结构形式。
(4) 正确描述 CPU 与接口交换数据的方式。

(1) 会分析端口编址、寻址方式。
(2) 会识别串行接口。
(3) 会识别并行接口。
(4) 会使用汽车单片机进行简单应用。

课题一　接口及接口技术、功能与组成

一、微型计算机的 I/O 接口技术概述

单片机亦称作微控制器,主要用于控制,接口的作用非常重要。

计算机系统有两类数据传送操作:一类是 CPU 和存储器的操作;另一类就是 CPU 和外围设备接口的数据输入和输出之间的操作。

存储器大都采用半导体电路,与 CPU 具有相同的电路形式,电平也是一致的,所以半导体与 CPU 之间采用同步定时工作方式。

只要在时序关系上满足要求,它们之间就可正常工作。因此存储器与 CPU 的连接相当简单,除地址线、数据线之外,还有读写选通信号。但计算机的 I/O 操作却非常复杂。

1. 计算机 I/O 操作复杂的原因

(1) 外围设备的工作速度快慢差异很大,慢速的设备如继电器、开关等,其速度以秒计之。而高速设备如磁盘、显示器等,每秒可传送几千位数据。面对差异如此之大的各类外围

设备,CPU 无法按固定的时序与这些外围设备接口以同步方式协调工作。

(2)各种外围设备,有机械式的、电子式的,还有机电式的,它们性能各异,对数据传送的方式也各不相同,无法按统一格式进行。

(3)外围设备的数据信号是多种多样的,既有电压信号,也有电流信号;既有模拟形式,也有数字形式,还有脉冲串(例如:测量转速和转角的光电编码器输出)形式。

(4)CPU 与外围设备数据的传送有近距离的,也有远距离的;前者适用并行传送,后者适宜采用串行传送。

2. I/O 接口的作用

要实现 CPU 与外围设备的同步数据传送,必须在 CPU 和外围设备之间设置一种接口电路,通过接口电路对 CPU 与外围设备之间的数据传送进行协调,所以,接口电路就成为数据 I/O 操作的核心内容。I/O 接口的作用描述如下:

(1)速度协调。由于速度上的差异,使得数据的 I/O 传送只能以异步方式进行,即只能在确认外围设备已经为数据传送做好准备的前提下才能进行 I/O 操作。而要知道外围设备是否准备好,就需要通过接口电路产生或传送外设的状态信息,用这个状态信号进行 CPU 与外围设备之间的速度协调。

(2)输出时数据锁存。数据锁存都是通过数据总线这个公用数据通道进行的,但由于 CPU 的工作速度快,数据在数据总线上的保留时间非常短,无法满足慢速输出外围设备的要求,所以需要在接口电路中通过输出锁存器把数据保存起来,直至这一数据为输出设备所接收。

(3)输入三态缓冲。数据输入时,输入设备向 CPU 传送的数据也要通过数据总线,但数据总线既然是计算机系统的公用数据通道,它必然挂着许多数据源。例如,各个存储器单元、各个外围设备接口。为了维护数据总线上数据传送的"秩序",它们与 CPU 的数据传送只能分时进行,工作十分繁忙,即只允许当前时刻正在进行数据传送的一个数据源使用数据总线,其余数据源都必须与数据总线处于隔离状态。因此要求输入接口电路能够为数据输入提供三态缓冲功能。

(4)数据转换。一般来说,CPU 与输入或输出接口进行并行的数据传送,但也有很多情况下,需要的是传送模拟信号、串行信号,所以需要接口电路进行模数转换(A/D)、数模转换(D/A)、串行→并行转换、并行→串行转换等。

因此,接口电路对于数据的 I/O 操作是非常重要的,是计算机不可缺少的组成部分。所谓"接口",是英文"Interface"的译文,具有分界面等含义。这里所说的接口是指计算机与外围设备之间的接口,其功能是通过电路来实现的,因此又称为接口电路。它包括数据寄存器用于保存输入输出数据、状态寄存器以保存外围设备的状态信息、命令寄存器用于保存来自 CPU 的控制命令。而这些寄存器也按一定方式编址,就像存储单元一样,CPU 可对其读或写,通常把这些统一编址的并可以进行读或写操作的寄存器称为端口(Port)。一个接口电路可同时具有数据口、状态口、命令口,因此一个接口电路可能对应多个地址。

二、接口与端口

一个简单的,也是基本的外设接口框图如图 3-1 所示。"外设接口"是"CPU"与"外设"之间传送信息的一个"界面"、一个"连接部件"。外设接口一边通过 CPU 的三总线(或微机总线)同 CPU 连接,一边通过三种信息——数据信息、控制信息和状态信息同外设连接,CPU 通过外设接口同外设交换的就是这三种信息。

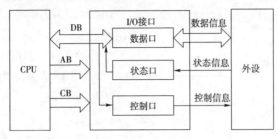

图 3-1　外设接口简单框图

其中,数据信息有数字量、模拟量和开关量三种类型。数字量是以二进制码形式提供的信息,通常是 8 位、16 位和 32 位数据;开关量是用两个状态表示的信息,只用一位二进制码表示;而模拟量是指由传感器等提供的物理量转换为相应的连续变化的电信号,模拟量必须先经模/数转换器转换为数字量后,再输入 CPU 进行处理。

状态信息表示外设当前所处的工作状态,例如 READY(就绪信号)表示输入设备已准备好信息、BUSY(忙信号)表示输出设备不能接收信息。

控制信息是由 CPU 发出的,用于控制外设接口工作方式以及外设的启动和停止的信息。

数据信息、状态信息和控制信息通常都以数据形式通过 CPU(或微机总线)的数据总线同 CPU 进行传送的,这些信息分别存放在外设接口的不同类型的寄存器中。CPU 同外设之间的信息传送实质上是对这些寄存器进行"读"或"写"操作。"接口"中这些可以由 CPU 进行读或写的寄存器被称为"端口"(Port)。按存放信息的类型,这些端口可分为"数据口""状态口"与"控制口",分别存放数据信息、状态信息和控制信息。在一个外设接口中往往需要有几个端口才能满足和协调外设工作的要求,CPU 通过访问这些端口来了解外设的状态、控制外设的工作,以及同外设进行数据传输。

三、数据总线的隔离

计算机的输入和输出都要通过数据总线进行传送,而这种传送又是通过接口电路进行的,所以接口电路的一个重要功能就是数据总线的隔离。

从宏观上看,数据总线连接着多个输入设备和输出设备,还有多个存储单元。但在任何一个时刻,只能和一个 I/O 设备进行数据传送,或者与一个存储单元进行数据传送(对程序存储器只能读出)。当与一个外围设备进行数据读入或输出时,要求所有其他不参与的 I/O 设备和存储单元必须同总线隔离开来。

能够使数据传输设备在需要的时候与数据总线接通,而在不需要的时候又能同数据总线隔开,这就是总线隔离,总线隔离通常用下述器件进行。

1. 三态锁存器

对于输出设备的接口电路,一定要通过三态锁存器。当允许接收输出数据时,闩锁被打开;当不允许接收输出数据时,闩锁被关闭。

经常使用的三态锁存器是 74LS373、74LS377、74LS273。74LS373 的选通信号 G 为高电

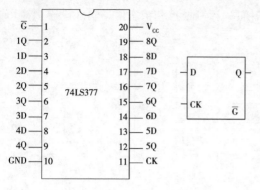

图 3-2 74LS377 引脚和逻辑电路

平有效,常用于分离 P0 口地址线低 8 位的锁存器。

(1)74LS377 锁存器。该芯片是具有使能控制端的 8D 锁存器,其引脚图和逻辑电路如图 3-2 所示,图中:8D~1D 为 8 位数据输入线;8Q~1Q 为 8 位数据输出线;CK 为时钟信号;$\overline{G}$ 为使能控制信号。

由逻辑电路图中可看到,74LS377 是由 D 触发器构成的,在时钟脉冲 CK 的上升沿输入数据,把 D 打入 Q,而在 CK 脉冲没有时(CK = 0),Q 一直保持着前一拍的状态。而这时,D 和 Q 呈高阻,D 引脚与芯片内部呈三态关系,实现了数据总线的隔离,其真值见表 3-1。

74LS377 真值表   表 3-1

$\overline{G}$	CK	D	Q
1	×	×	Q_0(保持)
0	↑	1	1
0	↑	0	0
×	0	×	Q_0(保持)

注:×为任意状态。

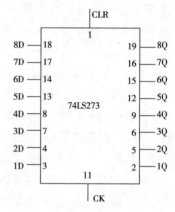

图 3-3 74LS2738D 锁存器逻辑图

(2)74LS273 三态锁存器。这是一个没有使能端 $\overline{G}$,却有清零控制端 CLR 的三态锁存器。CK 脉冲也是在上升沿进行数据锁存。清零控制端 CLR 为低电平时使三态锁存器的输出清零,平时 CLR 为高电平,其逻辑图如图 3-3 所示。

2. 三态缓冲电路

三态缓冲电路具有三态输出的门电路,因此也称为三态门。所谓三态就是指低电平状态、高电平状态和高阻状态。当三态缓冲器的输出为高阻状态时,就是对总线的隔离状态。当三态缓冲器的输出为高电平或低电平时,就是对数据总线的驱动状态。为此,三态缓冲器的状态应是可控的,逻辑符号见图 3-4。三态缓冲器的控制逻辑见表 3-2。

三态缓冲器的控制逻辑   表 3-2

三态控制信号	工作状态	数据输入	输出端状态
1	高阻	×	高阻
0	驱动	0	0
0	驱动	1	1

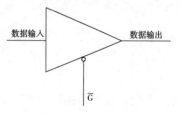

图 3-4 三态缓冲器逻辑符号

常用的三态缓冲器为 74LS244,其输出驱动能力达 20mA,速度快,延迟时间小于 20ms。在高阻状态时,对数据总线不呈现负载,最多只取 40μA 流。图 3-5 为 74LS244 的引脚排列图。

该芯片内部共有两个四位的三态缓冲器,以 G 为选通信号。使用时常把 1G 和 2G 短接,构成 8 位的三态缓冲器。D 作为输入,Q 作为输出。

3. 集电极开路门(OC 门)

集电极开路门是从基本的与非门演变过来的,把集电极的电阻负载取消,让集电极开路,就得到了集电极开路门电路。可以作为集电极开路电路的有反相开路门、与非开路门、或非开路门等。由于许多电路图中,集电极开路门并没有特殊的标志,仍然用原来各种门电路的符号,人们只能从有无上拉电阻或图的说明中知道它是否为集电极开路门。

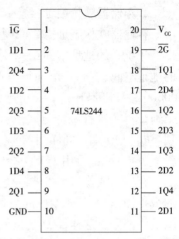

图 3-5　74LS244 引脚图

采用集电极开路门是为了解决"线或"的逻辑,因为集电极开路门器件是低电平起作用,这时上拉电阻(一般为 2kΩ)才有电流。但可以把多个集电极开路门的输出连接在一起,只是在输出和电源之间接一个上拉电阻,所以只要有一个集电极开路门的输出为低电平,那么总的输出也是低电平。只有所有的集电极开路门器件的输出都为高电平时,总的输出才为高电平。一般把这种逻辑关系称为"线或"的逻辑。

四、I/O 端口的编址方式

CPU 对外设的访问实质上是对外设接口电路中相应的端口进行访问。I/O 端口的编址方式有两种——独立编址和存储器映像编址。

1. 独立编址(专用的 I/O 端口编址)

独立编址方式的硬件结构及地址空间分配如图 3-6 所示。这种编址方式的特点是:存储器和 I/O 端口在两个独立的地址空间中,I/O 端口的读、写操作由硬件信号 $\overline{IOR}$ 和 $\overline{IOW}$ 来实现,用专用的 IN 指令和 OUT 指令访问 I/O 端口。

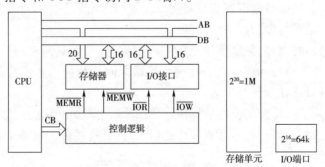

图 3-6　I/O 指令寻址方式

独立编址方式的优点是:I/O 端口的地址码较短(一般比同系统中存储单元的地址码短),译码电路较简单,存储器同 I/O 端口的操作指令不同,程序比较清晰;存储器和 I/O 端口的控制结构相互独立,可以分别设计。它的缺点是:需要有专用的 I/O 指令,而这些 I/O

指令的功能一般不如存储器访问指令丰富,所以程序设计的灵活性较差。

2. 存储器映像编址(统一编址)

存储器映像编址方式的硬件结构及地址空间分配的编址方式特点是:存储器和 I/O 端口共用统一的地址空间;一个地址空间分配给 I/O 端口以后,存储器就不能再占有这一部分的地址空间,例如整个地址空间为 1M,地址范围为 00000H ~ FFFFFH,如果 I/O 端口占有 00000H ~ FFFFFH 这 64k 个地址,那么存储器的地址空间只有从 10000H ~ FFFFFH 的 960k 个地址。在这种编址方式下,I/O 端口的读写操作同样由硬件信号 MEMR 和 MEMW 来实现,访问 I/O 端口同样用 MOV 指令。同时,所有访问存储器的指令(包括存储器的算术、逻辑运算指令)都可用于 I/O 端口。

存储器映像编址方式的优点是:任何对存储器数据进行操作的指令都可用于 I/O 端口的数据操作,不需要专用的 I/O 指令,使系统编程比较灵活;I/O 端口的地址空间是内存空间的一部分。这样,I/O 端口的地址空间可大可小,使外设的数目几乎可以不受限制。它的缺点是:I/O 端口占用了内存空间的一部分,当然内存空间必然减少,影响了系统内存的容量;同时访问 I/O 端口,如同访问内存一样,由于访问内存时的地址长,指令的机器码也长,执行时间显然增加。

Intel MCS - 51 等系列单片机就采用存储器映像 I/O 编址方式,这些单片机中无专门的 IN/OUT 指令。

课题二　接口电路的结构形式

计算机的数据传送共有两种方式:串行数据传送和并行数据传送。

一、串行接口

一次传输一位数据称为串行传输。以串行传输方式通信时使用的接口叫串行接口,它由接收器、发送器和控制器三部分组成。

接收器把外部设备送来的串行数据变为并行数据送到数据总线;发送器把数据总线上的并行数据变为串行数据发送到外部设备去。控制器是控制上述两种变换过程的电路。串行接口的主要用途是进行串/并、并/串转换。

串行数据传送的特点是,数据传送是按位顺序进行,最少只需一根传输线即可完成,成本低,但速度慢。计算机与远程终端或终端与终端之间的数据传送通常都是串行的。串行数据传送的距离可以从几米到几千米。

在单片机中,除了远距离的慢速数据传送使用串行方式外,还常用微型机编写和汇编单片机的源程序,交叉汇编后再把目标程序传送给单片机,这种传送也是采用串行通信方式进行的。

串行数据传送又分为异步传送和同步传送两种方式。在单片机中,主要使用异步传送方式。

1. 异步串行通信的字符格式

异步串行数据通信以字符为单位,即一次传送一个字符。那么在一个字符的传送中,应包含哪些信息呢？或者说字符传送的通信格式是什么？图3-7就是一个字符的串行传送格式。

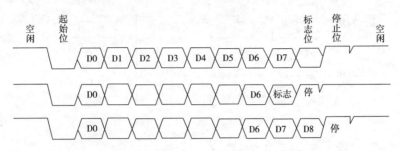

图3-7　异步串行数据通信的数据格式

对异步串行数据通信的字符格式做如下说明：

(1)在这种格式标准中，信息的两种状态分别以"标号"(Mark)和"空格"(Space)为标志，其中"Mark"对应逻辑1态。在发送器空闲时，数据线应保持在"Mark"状态。"Space"对应逻辑0态。

(2)起始位。发送器是通过发送起始位而开始一个字符的传送。起始位使数据线处于"Space"状态。

(3)数据位。起始位之后就传送数据位。在数据位中，低位在前(左)，高位在后(右)。由于字符编码方式的不同，数据位可以是5、6、7或8。

(4)奇偶校验位。用于对字符传送进行正确性检查。奇偶校验位是可选择的，有3种可能，即：奇、偶或无校验，由用户根据需要选定。

(5)停止位。停止位在最后，用以标志一个字符传送的结束，它对应于Mark状态。停止位可能是1、1.5或2位，在实际应用中根据需要确定。

(6)位时间。一个数据位的时间宽度。

(7)帧(Frame)。从起始位开始到停止位结束的时间间隔称为一帧。就是一个字符的完整通信格式，因此也把串行通信的字符格式称为帧格式。

异步传送可以是连续的，也可以是断续的。连续的异步串行数据传送，则是在一个字符格式的停止位之后，立即发送下一个字符的起始位，开始一个新的字符传送，即：帧与帧之间是连续的。而断续的异步串行数据传送，则是在一帧结束之后维持数据线的Mark状态，使数据线处于空闲。新的起始位可以在任何时刻开始，并不要求整数倍的位时间。

2. 异步串行通信的信号形式

虽然都是串行通信，但近程的串行通信和远程的串行通信在信号形式上却有所不同。因此应按近远程两种情况分别加以说明。

(1)近程通信。近程通信又称本地通信。

近程通信采用数字信号直接传送形式，就是在传送过程中，不改变原数据代码的波形和频率。这种数据传送方式被称为基带传送方式。图3-8就是两台计算机近程串行通信的连接和代码波形图。

从图3-8中可见，计算机内部的数据信号是TTL电平标准，而通信线上的数据信号却是RS-232C电平标准。然而尽管电平标准不同，但数据信号的波形和频率并没有改变。近程串行通信只需用传输线把两端的接口电路直接连起来即可实现,既方便又经济。

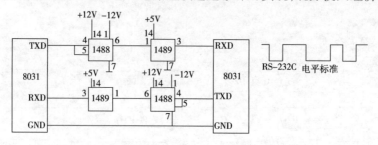

图3-8　8031双机全工串行通信

(2)远程通信。在远程串行通信中,应使用专用的通信电缆,出于经济上的考虑,通常使用电话线作为传输线,如图3-9所示。

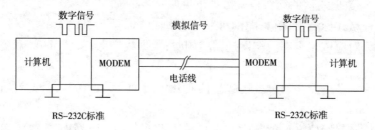

图3-9　远程串行通信

远距离直接传送数字信号,信号会发生畸变,为此要把数字信号转变为模拟信号再进行传送。通常使用频率调制法,即以不同频率的载波信号代表数字信号的两种不同电平状态。这种数据传送方式称为频带传送方式。

为此,在串行通信的发送端应有调制器,把电平信号调制为频率信号;而在接收端则应有解调器,把频率信号解调为电平信号。远程串行通信多采用双工方式,即通信双方都具有发送和接收功能。为此,在远程串行通信线路的两端都应设置调制器和解调器,并且把二者合在一起,称为调制解调器(Modem)。

电话线本是用于传送声音的,人讲话的声音频率范围在300～3000Hz。因此,使用电话线进行串行数据传送,其调频信号的频率也应在此范围之内。通常以1270Hz或2225Hz的频率信号代表RS-232C标准的Mark电平,以1070Hz或2025Hz的频率信号代表Space电平。

为了降低成本,远程串行通信又多采用半双工方式,即用一条传输线完成两个方向的数据传送。发送端串行接口输出的是RS-232C标准的电平信号,由调制器把电平信号分别调制成1270Hz和1070Hz的调频信号后,再送上电话线进行远程传送。在接收端,由解调器把调频信号解调为RS-232C标准的电平信号,再经串行接口电路调制为TTL电平信号。另一个方向的数据传输,其过程完全相同,所不同的只是调频信号的频率分别为2225Hz和2025Hz。

3.串行通信的数据通路形式

(1)串行数据通信共有以下几种数据通路形式。

①单工(Simplex)形式。单工形式的数据传送是单向的。通信双方中一方固定为发送

端,另一方则固定为接收端。单工形式的串行通信,只需要一条数据线。例如计算机与打印机之间的串行通信就是单工形式,因为只能有计算机向打印机传送数据,而不可能有相反方向的数据传送。

②全双工(Full-duplex)形式。全双工形式的数据传送是双向的,且可同时发送和接收数据。因此全双工形式的串行通信需要两条数据线,见图3-10。

图3-10 全双工形式串行通信

③半双工(Half-duplex)形式。半双工形式的数据传送也是双向的。但任何时刻只能由其中的一方发送数据,另一方接收数据。因此半双工形式既可以使用一条数据线,也可以使用两条数据线。

(2)串行通信的传送速率。传送速率用于说明数据传送的快慢。在串行通信中,数据是按位进行传送的,因此传送速率用每秒传送数据位的数目来表示,称为波特率(baud rate)。每秒传送一个数据位就是1baud,即:

$$1baud = 1b/s(位/秒)$$

在串行通信中,数据位的发送和接收分别由发送时钟脉冲和接收时钟脉冲进行定时控制。时钟频率高,则波特率也高,通信速度就快;反之,时钟频率低,则波特率也低,通信速度就慢。

串行通信可以使用的标准波特率在RS-232C标准中已有规定。使用时应根据速度需要、线路质量以及设备情况等因素选定;波特率选定之后,对于设计者来说,就是如何得到能满足波特率要求的发送时钟脉冲和接收时钟脉冲。

二、并行接口

同时传输两位或两位以上的数据称为并行传输。以并行传输方式通信时,是把多位数据(如8位数据)的各个位同时传送,如图3-11所示。

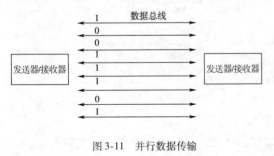

图3-11 并行数据传输

微机内部几乎都采用并行传输方式。由于CPU与外部设备的速度不同,外部设备的数据线不能直接接到总线上。为使CPU与外部设备的动作匹配,两者之间需要有缓冲器和锁存器。缓冲器和锁存器用于暂时保存数据。具有这些功能的接口称为并行接口。

并行数据传送的特点是,各数据位同时传送,传送速度快、效率高。但有多少数据位就需多少根数据线,因此传送成本高。在集成电路芯片的内部、同一插件板上各部件之间、同一机箱内各插件板之间等的数据传送都是并行的。并行数据传送的距离通常小于30m。

三、并行通信与串行通信的比较

(1)从距离上看:并行通信适宜于近距离的数据传送,通常小于30m;而串行通信适宜于远距离传送,可以从几米到数千公里。

(2)从速度上看:在短距离内,并行接口的数据传输速度显然比串行接口的传输速度高得多;另一方面串行和并行数据传送速率与距离成反比。

(3)从设备和费用上看:随着大规模和超大规模集成电路的发展,逻辑器件价格趋低,而通信线路费用趋高,因此对远距离通信而言,串行通信的费用会低得多。另一方面串行通信还可利用现有的电话网络来实现远程通信,降低了通信费用。

课题三　CPU与接口交换数据的方式

在计算机中,为实现数据的输入、输出传送,CPU与接口交换数据的方式有多种:无条件传送、查询传送方式、中断传送方式、直接存储器存取(DMA)方式。

而在单片机中,主要采用前三种方式,介绍如下:

一、无条件传送

无条件传送又称"同步传送方式",主要用于外设的定时是固定的而且是已知的场合,外设必须在微处理器限定的指令时间内准备就绪,并完成数据的接收或发送。通常采用的办法是:把I/O指令插入到程序中,当程序执行到该I/O指令时,外设必定已为传送数据做好了准备,于是在此指令时间内完成数据传送任务。无条件传送是最简便的传送方式,它所需的硬件和软件都较少。无条件传送的示例如图3-12所示。

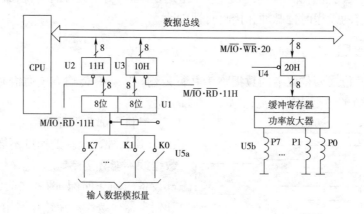

图3-12　无条件传送

这是两个同步传送的数据采集系统,图中U5为继电器(U5a为继电器的8个控制触点,U5b为继电器的8个线圈),继电器线圈P0、P1、…、P7控制8个触点K0、K1、…、K7逐个接通,对8个输入模拟量进行采样,采样输入的模拟量送入一个4位10进制数字电压表U1测量,把被采样的模拟量转换成16位BCD码(4位10进制数),高8位和低8位通过两个8位端口U2(端口地址为11H)和U3(端口地址为10H)送上系统的数据总线,CPU通过IN指令读入转换后的数字量。至于究竟采集哪一通道的模拟量,则由CPU通过U4(端口地址为20H)输出控制信号,以控制继电器线圈P0~P7中电流的通断,继而控制继电器触点K0~

K7 的吸合,以实现对不同通道模拟量的采集("0"使线圈 P 电流"断","1"使线圈 P 电流"通")。

二、查询传送方式

查询传送方式又称"异步传送方式"。当 CPU 与外设工作不同步时,很难确保 CPU 在执行输入操作时,外设一定是"准备好"的;而在执行输出操作时,外设寄存器一定是"空"的。因此为保证数据传送的正确进行,提出了查询传送方式。当采用这种方式传送前,CPU 必须先对外设进行状态检测。完成一次传送过程的步骤如下:

(1)执行一条输入指令,读取所选外设的当前状态。
(2)根据该设备的状态决定程序去向。

如果外设正处于"忙"或"未准备就绪",则程序转回重复检测外设状态,如果外设处于"空"或"准备就绪",则发出一条输入输出指令,进行一次数据传送。查询传送的示例如图3-13 所示。

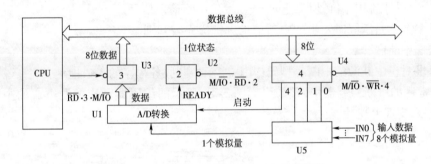

图 3-13 查询传送

这是一个采用模/数转换器(A/D 转换器)对 8 个模拟量 IN0~IN7 采样的数据采集系统。8 个输入模拟量经过多路开关 U5 选择后送入 A/D 转换器 U1,多路开关 U5 由控制端口 U4(端口地址为 04H)输出的三位二进制码(对应于 B2B1B0 位)控制,当与 B2B1B0 = 000 时选通 IN0 输入 A/D 转换器,当 B2B1B0 = 111 时选通 IN7 输入 A/D 转换器,每次只送出一路模拟量到 A/D 转换器。同时,由控制端口 U4 的 B4 控制 A/D 转换器的启动(B4 = 1)与停止(B4 = 0)。当 A/D 转换器完成转换后,READY 端输出有效信号(高电平)经过状态端口 U2(端口地址为 02H)的 B0 位输入到 CPU 的数据总线。后经 A/D 转换后的数据由数据端口 U3(端口地址为 03H)输入 CPU 数据总线。该数据采集系统中,采用了三个端口——数据口 U3、控制口 U4 和状态口 U2。

三、中断传送方式

无条件传送和查询传送的缺点是:CPU 和外设只能串行工作,各外设之间也只能串行工作。为了使 CPU 和外设以及外设和外设之间能并行工作,以提高系统的工作效率,充分发挥 CPU 高速运算的能力,在计算机系统中引入了"中断"系统,利用中断来实现 CPU 与外设之间的数据传送,这就是中断传送方式。

在中断传送方式中,通常是在程序中安排好某一时刻启动某一台外设,然后 CPU 继续执行其主程序。当外设完成数据传送的准备后,向 CPU 发出"中断请求信号",在 CPU 可以响应中断的条件下,现行主程序被"中断",转去执行"中断服务程序",在"中断服务程序"中完成一次 CPU 与外设之间的数据传送,传送完成后仍返回被中断的主程序,从断点处继续执行。

采用中断传送方式时,CPU 从启动外设直到外设就绪这段时间,一直仍在执行主程序,而不是像查询方式中处于等待状态,仅仅是在外设准备好数据传送的情况下才中止 CPU 执行的主程序,在一定程度上实现了主机和外设的并行工作。同时,如果某一时刻有几台外设发出中断请求,CPU 可以根据预先安排好的优先顺序,按轻重缓急处理几台外设同 CPU 的数据传送,这样在一定程度上也可实现几个外设的并行工作。

1. 中断控制电路

在采用中断传送方式的 I/O 接口中,通常要采用中断控制电路来实现中断控制,该控制电路必须实现如下功能:

(1)控制多个中断源(采用中断方式的 I/O 设备)实现中断传送,即任一个中断源提出中断请求,该中断控制电路必须都能向 CPU 发出中断请求信号。

(2)对多个中断源同时发出的中断请求进行优先级判别。

(3)实现中断嵌套。

(4)提供对应中断源的中断类型码(用以指示中断服务程序的入口地址)。

目前,常用的中断控制器中,常采用如图 3-14 所示的编码器和比较器组成的中断优先级排队电路来实现上述功能。

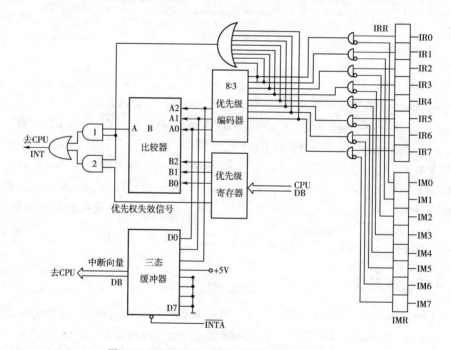

图 3-14　编码器和比较器组成的中断优先级排队电路

该电路的工作过程如下:

设有 8 个中断源,当任何一个有中断请求时,通过或门,即可产生一个中断请求信号,但它能否送至 CPU 的中断请求线,还必须受比较器的控制。

8 条中断输入线的任何一条,经过编码器可以产生三位二进制优先级编码 A2A1A0,优先级最高的中断输入线的编码为 111,优先级最低的中断输入线的编码为 000,若有多个中断输入线同时输入,则编码器只输出优先级最高的编码。

正在进行中断处理的外设的优先级编码,由 CPU 通过软件,经数据总线送至优先级寄存器,然后输出编码 B2B1B0 至比较器。

比较器对编码 A2A1A0 与 B2B1B0 的大小进行比较。若 A≤B,则"A＞B"端输出低电平,封锁与门 1,禁止向 CPU 发出新的中断请求;只有当 A＞B 时,比较器输出端才为高电平,打开与门 1,将中断请求信号送至 CPU 的 INT 输入端,当 CPU 响应中断后,中断正在进行的中断服务程序,转去执行优先级更高的中断服务程序。若 CPU 不在执行中断服务程序时(即在执行主程序),则优先级失效信号为高电平,如有任何一个中断源请求中断,都能通过与门 2,向 CPU 发出 INT 信号。

当外设的个数≤8 时,它们共用一个产生中断向量的电路,该电路由三位比较器的编码 A2A1A0 供给。据此不同的编码,即可转入不同的入口地址。

图 3-15 中 IRR 为中断请求寄存器、IMR 为中断屏蔽寄存器。

2. 中断传送方式的接口电路

中断传送方式的接口电路见图 3-15。

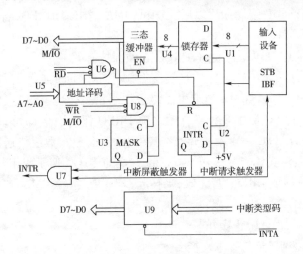

图 3-15 中断传送方式的接口电路

这是一个输入接口电路:当输入设备准备好一个数据后,发出选通信号 STB,该信号一路送数据锁存器 U1,使输入设备的 8 位数据送入锁存器 U1;另一路送中断请求触发器 U2,将 U2 置"1",若系统允许该设备发出中断请求,则中断屏蔽触发器 U23 已置"1",从而通过与门 U7 向 CPU 发出中断请求信号 INTR。若无其他设备的中断请求,在 CPU 开中断的情况下,则在现行指令结束后,CPU 响应该设备的中断请求,执行中断响应总线周期,发出中断响应信号,要求提出中断请求的外设把一个字节的中断类型码送上数据总线,然后 CPU 根据该中断类型码转而去执行中断服务程序,读入数据(通过 IN 指令,打开三态缓冲器 U4),如同时复位中断请求触发器 U2。中断服务完成后,再返回被中断的主程序。

47

四、DMA(直接存储器存取)传送方式

当某些外设,诸如磁盘、CRT显示器、高速模数转换器等要求高速而大量地传送数据时,采用程序控制方式来传送数据往往无法满足速度的要求,就拿程序控制方式中传送速度最快的中断方式而言,每传送一个字节(或一个字)就得把主程序停下来,转而去执行中断服务程序,在执行中断服务程序前要做好现场保护,执行完中断服务程序后还得恢复现场。由于在程序控制方式中数据传送过程始终受CPU的干预,CPU都需要取出和执行一系列指令,每一字节(或字)数据都必须经过CPU的累加器才能输入/输出,这就从本质上限制了数据传送的速度。为此,提出了在外设和内存之间直接传送数据的方式,即DMA传送方式。

DMA(Direct Memory Access)是一种不需要CPU干预,也不需要软件介入的高速数据传送方式。由于CPU只启动而不干预这一传送过程,同时整个传送过程只由硬件完成而不需软件介入,所以其数据传送速率可以达到很高。在DMA传送方式中,对这一数据传送过程进行控制的硬件称为DMA控制器(DMAC)。

1. DMA的传送方式

通常,大部分DMAC都有三种DMA传送方式。

(1)单字节传送方式。每次DMA传送只传送一个字节的数据,传送后释放总线由CPU控制总线至少一个完整的总线周期。以后又测试DMA请求线DREQ,若有效,再进入DMA周期。在这种方式中要注意:

①在DMA响应信号DACK有效前,DREQ必须保持有效。

②若DREQ在传送过程中一直保持有效,在两次传送之间也必须释放总线。

(2)成组传送方式。一个DMA请求可以传送一组信息,这一组信息的字节数由编程决定(在DMAC初始化时),只要在DACK有效之前DREQ保持有效即可。一旦DACK有效,不管DREQ是否有效,DMAC一直不放弃总线控制权,直到整个数组传送完。

(3)请求传送方式。又称查询传送方式。该方式的传送类似于成组传送方式,但每传送一个字节后,DMAC就检测DREQ,若无效,则挂起;若有效,继续DMA传送,直到:

①一组信息传送结束。

②外加信号强制DMAC中止操作。

2. DMAC(DMA控制器)的基本功能

在DMA操作中,DMAC是控制存储器和外设之间高速传送数据的硬件电路,是一种完成直接数据传送的专用处理器,它必须能够取代CPU和软件在程序控制传送中的各项功能,因此DMAC应该具有如下功能:

(1)接收外设的DMA请求信号DREQ,并能向外设发出DMA响应信号DACK。

(2)向CPU发出总线请求信号(HOLD或BUSRQ),当CPU发出总线响应信号(HLDA或BUSAK)后能接管对总线的控制权,进入DMA方式。

(3)发出地址信息,对存储器寻址并修改地址指针。

(4)发出读、写等控制信号,包括存储器访问信号和I/O访问信号。

(5)决定传送的字节数,并能判断DMA传送是否结束。

(6)发出 DMA 结束信号,释放总线,使 CPU 恢复正常工作。

具有上述功能的 DMAC 工作示意图如图 3-16 所示。

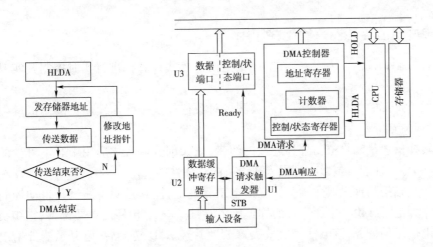

图 3-16 DMAC 工作示意图

该电路的工作过程如下:当输入设备准备好一个字节数据时,发出选通脉冲 STB,该信号一方面选通"数据缓冲寄存器"U2,把输入数据通过 U2 送入"锁存器"U3;另一方面将"DMA 请求触发器"U1 置"1",作为锁存器 U3 的准备就绪信号 READY,打开锁存器 U3,把输入数据送上数据总线;同时,DMA 请求触发器 U1 向 DMAC 发出 DMA 请求信号。然后,DMAC 向 CPU 发出 HOLD(总线请求)信号,CPU 在现行总线周期结束后会给予响应,发出 HLDA 信号,DMAC 接到该信号后接管总线控制权,发出 DMA 响应和地址信息,并发出存储器写命令,把外设输入数据(经缓冲器 U2、锁存器 U3 暂存在系统数据总线上)写到内存,然后修改地址指针、修改计数器、检查传送是否结束,若未结束,则循环传送,直至整个数据块传送完。在整个数据传送完后,DMAC 撤除总线请求信号 HOLD,在下一个周期的上升沿,使 HLDA 变为无效,上述过程如图 3-17 的波形图所示。

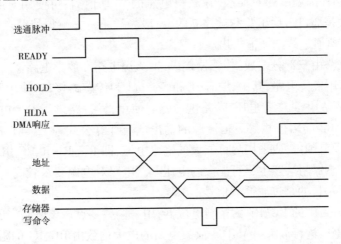

图 3-17 DAM 工作过程的波形图

课题四 汽车单片机的典型应用

一、单片机的传感器采集电路应用

在过程控制和仪器仪表中,多数情况下是由嵌入式计算机进行实时控制及实时数据处理的。

计算机所加工的信息是数字量,而被测控对象往往是一些连续变化的模拟量(如温度、压力、速度或流量等)。

模数转换模块是计算机与外界连接的纽带,是大部分嵌入式应用中必不可少的重要组成部分,该部分的性能直接影响到嵌入式设备的总体性能。

传感器是指把物理量或化学量转变成电信号的器件,它是实现测试与自动控制系统的首要环节。如电子计价秤中所安装的称重传感器,是电子计价秤的重要部件,它担负着将重量转换成电信号的任务,该电信号被放大器放大并经 A/D 转换后,由显示器件给出称重信息。如果没有传感器对原始参数进行精确可靠的测量,无论是信号转换或信息处理都将无法实现。传感器的种类可分为力、热、湿、气、磁、光、电等。各种传感器都是根据相关材料在不同环境下会表现出不同的物理特性研制而成。

温度传感器是利用一些金属、半导体等材料与温度有关的特性制成的,这些特性包括热膨胀、电阻、电容、磁性、热电势、热噪声、弹性及光学特征,根据制造材料将其分为热敏电阻传感器、半导体热电偶传感器、PN 结温度传感器和集成温度传感器等类型。下文使用电阻型温度传感器,即自身等效为一个电阻,电阻的阻值随外部信号的变化而变化。

基本思想是将电阻变化转化为电压变化,然后利用 A/D 转换芯片得到电压值,最后利用 A/D 值和外部信号的对照表得出当前外部信号的值。

采集设计选取恒流激励电路,用恒定电流激励传感器,然后采集传感器两端电压值。由于传感器两端电压变化微弱,在用 A/D 转换测电压之前,需先对电压值进行运算放大。最后,建立 A/D 值同外部温度的对照表,在获得电压的 A/D 值后,可使用对照表查出当前温度。通常,对照表是通过最后试验测试建立的,一般做法是首先测得特征点的 A/D 值,而特征点之间的 A/D 值通过线性插值得出。

通常,采集电路由三部分组成:传感器接口、恒流源电路和放大电路。

图 3-18 为通用采集电路,其中,Sensor1 和 Sensor2 为传感器接口,使用两个可调稳压器 LM317 提供 1.25V 的内部参考电压,一路供传感器使用,另一路供零参考电压电路使用,电阻 RG_R1 和 RG_R2 的阻值相等。恒流源的输出电流计算公式为 I_{out} = 1.25/RG_R1(A)。在传感器的可接受范围内,应采用尽可能大的输出电流,即 RG_R1 和 RG_R2 的阻值应尽可能小,这样将在传感器两端产生尽可能大的电压差。电路对电源要求较高,在电源输入端加入 RG_C1(100μF),目的是过滤低频信号。

零参考电压电路中的 RG_R3 为精确电位器,用来调整零点。该电路中还使用了 AMP04 对传感器两端的电压进行放大。AMP04 放大电路的放大倍数由 RG_R4 的阻值决定,放大倍数 Gain = 100k/RG_R4,输出电压 U_{out} = [(IN) − (−IN)] × Gain。

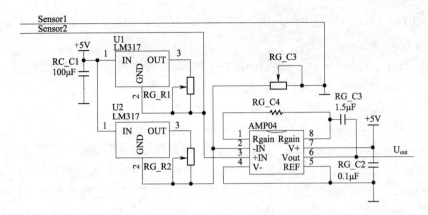

图 3-18　通用采集电路

由上面的分析得知,可通过调节 RG_R1 和 RG_R2 的阻值来获得需要的电流,调节 RG_R4 的阻值来获得需要的放大倍数。

假设有一个传感器,其允许的输入电流为 5~10mA,电阻变化范围 10~20Ω,需要的放大倍数为 50。

那么,如何配置 RG_R1 和 RG_R4 的阻值呢?

根据公式 $I_{out} = 1.25/RG\_R1$,I_{out} 设为传感器允许的最大电流(即 10mA),因此 RG_R1 = 1.25V/10。

二、单片机的驱动执行电路应用

LED 数码管是 MCU 的常用外部器件,它们一般通过通用 I/O 口与 MCU 进行通信。

LED 的选择需要根据实际应用需求来决定,若只需要显示数字"0"~"9",则只需 7 段 LED 就够了,若同时又要显示小数点,则需使用 8 段 LED。8 段数码管由 8 个发光二极管 (Light-Emitting Diode,LED)组成。MCU 是通过 I/O 脚来控制 LED 某段发光二极管的亮灭,从而达到显示某个数字的目的。使 LED 发光二极管亮灭,首先应了解所选用的是共阴极数码管还是共阳极数码管。若为共阴极数码管,则公共端接地,若为共阳极则公共端接电源正极(图 3-19)。例如,图 3-20 的 8 段数码管分别由 a、b、c、d、e、f、g 位段和小数点位段 h(或记为 dp)组成。共阴极 8 段数码管的信号端高电平有效,只要在各位段加上高电平信号即可使相应的位段发光,比如要使 a 段发光,则在 a 段加上高电平即可。共阳极的 8 段数码管则相反,在相应的位段加上低电平即可使该位段发光。因而一个 8 段数码管就必须有 8 位(即 1 个字节)数据来控制各个位段的亮灭。比如对共阳极 8 段数码管,PTB0~7 分别接 a~g、dp,即:

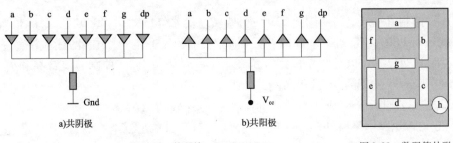

图 3-19　数码管　　　　　　　　　　　　　　图 3-20　数码管外形

GPIO_PTB = 0b01111111 时 dp 段亮；当 AW60_GPIO_PTB = 0b10000000 时除 dp 位段外，其他位段均亮。

这些就是对一个 LED 进行编程的原理，需要注意的是在进行硬件连接时应注意所选用的 LED 的电气参数，如能承受的最大电流、额定电压。根据其电气参数来选择使用限流电阻或电流放大电路。

下面介绍如何进行多个 LED 编程，因为在实际应用中往往需要多个 LED 协同使用。那么是不是如上段述说一样，有几个 8 段数码管，就必须有几个字节的数据来控制各个数码管的亮灭。这样控制虽然简单，却不切实际，MCU 也不可能提供这么多的端口用来控制数码管，为此往往是通过一个称为数据口的 8 位数据端口来控制位段。而 8 段数码管的公共端，原来接到固定的电平（对共阴极是 GND，对共阳极是 V_{cc}），现在接 MCU 的一个输出引脚，由 MCU 来控制，通常叫"位选信号"，而把这些由 n 个数码管合在一起的数码管组称为 n 连排数码管。这样，MCU 的两个 8 位端口就可以控制一个 8 连排的数码管。若是要控制更多的数码管，则可以考虑外加一个译码芯片。图 3-21 所示为一个 4 连排的共阴极数码管，它们的位段信号端（称为数据端）接在一起，可以由 MCU 的一个 8 位端口控制，同时还有 4 个位选信号（称为控制端），用于分别选中要显示数据的数码管，可用 MCU 另一个端口的 4 个引脚来控制。如图 3-21 所示，每个时刻只让一个数码管有效，由于人眼的"视觉暂留"（100ms 左右）效应，看起来则是同时显示的效果。

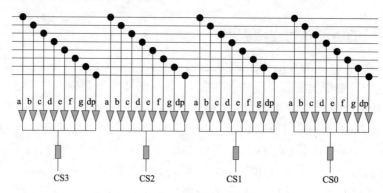

图 3-21　4 连排共阴极 8 段数码管

图 3-22 给出了一个共阴极 4 连排 8 段数码管的硬件构件连接实例。利用 MCU 的 PTB 口控制 8 个位段（数据）。图中 PTB7~0 分别接 h~a 位段，PTD 口 3~0 脚作为片选端。

三、单片机控制流水灯

单片机控制流水灯电路如图 3-23 所示，要实现流水灯的效果（LED1~LED8 依次点亮、熄灭），就是要 PB0~PB7 端口在间隔一段时间后，输出不同的值。在此，还应注意一点，由于人眼的视觉暂停效应以及单片机执行每条指令的时间很短，在控制二极管亮和灭的时候应该延时一段时间，否在会看不见"流水"效果。

假设流水灯间隔为 1s，则小灯执行的流程如图 3-24 所示。

当 PB 口输出高电平时，LED 小灯是不亮的，当 PB 口输出低电平时，LED 灯才亮。所以要实现流水灯，只需要如图 3-24 所示那样点亮对应的 LED 灯就可以了。

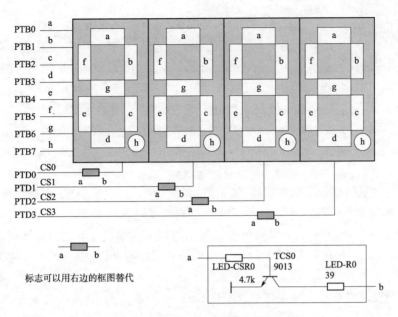

图 3-22　MCU 与一个 4 连排数码管的连接

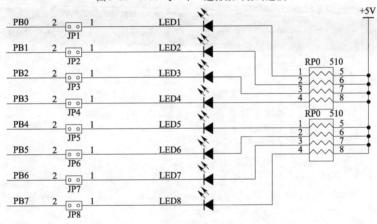

图 3-23　流水灯电路

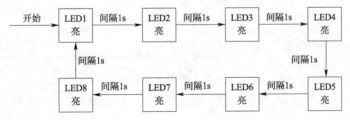

图 3-24　流水灯执行的流程图

四、单片机开发系统的操作

在开发过程中使用的 MC9S12XS128 是飞思卡尔（Freescale）的一款单片机，因此使用飞思卡尔研发的面向 Freescale MCU 与 DSP 嵌入式应用开发的商业软件工具 Codewarrior 开发环境（简称 CW 环境），其功能强大，是飞思卡尔向用户推荐的产品。

CodeWarrior 分为 3 个版本：特别版(Special Edition)、标准版和专业版。在其环境下可编制并调试 AW60 MCU 的汇编语言、C 语言和 C 语言程序。其中特别版是免费的，用于教学目的，对生成的代码量有一定限制，C 语言代码不得超过 12kB，对工程包含的文件数目也限制在 30kB 以内。标准版和专业版没有这种限制。3 个版本的区别在于用户所获取的授权文件(license)不同，特别版的授权文件随安装软件附带，不需要特殊申请，标准版和专业版的授权文件需要付费。CodeWarrior 特别版、标准版和专业版的定义随所支持的微处理器的不同而不同，如 CodeWarrior for S08V6.2、CodeWarrior for HC12V5.0、CodeWarrior for ColdFireV6.3 等。

CW 环境包括以下几个功能模块：编辑器、源码浏览器、搜索引擎、构造系统、调试器、工程管理器。编辑器、编译器、连接器和调试器对应开发过程的四个主要阶段，其他模块用以支持代码浏览和构造控制，工程管理器控制整个过程。该集成环境是一个多线程应用，能在内存中保存状态信息、符号表和对象代码，从而提高操作速度；能跟踪源码变化，进行自动编译和连接。

CW 环境安装没有什么特别之处，在 Windows 操作系统上，只要按照安装向导单击鼠标就可以自动完成。运行环境如图 3-25 所示。

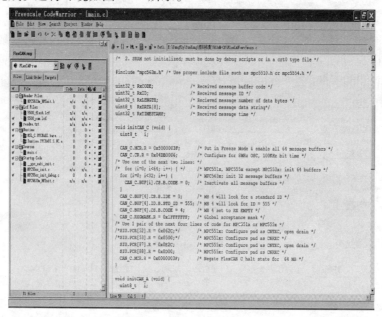

图 3-25　CW 环境运行界面

新建工程有两种方法，一种是使用工程模板，另一种是使用已存在的工程来建立另外一个工程。

1. 使用工程模板

第一种方法的操作步骤如下：

选择 File→New Project，弹出新建对话框，选择"S12 S12A Family XS128"，点击"下一步"，选中"C"的选项，如果程序中有汇编代码则应选"Relocatable assembly"，在右侧 Project name 中输入工程名，在 Location 中选择工程所在目录。单击确定即可。

2. 建立另外一个工程

第二种方法是使用已存的工程来建立另一个工程。当在已有工程的基础上，做另一个项目时，比如在 Light 工程的基础上编写 LCD 程序，需要进行如下设置。

（1）更改工程文件夹名为 LCD。

（2）更改 Light.mcp 为 LCD.mcp。

（3）文件夹 Light_Data 更改为 LCD_Data。

（4）将 bin 文件夹的所有内容删掉。

下面以流水灯工程为例，介绍基于 C 环境的嵌入式工程文件组织方法。图 3-26 给出了该工程相关源文件的树型结构，可分为"汇编程序""头文件""C 语言程序""链接文件""工程说明文件"五个部分。其中"头文件"又可分为"总体框架头文件"与"软件构件头文件"。相应地，"C 语言程序"分为"总体框架程序"与"软件构件"两部分。

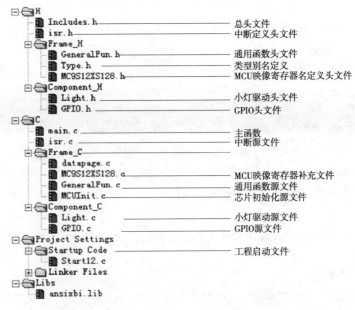

图 3-26　单片机 I/O 控制流水灯在 CW 环境下的文件视图

应特别注意 main.c 和 isr.c 这两个文件，从源程序角度来看，一般嵌入式软件的执行流程如下：系统启动并初始化后，程序根据 main.c 中定义的主循环顺序执行；当遇到中断请求时，转而执行 isr.c 中定义的相应中断处理程序；中断处理结束，则返回中断处继续顺序执行。由于 main.c 和 isr.c 文件反映了软件系统的整体执行流程，故而在工程文件组织时，将它与其余 C 语言程序文件分开管理，同样，与这两个文件对应的 includes.h 和 isr.h 文件也被单独拿出，放在头文件的根目录下。

此外，与总体框架程序相关的头文件和源文件分别放在 Frame_H 和 Frame_C 子文件夹中，以归类管理。

Frame_H 里包含了 type.h、MC9S12XS12.h、GeneralFun.h 三个头文件。type.h 用于类型别名定义，它将 C 语言中用于变量类型定义的关键字简化定义成比较简短的形式，这样，开发者在定义变量时，可以不必敲入冗长的变量定义关键字，同时，这也为不同编译体系间的代码复用和移植提供了方便。MC9S12XS128.h 是 XS128 芯片寄存器及相关位定义头文件，它可被视为芯片的接口文件,没有这个文件,就不可能对该芯片进行任何操作。

MCUInit.h 与 Frame_C 子文件夹中的 MCUInit.c 对应,它定义了系统初始化时的基本参数,如系统时钟等,而 MCUInit.c 文件则包含实际初始化代码 GeneralFun.h 与 GeneralFun.c 对应,它提供常用且基本的软件功能性子函数,如延时子函数等。这些文件对于系统的正常运行都是不可或缺的。

综上所述,都是系统正常运行所必需的,它们只是实现了"最小系统"。若要系统能做实际的事情,还必须添加相关功能代码。按照构件化原则,这些代码被安置于 Component_H 与 Component_C 子文件夹中。每个功能实体,或叫作"构件",都对应一个.c 文件和一个.h 文件。例如,用于指示灯控制的"Light"构件,就对应了 Light.c 和 Light.h,它们分别放置于 Component_C 和 Component_H 子文件夹中。构件主要是按照功能进行划分的,除了这里定义的"Light"构件和"GPIO"构件,以后可以添加其他构件,它们都是包含在这两个文件夹里的。

另外,嵌入式系统工程框架中还必须包括后缀名为.lcf 的特殊格式文件,它是一个地址链接文件,用于告诉编译器代码是如何安放在具体的地址空间的。了解该文件的格式,有助于全面理解嵌入式系统的运作。特别注意,要重视工程说明文件,工程说明对于软件开发者是非常必要的。

五、单片机的调试步骤

在单片机的开发过程中,单片机系统的硬件调试和软件调试是不能分开的,许多硬件错误是在软件调试中被发现和纠正的。但通常是先排除明显的硬件故障以后,再和软件结合起来调试以进一步排除故障。可见,硬件的调试是基础,如果硬件调试不通过,软件设计则无从做起。

当硬件设计从布线到焊接安装完成之后,就开始进入硬件调试阶段,调试大体分为以下几步。

1. 硬件静态的调试

(1)排除逻辑故障。这类故障往往由于设计和加工制板过程中工艺性错误所造成的。主要包括错线、开路、短路。排除的方法首先是认真对照原理图,看印刷板与原理图两者是否一致。应特别注意对电源系统的检查,以防止电源短路和极性错误,并重点检查系统总线(地址总线、数据总线和控制总线)是否存在相互之间短路或与其他信号线路短路。必要时,利用数字万用表的短路测试功能,可以缩短排错时间。

(2)排除元器件失效。造成这类错误的原因有两个:一个是元器件买来时就已经坏了;另一个是由于安装错误,造成器件烧坏。可以检查元器件与设计要求的型号、规格和安装是否一致。在保证安装无误后,用替换方法排除错误。

(3)排除电源故障。在通电前,一定要检查电源电压的幅值和极性,否则很容易造成集成块损坏。加电后检查各插件上引脚的电位,一般先检查 V_{cc} 与 GND 之间电位,若为 5~4.8V 属正常。若有高压,联机仿真器调试时,将会损坏仿真器等,有时会使应用系统中的集成块发热损坏。

2. 联机仿真调试

联机仿真必须借助仿真开发装置、示波器、万用表等工具。这些工具是单片机开发的最基本工具。

调试过程中可通过 LED 的变化、示波器波形以及电压测量等等直观的方法进行。下面以流水灯程序来验证,程序如图 3-27 所示。

```
//包含头文件
#include <hidef.h>        /* common defines and macros */
#include "MC9S12XS128.h"
#include "MCUInit.h"      //芯片初始化头文件
#include "isr.h"          //中断处理函数头文件
#include "LED.h"          //LED驱动头文件

#pragma LINK_INFO DERIVATIVE "MC9S12XS128"

void main(void)
{
    DISABLE_INTERRUPTS;   //禁止总中断
    //1. 芯片初始化
    MCUInit();
    //2. 模块初始化
    LEDInit();            //(1) 小灯控制引脚初始化
    //总循环
    for(;;)
    {
        LED_Display();    //小灯亮
        Delay_ms(2000);   //延时1s
```

```
//LED_Display:跑马灯驱动程序-------------
//功  能:PB0~7口灯依次点亮,即流水灯状态
//参  数:无
//返  回:无
//------------------------------------
void LED_Display(void)
{
    if(Light_Pin == 0x00)
    {
        Light_P = ~Light_Pin;
        Light_Pin = 0x01;
    }
    else
    {
        Light_P = ~Light_Pin;
        Light_Pin = Light_Pin<<1;
    }
}
```

图 3-27 流水灯程序

执行程序后,就可以观察 LED 是否如"流水"一般显示。这个程序只涉及电平信号的变化,观测起来比较容易。

如图 3-23 所示,LED2 未亮,首先将跳线帽 JP2 拔下,将万用表拨到电压挡,将红表笔放到点 2 上,黑表笔放到 GND 上,观察在流水灯运行过程中是否有电压从高电平到低电平的变化,如果有说明程序正常,将点 1 通过杜邦线连接到 GND 观察 LED2 是否被点亮,在硬件电路没有虚焊的情况下,说明 LED2 损坏;如果电平没有变化说明程序有问题,对程序进行修改、编译,再进行如上步骤。

调试其实是对单片机和外围器件原理的理解,并通过各种手段进行验证的过程。

单元四　汽车网络概念

知识目标

(1) 简单了解网络基础知识。
(2) 简述常用车载网络基础知识。
(3) 简述多路总线传输系统。
(4) 简述 CAN 的物理层结构。
(5) 正确描述位编码/解码基本概念。
(6) 简述同步的形式。
(7) 正确描述 CAN 技术规范(VERSION2.0)。

技能目标

(1) 会分析 CAN 总线的特点及组成。
(2) 会识别多路总线传输系统。
(3) 会分析汽车车载网络参考模型各层的功能。

课题一　网络基础知识

一、网络的概念

网络由节点和连线构成,表示诸多对象及其相互之间的联系。

在计算机领域中,网络是信息传输、接收、共享的虚拟平台,通过它把各个点、面、体的信息联系到一起,从而实现这些资源的共享。

网络是人类发展史上最重要的发明,它明显提高了科技和人类社会的发展程度。

二、网络的分类

当前,网络应用范围越来越广,网络的形式也越来越多。为了对现有的网络有一个清晰的、整体的把握,必须对网络进行分类。

(1)按计算机网络的地理覆盖范围分:局域网、城域网和广域网。

(2)按网络构成的拓扑结构分:总线型、星型、环型和树型等。

(3)按网络服务的提供方式分:对等网络、C/S网络、分布式网络。

(4)按介质访问协议分:以太网、令牌环网、令牌总线网。

计算机网络分类标准还有很多,在此只介绍一些常见的分类方案,见图4-1。

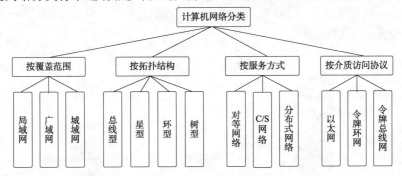

图4-1　计算机网络常见的分类方案

三、计算机网络体系结构

1. 计算机的网络结构

计算机网络由多个互连的结点组成,结点之间要不断地交换数据和控制信息,要做到有条不紊地交换数据,每个结点就必须遵守一整套合理而严谨的结构化管理体系——计算机网络就是按照高度结构化设计方法采用功能分层原理来实现的,即计算机网络体系结构的内容。

通常所说的计算机网络体系结构,即在世界范围内统一协议,制订软件标准和硬件标准,并将计算机网络及其部件所应完成的功能进行精确定义,从而使不同的计算机能够在相同功能中进行信息对接。

计算机网络结构可从网络组织、网络配置和网络体系结构三个方面来描述。

(1)网络组织:从网络物理结构和网络的实现两方面来描述计算机网络。

(2)网络配置:从网络应用方面来描述计算机网络的布局,硬件、软件和通信线路。

(3)网络体系结构:从功能上来描述计算机网络结构。

2. 协议(Protocol)

计算机网络是一个复杂的具有综合性技术的系统,为了允许不同系统实体互连和互操作,不同系统的实体在通信时都必须遵从相互均能接受的规则,这些规则的集合称为协议(Protocol)。有关专用名词含义如下:

(1)系统:指计算机、终端和各种设备。

(2)系统实体:指各种应用程序、文件传输软件、数据库管理系统、电子邮件系统等。

(3)互连:指不同计算机能够通过通信子网互相连接起来进行数据通信。

(4)互操作:指不同的用户能够在通过通信子网连接的计算机上,使用相同的命令或操作,使用其他计算机中的资源与信息,就如同使用本地资源与信息一样。

计算机网络体系结构为不同的计算机互连和互操作提供了相应的规范和标准。

四、局域网(Local Area Network,LAN)

1. 局域网定义

局域网是在一个局部的地理范围内(如一个学校、工厂和机关内),一般是方圆几千米以内,将各种计算机,外部设备和数据库等互相连接起来组成的计算机通信网。它可以通过数据通信网或专用数据电路,与远方的局域网、数据库或处理中心相连接,构成一个较大范围的信息处理系统,如图4-2所示。

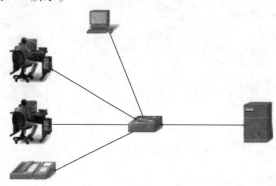

图4-2　局域网

2. 局域网作用

局域网可以实现文件管理、应用软件共享、打印机共享、扫描仪共享、工作组内的日程安排、电子邮件和传真通信服务等功能。

3. 主要技术要素

局域网严格意义上是封闭型的。它可以由办公室内几台甚至上千上万台计算机组成。决定局域网的主要技术要素为:网络拓扑、传输介质与介质访问控制方法。

(1)网络拓扑(Network Topology)。网络拓扑结构是指用传输介质互连各种设备的物理布局,指构成网络的成员间特定的物理的即真实的,或者逻辑的即虚拟的排列方式。如果两个网络,尽管它们各自内部的物理接线、节点间距离可能会有不同,但只要连接结构相同,我们就说它们的网络拓扑相同。

(2)传输介质。传输介质是网络中发送方与接收方之间的物理通路,它对网络的数据通信具有一定的影响。常用的传输介质有:双绞线、同轴电缆、光纤、无线传输媒介。

(3)介质访问控制方法。介质访问控制方法是指控制多个结点,利用公共传输介质发送和接收数据的方法,是协调和仲裁局域网中各对等结点如何在共享介质中占用信道、避免冲突以及保证网络性能和可靠性的控制方法。

4. 局域网的组成

局域网由网络硬件(包括网络服务器、网络工作站、网络打印机、网卡、网络互联设备等)和网络传输介质以及网络软件所组成。

五、现场总线

现场总线是应用在控制系统最底层的一种总线型拓扑网络,这种总线是用作现场控制系统直接与所有受控(设备)节点串行相连的通信网络。由于许多受控设备和网络所处环境可能很特殊,对信号的干扰往往是多方面的,进而要求必须是实时性很强的控制。

现场总线控制系统既是一个开放的通信网络,又是一种全分布的控制系统。它作为智能设备的联系纽带,把挂接在总线上、作为网络节点的智能设备连接为网络系统,并进一步构成自动化控制系统,使系统成为具有测量、控制、执行和过程诊断综合能力的网络。它是一项集控制、计算机、数字通信和网络为一体的综合技术,也可以说现场总线是控制技术与计算机网络两者的边缘产物。现场总线的规模应属于局域网、总线型结构。它简单,但能满足现场的需要;它传输的信息帧都很短小,要求实时性很强、可靠性高(网络结构层次少,信息帧短小有利于提高实时性和降低受干扰的概率)。然而现场的环境干扰因素众多,有些很强烈且带有突发性,这就决定了现场总线有别于一般网络,是一个具有自身特色的新型领域。

课题二 常用车载网络系统简介

汽车车载网络系统从 20 世纪 80 年代应用以来,众多的汽车生产公司积极致力于汽车网络技术的研究及应用,迄今为止已有多种网络标准发表并应用。目前存在的网络标准,按系统的复杂程度、通信速率、必要的动作响应速度、工作可靠性等方面的因素,SAE 车辆网络委员会将汽车数据网划分为 A、B、C、D、E 类。

A 类以 LIN(Local Interconnect Network,本地互联网)规范最有前途,是面向传感器、执行器控制的低速网络,数据传输速率通常小于 20kb/s,它是一种低成本的开放式串行通信协议,主要用于车内分布式电控系统,尤其是面向智能传感器或执行器的数字化通信场合。例如:后视镜调整、电动窗、灯光照明等车身低速控制。

B 类以 CAN(Controller Area Network,控制器局域网络)最为著名,是面向独立模块间数据共享的中速网络,位速率一般在 10~20kb/s,主要应用于车身电子舒适性模块、仪表显示等系统。

C 类是面向高速、实时闭环控制的多路传输网,位速率在 125~1Mb/s。汽车厂商大多使用"高速 CAN"作为 C 类总线,主要应用于牵引力 ASR 控制、ABS 控制等系统。

D 类是面向多媒体设备、高速数据流传输的高性能网络,位速率一般在 2Mb/s 以上,主要用于车载视频、CD 播放机和液晶显示设备、导航系统等。D 类总线带宽范畴相当大,用到的传输介质也有好几种。其又被分为低速(IDB-C 为代表)、高速(IDB-M 为代表)和无线(Bluetooth 为代表)三大范畴。

E 类是面向乘员的安全系统高速、实时网络,位速率在 10Mb/s 以上,主要用于车辆被动性安全领域。

一、CAN(Controller Area Network)

CAN 是现场总线技术的一种,它是一种架构开放、广播式的新一代网络通信协议,称为控制器局域网现场总线。CAN 总线方案最初出现在 20 世纪 80 年代末的汽车工业中,是由德国 Bosch 公司最先提出并用于汽车内部测量和执行部件之间的数据通信,目的就是为了减少现代汽车中庞大的电子控制装置之间的通信线束。在 1990 年早些时候,Bosch CAN 规范(CAN2.0版)被提交给国际标准化组织,数次行政讨论之后,应法国一些主要汽车厂商要求,增加了"Vehicle Area Network(VAN)"内容(VAN,又称车辆局域网,是现场总线的一种,主要在法国车中应用,由法国的雷诺汽车公司和标志集团联合开发),于1993年11月出版了CAN的国际标准(ISO-11898)。在北美和西欧地区,CAN总线协议已经成为汽车计算机控制系统和嵌入式工业控制局域网的标准,并且拥有以CAN为底层协议,专为大型货车和重工机械车辆设计的J1939协议。

对机动车辆总线和对现场总线的需求有许多相似之处,即能够以较低的成本、较高的实时处理能力在强电磁干扰环境下可靠地工作。因此,CAN总线可广泛应用于离散控制领域中的过程监测和控制,特别是工业自动化的底层监控,以解决控制与测试之间的可靠和实时数据交换。

二、LIN(Local Interconnect Network)

LIN是一种低成本的串行通信网络,用于实现汽车中的分布式电子系统控制。

LIN的目标是为现有汽车网络(例如CAN总线)提供辅助功能,因此LIN总线是一种辅助的总线网络。在不需要CAN总线的带宽和多功能的场合,比如智能传感器和制动装置之间的通信使用LIN总线可大大节省成本。

LIN技术规范中除定义了基本协议和物理层外,还定义了开发工具和应用软件接口。

LIN通信是基于SCI(UART)数据格式,采用单主控制器/多从设备的模式。仅使用一根12V信号总线和一个无固定时间基准的节点同步时钟线。

典型的LIN网络的节点数可以达到12个。以门窗控制为例,在车门上有门锁、车窗玻璃开关、车窗升降电机、操作按钮等,只需要1个LIN网络就可以把它们连为一体。而通过CAN网关,LIN网络还可以和汽车其他系统进行信息交换,实现更丰富的功能。目前,LIN已经成为国际标准,被大多数汽车制造商和零部件生产商所接受。

这种低成本的串行通信模式和相应的开发环境已经由LIN协会制订成标准。LIN的标准化将为汽车制造商以及供应商在研发应用操作系统时降低成本。

三、MOST(Media Oriented Systems Transport)

MOST-BUS总线网络采用光纤制成(目前,采用光纤的还有Byteflight总线系统),光纤传输的是光束,不会产生干扰,采用铜导线作为传输介质的总线,会在数据传输速率较高时会产生很强的电磁辐射,进而干扰车辆上其他控制单元的工作;光纤与铜导线相比,在有效带宽相同时,所占空间更小、重量更轻。光纤总线主要分为无源与有源两大类。

无源光纤总线:主要由光纤与光纤耦合器共同构成。有源光纤总线:除了具有光纤与光纤耦合器外,还设置了光中继器或光放大器,以增强光信号。

采用光纤制成的导线称为光缆,常用的光缆是塑料光缆(K-LWL)与玻璃纤维光缆(G-LWL)。由于塑料光缆具有对灰尘不敏感且加工维修方便等特点,故MOST-BUS总线网络都由塑料光缆组成。

目前,光缆主要有三种颜色,其中:MOST-BUS总线网络使用绿色光缆,Byteflight总线系统使用黄色光缆,还有一种橘黄色光缆作为售后服务维修使用。

光纤传送信息的方法主要有时分复用(OTDM)、波分复用(WDM)以及频分复用(FDM)3种方式。

光纤传输信息的原理:先将控制单元送来的电信号在发射元件内转换成光信号,并发射到光缆内。光纤用于光波的导向,为了使发射出来的光线不会从光纤中射出,光纤有外包层,该外包层可以使光线发生反射并借此使光线继续传输。光线就会这样穿过光缆然后通过接收元件重新转换成电信号。

1. MOST 的强势

MOST 是在汽车制造商和供应商中越来越受推崇的一种网络标准。它提供了一个可以管理所有多媒体设备的单个界面,其强势之处在于能够处理针对不同目标的多个数据流而不失和谐。准时数据(On-timedata)——这是连家庭网络都无法保证的。

2. MOST 总线数据传输的特点

MOST-BUS 总线网络以光纤为载体,用于传输车辆中的所有通信与信息系统的数据。各控制单元之间通过环型总线进行连接,通常是环型拓扑,如图4-3所示。由于总线只向一个方向传输数据,故各个控制单元都有两根光缆线,一根用于发送数据,另一根用于接收数据。

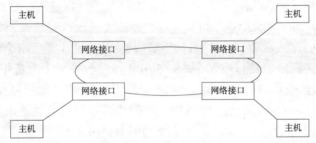

图 4-3　环型网拓扑结构

因各控制单元中都采用了纯光纤连接,所以发射与接收二极管是通过位于控制单元内的光纤安装在控制单元内部(位置可以任意),进而可把两个光纤表面在电线束插头内复合,不需要对光纤敏感的端面进行额外的保护。

时钟和串行化数据是双相编码的,布线只需单根光纤。MOST可提供高达25Mb/s的集合带宽,远高于传统汽车网络。也就是说,可以同时播放15个不同的音频流。每个多媒体设备由环中的一个节点代表,常见的 MOST 网络有3~10个节点。一个时序主控者(timing master)负责驱动系统时钟、生成帧数据即64字节序列数据。剩下的节点都充当从控者(slave)。一个节点充当用户控制界面或 MMI(人机界面)。通常,此节点也是时序主控者。

3. 基本的 MOST 环

主要有效载荷包含64字节帧里的60字节,由同步域和异步域组成。

(1)同步域:用以传输连续数据,音频和视频属于此类别。

(2)异步域:用于互联网访问、导航数据传输和通迅录同步等应用中零散数据的传输。

另外,此通道还可用于控制单元的固件升级。节点可在其指定的时隙发送或接收数据。一个时隙指的是有效载荷内的一个同步字节,它在请求节点和时序主控者间动态分配。通常,一个节点会将数据发送到时隙,同时任意数量的其他节点会从该时隙收集数据。同步和异步间的边界由时序主控者动态控制。在任意给定的帧内,同步域可能为4~60字节,而将该60字节中的剩余字节留作异步域。帧的剩余4字节分配给(帧)头(header)、(帧)尾

(trailer)和控制信息。(帧)头含有帧对齐的前同步码。尾的作用之一是奇偶校验。控制域用于网络相关的消息。这些消息可以是低级别消息,如时隙的分配和重新分配。相反,它们也可以是由操作符(如播放下一曲、音量控制或重复播放)发出的高级别应用消息。

不必将外部 MOST 控制器芯片连接到微控制器或 DSP,就可以将所有的组件都集成到一个 FPGA 中。外部组件少、PCB 空间小就意味着能够节省成本。

4. MOST 网络接口控制器(NIC)

Xilinx 提供了一种完全可参数化的 MOST 网络接口控制器(NIC)IP 核,可以将该核定制为时序主控者,或者使用仅有从控者的配置,以减少逻辑。此核由一整套通过片上外设(OPB)接口可访问的寄存器控制。OPB 接口可与 Xilinx Platform Studio 中包含的 Xilinx MicroBlaze 32 位 RISC 处理器核无缝协同工作。一整套低级别驱动程序文件在 C 源代码中已经可用了。该驱动程序提供了一系列用于访问寄存器空间、处理中断和将数据以流方式传输到核的功能。Mocean Laboratories AB 针对完整网络堆栈的 IP 核提供了 MOST 网络服务,只需编写自己需要的应用(程序)就可以了。Xilinx MOST NIC 的独特之处在于可实时预处理数据的流端口接口。对于拴接数据滤波器或加密/解密模块来说,这无疑是个理想的选择。

LocalLink 接口是一种 Xilinx 标准,它能通过卸载专用过程显著降低处理器和处理器总线的流量。此接口可用于多种用途。可利用它接收或发送读或写数据。如果不想使用此接口,Xilinx 实现工具会移除不必要的逻辑,从而节约资源,使设计能适用于更小的器件中。

同步数据要么在流端口接口收发,要么在 OPB 接口收发。无论选用什么方法、分配多少个时隙,核都会为这些用户界面将数据设置为 32 位字格式。通过逐个定义寄存器的方式,核把存放在 16 个逻辑通道中某一个的接收时隙数据累积起来。发送方向与之相反。使用这些逻辑通道,每一个方向都能允许 16 个不同的数据流。Xilinx MOST NIC 核十分灵活。可以将该核配置为时序主控者,用作 MMI,作为时序主控者,核会发送和接收控制环操作的控制信息。该节点还会代表用户发送应用消息,同样也是通过控制域。还可以将驱动程序文件和 Mocean 的网络服务添加到 MicroBlaze 之上,用于事件调度。可以通过添加一个噪声滤波器螺栓将 MP3 播放器转化为高端音频馈送,以消除音频压缩的非自然信号。有效载荷数据可从编解码器出发,经过噪声滤波器,直接进入流端口,而完全避免(占用)OPB 总线。与前述一样,可以将 MicroBlaze 嵌入式处理器用于中断处理和事件调度。

5. MOST 网络展望

欧洲一些高端车内已有 MOST 网络。在欧洲运营的 OEM 已认可 MOST 为事实上的汽车网络标准。伴随着竞争的出现,这一度私有的标准,让那些对成本小心翼翼地汽车制造商也逐渐负担得起了。随着更大量数据(从音频到视频、远程信息处理和基于导航的应用)需求的增长,MOST 网络技术也计划扩大。下一代标准(MOST 50)已定义,可提供原标准两倍的带宽。

MOST Cooperative 已经规划第三代网络,数据速率将达到 150Mb/s 及更高。这些更新把可用的应用带宽增加一个数量级,还支持铜和光学物理两种介质。目前,Xilinx MOST NIC 已经可以通过 CORE Generator 软件获得。它占用 6 个 Block RAM 和大约 2600 个 slice,适合中等尺寸的 Spartan-3E 器件,还为嵌入式处理器、外设、缓冲器和自定义电路留有空间。

四、FlexRay

Flexray 是一种用于汽车的高速的、可确定性的,具备故障容错能力的总线技术,FlexRay

关注的是当今汽车行业的一些核心需求,包括更快的数据速率、更灵活的数据通信、更全面的拓扑选择和容错运算。

它将事件触发和时间触发两种方式相结合,具有高效的网络利用率和系统灵活性特点,可以作为新一代汽车内部网络的主干网络,为车内控制系统提供所需的速度和可靠性。CAN 网络最高性能极限为 1Mb/s。LIN 和 K-LINE 分支网络最高性能极限为 20kb/s。而 FlexRay 两个信道上的数据速率最大可达到 10Mb/s,总数据速率可达到 20Mb/s,因此,应用在车载网络,FlexRay 的网络带宽可能是 CAN 的 20 倍之多。

FlexRay 还能够提供很多 CAN 网络所不具有的可靠性特点。尤其是 FlexRay 具备的冗余通信能力可实现通过硬件完全复制网络配置,并进行进度监测。FlexRay 同时提供灵活的配置,可支持各种拓扑,如总线、星型和混合拓扑。设计人员可以通过结合两种或两种以上的该类型拓扑来配置分布式系统。

另外,FlexRay 可以进行同步(实时)和异步的数据传输,来满足车辆中各种系统的需求。譬如说,分布式控制系统通常要求同步数据传输。

为了满足不同的通信需求,FlexRay 在每个通信周期内都提供静态和动态通信段。静态通信段可以提供有界延迟,而动态通信段则有助于满足在系统运行时间内出现的不同带宽需求。

FlexRay 帧的固定长度静态段用固定时间触发(fixed-time-trigger)的方法来传输信息,而动态段则使用灵活时间触发的方法来传输信息。

FlexRay 不仅可以像 CAN 和 LIN 网络这样的单信道系统一般运行,而且还可以作为一个双信道系统运行。双信道系统可以通过冗余网络传输数据——这也是高可靠系统的一项重要性能。

目前,Flexray 主要应用于事关安全的线控系统和动力系统。

五、IEEE 1394 接口

IEEE 1394 接口是苹果公司开发的串行标准,俗称火线接口(firewire)。同 USB 一样,IEEE 1394 也支持外设热插拔,可为外设提供电源,省去了外设自带的电源,能连接多个不同设备,支持同步数据传输。

IEEE 1394 分为两种传输方式:Backplane 模式和 Cable 模式。

Backplane 模式最小的速率也比 USB1.1 最高速率高,分别为 12.5Mb/s、25Mb/s、50Mb/s,可以用于多数的高带宽应用。

Cable 模式是速度非常快的模式,分为 100Mb/s、200Mb/s 和 400Mb/s 几种,在 200Mb/s 下可以传输不经压缩的高质量数据电影。

1394b 是 1394 技术的升级版本,是仅有的专门针对多媒体——视频、音频、控制及计算机而设计的家庭网络标准。它通过低成本、安全的 CAT5(五类)实现了高性能家庭网络。1394a 自 1995 年就开始提供产品,1394b 是 1394a 技术的向下兼容性扩展。1394b 能提供 800Mb/s 或更高的传输速度。

相比于 USB 接口,早期在 USB1.1 时代,1394a 接口在速度上占据了很大的优势,在 USB2.0 推出后,1394a 接口在速度上的优势不再那么明显。同时,绝对多数主流的计算机并没有配置 1394 接口,要使用必须要购买相关的接口卡,这会增加额外的开支。单纯 1394 接口的外置式光储基本很少,大多都是同时带有 1394 和 USB 接口的多接口产品,使用更为灵活方便。

IEEE 1394 的原来设计,是以其高速传输率,容许用户在电脑上直接通过 IEEE 1394 界面来编辑电子影像档案,以节省硬盘空间。在没有 IEEE 1394 以前,编辑电子影像必须利用特殊硬件,把影片下载到硬盘上进行编辑。但随着硬盘愈来愈便宜,高速的 IEEE 1394 反而取代了 USB 2.0 成了外接电脑硬盘的最佳接口。

1394a 所能支持的线长度理论上为 4.5m,标准正常传输速率为 100Mb/s,并且支持多达 63 个设备。

课题三 多路总线传输系统

一、多路总线传输系统概述

由于总线式的网络结构是使用一条线路对多个信号进行传输,所以应当懂得多路传输技术的原理,否则一旦汽车故障电脑诊断仪在检测车辆时不工作,就会导致无法准确找到故障原因。

多路传输——在同一通道或线路上同时传输多条信息。

事实上数据是依次传输的,但速度非常之快,似乎就是同时传输的。从手表上看十分之一秒算是非常快了,但对一台运算速度相对慢的计算机来说,这十分之一秒就太长了。如果将十分之一秒分成许多时间间隔,每个时间间隔叫作一个时间片,每个时间片由其中的一个信号占用,这样利用每个信号在时间上的交叉,便可在同一物理通信线路上传输多个数字信号。这实际上是多个信号轮流使用同一物理传输介质(总线),这就是分时多路传输。

从图 4-4 中可以看出,常规线路要比多路传输线路简单得多,然而多路传输系统 ECU 之间所用的导线比常规线路所用导线少得多。由于 ECU 可以触发仪表板上的警告灯或灯光故障指示灯等,又由于多路传输可以通过一根线(数据总线)执行多个指令,因此可以增加许多功能装置。

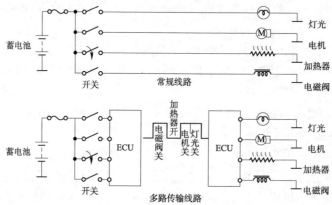

图 4-4 常规线路与多路传输线路简单对比

正如可把无线电广播和移动电话的电波分为不同的频率,同样也可以同时传输不同频率的信号。随着现在和未来的汽车装备无线多路传输装置的增加,基于频率、幅值或其他方法的同时数据传输也成为可能。汽车上用的是单线或双线分时多路传输系统。

在通信系统中,传输媒体的传输能力往往是很强的。如果在一条物理信道上只传输一路信号,将是对资源的极大浪费。采用多路复用技术,可以将多路信号组合在一条物理信道上进行传输,到接收端再将各路信号分离开来。

多路复用技术有多种形式,如频分多路复用(FDM)、时分多路复用(TDM)和码分多址(CDMA)等。

1. 频分多路复用

频分多路复用就是将信道带宽按频率分割为若干个子信道,每个子信道用来传输一路信号。当信道带宽大于各路信号的总带宽时,信号的频谱在传输过程中不会被改变,在接收端通过一个相应带宽的滤波器可将信号完整地恢复出来,例如,有线电视网就是这样。

2. 时分多路复用

时分多路复用就是将使用信道的时间分成一个个时间片,按一定规律将这些时间片分配给各路信号,每路信号只能在自己的时间片内独占信道进行传输。当然,各路信号的数据传输率的总和只能小于信道能达到的最大传输率,例如,长途电话系统就是采用这种方式。

3. 码分多址(使用所谓扩频技术)

它允许所有站点在同一时间使用整个信道进行数据传输。在 CDMA 中,每个比特时间又再分成 m 个码片(Chip),每个站点分配一个唯一的 m 比特码系列。当某个站欲发送"1"时,它就在信道中发送它的码系列;当欲发送"0"时,就发送它的码序列的反码。例如:假设 $m=8$,某个站的比特码序列为 00110010,代表这个站的"1",而它的反码"11001101"代表这个站的"0"。当两个或多个站同时发送时,各路数据在信道中被线性相加。为了从中分离出各路信号,码序列必须具有一些特殊的性质。如果将码序列看成是一个矢量,那么不同的码序列之间是互相正交的。假设有两个不同的码序列 S 和 T,用 $\overline{S}$ 和 $\overline{T}$ 表示各自的码序列的反码,那么应有下列关系式:

$$S \times T = 0, S \times S = 1, S \times \overline{S} = -1$$

当某个站想要接收站 X 发送的数据时,它首先必须知道 X 的码序列(设为 S)。假如从信道中收到的和矢量为 P,那么通过计算 S、P 就可提取 X 发送的数据。这样,$S \times P = 0$ 表示 X 没有发送数据,$S \times P = 1$ 表示 X 发送了"1",$S \times P = -1$ 表示 X 发送了"0"。CDMA 广泛应用于移动通信系统。

以上三类多路复用技术可以形象地比喻为多个人要发言讨论不同问题时,如何使用同一个会议厅(信道)。可以把会议厅分成几组(好比频分多路),各组同时进行各自不同的讨论,互不干扰;也可以在一个厅内让各议题在固定的时间片内轮流发言(好比时分多路);还可以在一个厅内让各自议题同时发言,但是要用不同的语言(好比码分多址),对某个议题的人来说只能听懂自己的语言,而其他语言被视为随机噪,可以排除。

二、多路总线传输系统的应用

1. 电喷计算机系统中多路传输的应用

除了负责给发动机喷油和点火外,电喷计算机还把它从传感器接收到的信息传输到网络中供其他计算机使用(图4-5)。电喷计算机通过多路传输网络接收到分配控制计算机所下的解除锁止的指令,同时还要向其他计算机通报发动机运行状况的信息(图4-5)。此外,它还通过一条专用线路与故障诊断工具对话。电控汽油喷射管理如图4-6所示。

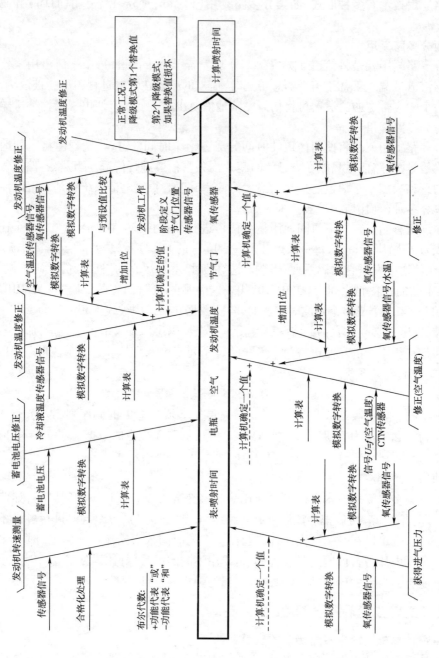

图 4-5 电喷计算机向多路传输网络中的其他计算机传送信息

单元四 汽车网络概念

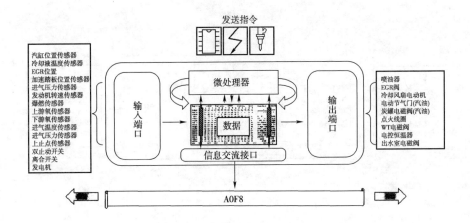

图 4-6 电控汽油喷射管理

2. 多路传输系统在自动变速器中的应用

自动变速器计算机需要了解来自发动机计算机的信息。除了它本身的自动变速管理的功能外,自动变速器计算机要向发动机计算机通知挡位以及自动变速器油温度(图 4-7 和图 4-8)。

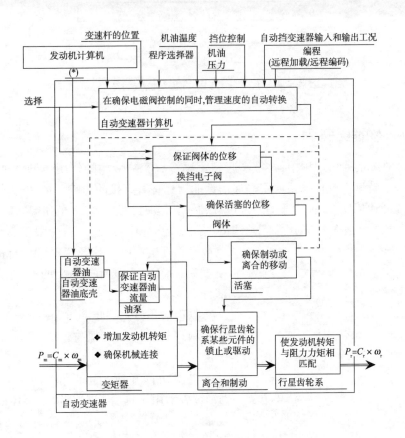

图 4-7 自动变速器计算机的信息传递

69

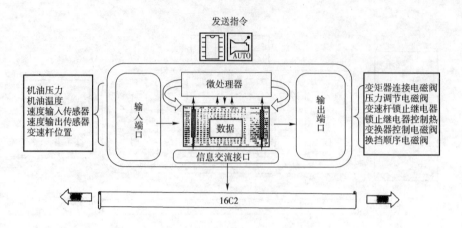

自动变速器计算机和电喷计算机相互交换的信息

0000 0000	禁止变更
0000 0001	允许速度上升
0000 0010	允许速度下降
0000 0011	允许速度上升或下降
1111 1111	无效
	禁止

图4-8　自动变速器管理

课题四　CAN 物理层模型

一、CAN 物理层模型

在 CAN 总线的通信过程中,物理层起到了比特流实际传输的作用,对通信传输最大距离、通信最大波特率以及传输错误率等通信性能指标有着直接的影响。因此,为了分析通信系统性能、提高通信质量、优化通信系统设计,必须对物理层进行深入的研究。

CAN 的物理层是将 ECU 连接至总线的电路实现。ECU 的总线将受限于总线上的电气负载。物理层按照 IEEE802.3 LAN 标准规范构造模型。如图 4-9 所示,CAN 的物理层划分为 3 部分:

物理信令(PLS,Physical Signaling)。

物理信令可以实现与位表示、定时和同步相关的功能。

媒体访问单元(Medium Access Attachment, MAU)表示用于耦合节点至发送媒体的物理层的功能部分。MAU 由物理层媒体附属装置(Physical Medium Attachment,PMA)和媒体相关接口(Medi-

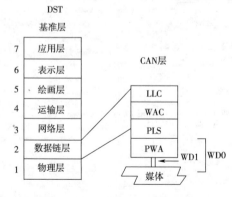

图4-9　CAN 的物理层结构

um DependentInterface,MDI)构成。

PMA 子层,实现总线发送/接收的功能电路并可提供总线故障检测方法。MDI,实现物理媒体和 MAU 之间机械和电气接口。

二、位编码/解码

1. 位编码/解码的基本概念

(1)标称位速率(Nominal Bit Rate)。标称位速率为一理想的发送器在没有重新同步的情况下每秒发送的位数量。

(2)标称位时间(Nominal Bit Time)。标称位时间被定义为一位的持续时间。在位时间框架内执行的总线管理功能诸如 ECU 同步状态、网络发送延迟补偿和采样点定位,均由 CAN 协议集成电路的可编程位定时逻辑确定。标称位时间实际上是标称位速率的倒数,即:

$$标称位时间 = \frac{1}{标称位速率}$$

可以把标称位时间划分为几个不重叠时间的片段,它们是:同步段(Sync – Seg)、传播段(Prop – Seg)、相位缓冲段1(Phase – Seg1)和相位缓冲2(Phase – Seg1),如图4-10 所示。

①同步段(Sync-seg):位时间的同步段用于同步总线上的各种 ECU,这一段内要有一个跳变沿。

②传播段(Prop-Seg):传播段用于补偿网络内的物理延时时间,它是信号在总线传播的时间、输入比较器延时和输出驱动器延时总和的两倍。

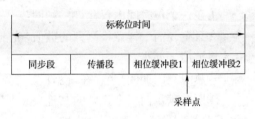

图 4-10 标称位时间的划分

③相位缓冲段 1(Phase-Seg1)和相位缓冲段 2(Phase-Seg 2):这两个相位缓冲段用于补偿边沿阶段的误差,这两个时间段可通过重新同步来延长或缩短。

④采样点(Sample Point):采样点是读取总线电平并转换为相应位值的一个时间点,并位于相位缓冲段 1 的结束。信息处理时间始于采样点,保留用作计算子序列电平的时间段。

(3)信息处理时间(Information Processing Time)。信息处理时间是一个以采样点作为起始的时间段,它被保留用于计算后续位的位电平。

(4)时间量程(Time Quantum)。时间量程是派生于振荡器周期推出的固定时间单位。当前可编程整数的预分刻度范围为 1~32。自时间量程最小值开始,时间量程可具有的长度是:

$$时间量程 = m \times 最小时间量程$$

式中,m 为预分刻度数值。

2. 时间段长度说明

(1)同步段长度为一个时间量程。

(2)传播段长度可编程为 1,2,3,…8,或更多时间量程。

(3)相位缓冲段 1 长度可编程为 1,2,3,…8,或更多时间量程。

(4)相位缓冲段 2 为相位缓冲段 1 的最大值加信息处理时间。

(5)信息处理时间长度为小于或等于两个时间量程。

位时间定义见图4-11。一个位时间总时间份额值可以设置在8~25的数值范围。对不同控制单元中振荡器的频率应加以调整,以便提供系统规定的时间量程。

图4-11 位时间的定义

三、同步

同步包括重新同步和硬同步两种形式,硬同步即让内部的位时间从同步段重新开始;重新同步是使相位缓冲段1增长和使相位缓冲段2缩短;从而使CAN器件的振荡频率趋向于本地CPU的振荡频率,以满足各控制单元的需求,所以它们需遵从下列规则:

① 在一个位时间内仅允许一种同步。

② 只有先前采样点检测到的数值(先前读总线数值)不同于边沿后即现的总线数值,边沿才将被用于同步。

③ 总线空闲期间,当存在"隐性"至"显性"的跳变沿即完成硬同步。

④ 所有满足前两个规则的其他"隐性"至"显性"的跳变沿(和在低位速率情况下,选择的"显性"至"隐性"跳变沿)将被用于重同步。例外情况是,若只有"隐性"至"显性"沿被用于重同步,由于具有正相位的"隐性"至"显性"沿的结果,发送器将不完成重同步。

(1) 重新同步和重新同步跳转宽度。由于重新同步的结果,相位缓冲段1可被延长或相位缓冲段2可被缩短。延长和缩短相位缓冲段的总和具有由重同步跳转宽度给定的上限。重同步跳转宽度应设置在1和最小值4之间。可以从一位至另一位值转变中提取时钟信息。由于具有同一值的连续位的最大数目是固定的,这个属性在帧期间使总线单元重新同步于位流成为可能。可用于重新同步的两个跳变之间的最大长度为29个位时间。

(2) 硬同步。硬同步后,位时间由每个位定时逻辑单元以同步段重新启动。因此引起硬同步的边沿处于重新启动位时间的同步段内。

(3) 边沿的相位误差。边沿的相位误差e由相对于同步段边沿的位置给定,以时间量程度量。相位误差的符号定义如下:

$e=0$,如果边沿位于同步段内。

$e>0$,如果边沿位于采样点前。

$e<0$,如果边沿位于前一个位采样点后。

(4) 重新同步。当引起重同步的边沿相位误差的值小于或等于重同步跳转宽度的编程数值时,重新同步和硬同步的作用相同。当相位误差的值大于重新同步跳转宽度时:

① 如果相位误差e为正,则相位缓冲段1延长一个重同步跳转宽度值。

② 如果相位误差e为负,则相位缓冲段2缩短一个重同步跳转宽度值。

课题五　CAN 技术规范介绍

CAN 技术规范以及 CAN 国际标准是设计 CAN 应用系统的基本依据。规范分 A、B 两部分。对于大多数规范要求主要是针对 CAN 控制的设计者而言，功能的实现基本由硬件自动完成。所以应用开发人员只需对其基本结构、概念、规则有一般了解，知道一些基本参数和可提供访问的硬件，以便及时了解和控制系统的工作状态。

由于现在各个半导体公司生产的 CAN 控制器几乎都完全支持 CAN2.0B 规范，而且 CAN2.0B 完全兼容 CAN2.0A。本课题主要介绍 CAN2.0B，对 CAN2.0A 的某些不同的提法做一些说明。

一、简介

控制局域网 CAN 为串行通信，能有效地支持很高安全等级的分布式实时控制。从高速的网络到低价位的多路配线都可以使用 CAN，其应用范围越来越广。在汽车的电子控制上，使用 CAN 连接发动机电控单元、传感器、防抱死系统等，其传输速度可以达到 1Mb/s。同时，CAN 可安装在汽车车身的电子控制系统里，诸如车灯组、电控车窗等，替代传统的接线配线装置。

技术规范目的是为在任意两个 CAN 仪器之间建立兼容性。兼容性有不同的方面，如电气特性和数据转换的解释。为达到设计透明度以及实现柔韧性，CAN 被细分为以下不同的层次。

1. 数据链路层

包括逻辑链路控制子层 LLC(Logical Ling Control)和媒体访问控制子层 MAC(Medium Access Control)。

在 CAN2.0 规范中，数据链路层的 LLC 子层和 MAC 子层的服务及功能分别被解释为"对象层"和"传输层"（包括所有由 ISO/OSI 模型定义的数据链路层的服务和功能）。

逻辑链路控制子层（LLC）的作用如下：为远程数据请求以及数据传输提供服务；确定由实际要使用的 LLC 子层接收哪一个报文；为恢复管理和过载通知提供手段。在这里，定义对象处理较为自由。

媒体访问控制子层（MAC）的作用主要是传送规则，也就是控制帧结构、执行仲裁、错误检测、出错标定、故障界定。总线上什么时候开始发送新报文及什么时候开始接收报文，均在 MAC 子层里确定。位定时的一些普通功能也可以看作是 MAC 子层的一部分。理所当然，MAC 子层的修改是受到限制的。

2. 物理层

物理层的作用是在不同节点之间根据所有的电气属性进行位的实际传输。同一网络的物理层对于所有的节点当然是相同的。尽管如此，在选择物理层方面还是很自由的。注：通信传送网络中的节点，是信号的交叉连接点、业务分插交汇点、网络管理系统的切入点，是信号功率的放大点和传输中的数字信号的再生点。

CAN2.0 规范主要定义传输层，并定义 CAN 协议于周围各层当中所发挥的作用（所具有的意义)。但是没有规定媒体的连接单元以及其驻留媒体,也没有规定应用层。因此,用户可以直接建立基于 CAN2.0 规范的数据通信,不过这种数据通信的传输内容适合于固定通信方式。

由于 CAN2.0 规范没有规定信息标识符的分配,因此可以根据不同应用使用不同的方法。所以在设计一个基于 CAN 的通信系统时,确定 CAN 标识符的分配非常重要,标识符的分配和定位也是应用协议、高层协议的其中一个主要研究项目。

CAN2.0 规范的目的是定义数据链路层中 MAC 子层和一小部分 LLC 子层,以及定义 CAN 协议于周围各层当中所发挥的作用。

二、基本概念

CAN 具有以下的属性:报文的优先权;保证延迟时间;设置灵活;时间同步的多点接收;系统内数据的连贯性;多主机;错误检测和错误标定;只要总线一处于空闲,就自动将破坏的报文重新传输;将节点的暂时性错误和永久性错误区分开来,并且可以自动关闭由 OSI 参考模型分层 CAN 结构的错误节点。

1. CAN 的分层结构

根据 ISO/OSI 参考模型,CAN 被细分为如图 4-12 所示的几个不同的层次。

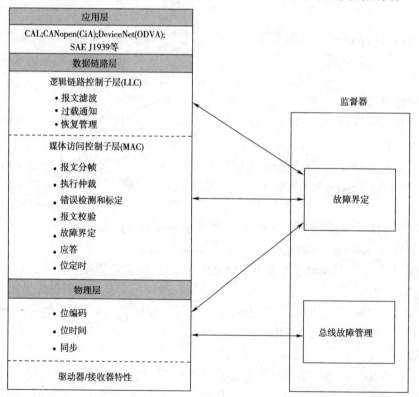

图 4-12 CAN 的分层结构

(1)用户可以在应用层上定义协议或规范,如 CANopen、DeviceNet、SAEJ1939 等。CAN 仅仅对下层进行了标准化。

(2)逻辑链路控制子层 LLC 涉及报文滤波、过载通知以及恢复管理。

(3)媒体访问控制子层 MAC 是 CAN 协议的核心,它把接收到的报文提供给 LLC 子层,并接收来自 LLC 子层的报文。MAC 子层负责报文分帧、执行仲裁、应答、错误检测和标定等。MAC 子层也被称作"故障界定"(Fault Confinement)的管理实体监管。此故障界定为自检机制,以便把永久故障和短时扰动区别开来。

(4)物理层定义信号是如何实际地传输的,因此涉及位时间、位编码、同步的解释。本技术规范没有定义物理层的驱动器/接收器特性,以便在具体应用中进行优化设计。

2. 报文(Messages)

总线上的信息以几个不同的固定格式的报文发送,但长度受限。当总线空闲时任何连接的单元都可以开始发送新的报文。

3. 信息路由(Information Routing)

在 CAN 系统里,CAN 的节点不使用任何关于系统配置的报文(如站地址)。以下是几个重要的概念。

(1)系统灵活性:不需要应用层以及任何节点软件和硬件的任何改变,可以在 CAN 网络中直接添加节点。

(2)报文路由:报文的寻址内容由识别符指定。识别符不指出报文的目的地,但解释数据的含义。因此网络上所有的节点可以通过报文滤波确定是否应对该数据作出反应。

(3)多播:由于引入了报文滤波的概念,任何节点都可以接收报文,并与此同时对此报文作出反应。

(4)数据连贯性:应确保报文在 CAN 网络里同时被所有的节点接收(或同时不被接收)。因此,系统的数据连贯性是通过多播和错误处理的原理实现的。

4. 位速率(Bit Rate)

不同的系统,CAN 的速度不同,但在一个给定的系统里,位速率是唯一的,并且是固定的。

5. 优先权(Priorities)

在总线访问期间,识别符定义一个静态的(固定的)报文优先权。

6. 远程数据请求(Remote Data Request)

通过发送远程帧,需要数据的节点可以请求另一节点发送相应的数据帧。数据帧和相应的远程帧具有相同的识别符。

7. 多主机(Multimaster)

总线空闲时,任何单元都可以开始传送报文。具有较高优先权报文的单元可以获得总线访问权。这种特性特别适合于汽车各个电控系统,下面介绍一下单主站和多主机总线的区别。

多路总线技术的核心是采用串行总线。目前,各种场合的串行总线种类很多,其中许多是单主站形式,如图 4-13 所示。

主站点向从站点 1 发出命令时,从站点 2 和从站点 3 也同时收到命令但不回答,只有从站点 1 回答;主站点向从站点 2 发送命令时,从站点 1 和从站点 3 也收到命令但不回答,只从站点 2 回答。主站点和从站点之间的关系好像是上课老师和学生提问时的关系。这种结构用于汽车最大的缺点是互换性差，因为每种车型的功能和器件的数量是不一样的，因此主站点的软件要根据每种车型单独设计。

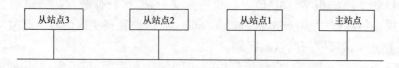

图4-13　单主站点串行通信示意图

如果把多主机总线比作公路，那么挂在总线上的器件就好比是公路上跑的汽车，虽然公路只有一条，但路上行驶的汽车可多可少，在网络中加一组或是减一组器件，对别的器件组都无影响。这就是多主站形式的串行总线，CAN 总线属于这种总线。这种总线的最大优点是不同车型之间的互换性特别好，但挂在总线上的器件必须遵守统一的接口标准。

8. 仲裁(Arbitration)

只要总线空闲，任何单元都可以开始发送报文。如果两个或两个以上的单元同时开始传送报文，那么就会有总线访问冲突。通过使用了识别符的逐位仲裁可以解决这个冲突。仲裁的机制确保了报文和时间均不损失。当具有相同识别符的数据帧和远程帧(帧是数据链路层传输的基本单)同时初始化时，数据帧优先于远程帧。仲裁期间，每一个发送器都对发送位的电平与被监控的总线电平进行比较。如果电平相同，则这个单元可以继续发送。如果发送的是一"隐性"电平而监视的是"显性"电平(见总线值)，那么单元就失去了仲裁，必须退出发送状态。

9. 安全性(Safety)

为了获得最安全的数据发送，CAN 的每一个节点均采取了强有力的措施以便于错误检测、错误标定及错误自检。

(1) 错误检测(Error Detection)。要进行错误检测，必须采取以下措施：监视(发送器对发送位的电平与被监控的总线电平进行比较)；循环冗余检查(CRC)(是一种数据传输检错功能，对数据进行多项式计算，并将得到的结果附在帧的后面，接收设备也执行类似的算法，以保证数据传输的正确性和完整性。若 CRC 校验不通过，系统重复向硬盘复制数据，陷入死循环，导致复制过程无法完成)；位填充；报文格式检查。

(2) 错误检测的执行(Performance of Error Detection)。错误检测的机制要具有以下的属性：检测到所有的全局错误；检测到发送器所有的局部错误；可以检测到报文里多达 5 个任意分布的错误；检测到报文里长度低于 15(位)的突发性错误；检测到报文里任一奇数个的错误。

对于没被检测到的错误报文，其剩余的错误可能性概率低于报文错误率 $\times 4.7 \times 10^{-11}$。

10. 错误标定和恢复时间(Error Signaling and Recovery Time)

任何检测到错误的节点会标志出损坏的报文，此报文会失效并将自动地开始重新传送。如果不再出现错误的话，从检测到错误到下一报文的传送开始为止，恢复时间最多为 31 个位的时间。

11. 故障界定(Fault Confinement)

CAN 节点能够把永久故障和短暂扰动区别开来，故障的节点会被关闭。

12. 连接(Connections)

CAN 串行通信链路是可以连接许多单元的总线。理论上可连接无数多的单元。但由于实际上受延迟时间以及(或者)总线线路上电气负载的影响,连接单元的数量是有限的。

13. 单通道(Single Channel)

总线由单一通道组成,通过此通道可以获得数据的再同步报文。要使此通道实现通信,可以采用许多的方法,如使用单芯线(加接地)、两条差分线、光纤等。CAN2.0B 规范不限制这些实现方法的使用。

14. 总线值(BUS Values)

总线有一个补充的逻辑值:"显性"(Dominant)或"隐性"(Recessive)。"显性"位和"隐性"位同时传送时,总线的结果值为"显性"。比如在总线上执行"线—与"时,逻辑 0 代表"显性"等级,逻辑 1 代表"隐性"。CAN2.0 规范不包括表示逻辑等级的物理状态(如电压、灯光)。

15. 应答(Acknowledgment)

所有的接收器检查报文的连贯性。对于连贯的报文,接收器应答;对于不连贯的报文,接收器作出标志。

16. 休眠模式/唤醒(Sleep Mode/Wake-up)

为减少系统电源的功率消耗,可将 CAN 器件设为休眠模式以便停止内部活动及断开与总线驱动器的连接。CAN 器件由总线激活或系统内部状态而被唤醒。唤醒时,虽然 MAC 子层要等待一段时间使振荡器稳定,然后还要等待一段时间直到与总线活动同步(通过检查 11 个连续的"隐性"的位),但在总线驱动器被重新设置为"总线接通"之前,内部运行已重新开始。

17. 振荡器容差(Oscillator Tolerance)

位定时的精度要求允许在传输率为 125kb/s 以内的应用中使用陶瓷谐振器。为了满足 CAN 协议在整个总线速度范围,需要使用晶体振荡器。

三、报文传输

1. 帧格式

CAN 有两种不同的帧格式,不同之处为识别符场的长度不同。具有 11 位识别符的帧称为标准帧,而含有 29 位识别符的帧称为扩展帧。

2. 帧类型

报文传输由数据帧(Data Frame)、远程帧(Remote Frame)、错误帧(Error Frame)、过载帧(Overload Frame)四个不同的帧类型所表示和控制。数据帧和远程帧可以使用标准帧及扩展帧两种格式,它们用一个帧间空间(Inter frame Space)与前面的帧分隔。

(1)数据帧(Data Frame):将数据从发送器传输到接收器。数据帧由 7 个不同的位场组成:帧起始(Start of Frame)、仲裁场(Arbitration Frame)、控制场(Control Frame)、数据场(Data Frame)、CRC 场(CRC Frame)、应答场(Ack Frame)、帧结尾(End of Frame)。数据场的长度可以为 0(有些书中"场"用"域"代替)。报文的数据帧结构如图 4-14 所示。

①帧起始(标准格式和扩展格式)。帧起始(Start of Frame)标志数据帧的起始,仅由一

个"显性"位组成。只在总线空闲时才允许开始发送。所有的站必须同步于首先开始发送报文的站的帧起始前沿。

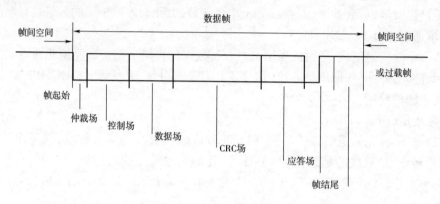

图 4-14 报文的数据帧结构

②仲裁场。仲裁场(Arbitration Frame)的标准格式帧和扩展格式帧的仲裁场不同,标准格式里,仲裁场由 11 位识别码和 RTR 位组成,如图 4-15a)所示。识别位按 ID – 28 ~ ID – 18 的顺序发送。最低位是 ID – 18,7 个最高位(ID – 28 ~ ID – 22)不能全是"隐性"。

扩展格式里,仲裁场包括 29 位识别符、SRR 位、IDE 位、RTR 位,如图 4-15b)所示。其格式包含两个部分:11 位基本 ID、18 位扩展 ID。基本 ID 定义扩展帧的基本优先权,按 ID – 28 ~ ID – 18 的顺序发送,相当于标准识别符格式。扩展 ID 按 ID – 17 ~ ID – 0 顺序发送。

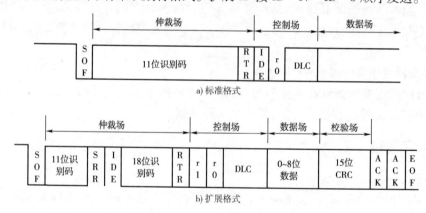

图 4-15 仲裁场

标准帧里识别符号是 RTR 位。

RTR 全称为"远程发送请求位(Remote Transmission Request BIT)",在数据帧里为"显性",在远程帧里为"隐性"。SRR 的全称是"替代远程请求位(Substitute Remote Request BIT)",是一隐性位。它在扩展格式的标准帧 RTR 位位置,因此代替标准帧的 RTR 位。IDE 的全称是"识别符扩展位(Identifier Extension Bit)"。IDE 位属于扩展格式的仲裁场,标准格式的控制场。标准格式里的 IDE 位为"显性",而扩展格式里的 IDE 位为"隐性"。

③控制场(标准格式和扩展格式)。控制场(Control Frame)由 6 个位组成,如图 4-16 所示。标准格式的控制场格式和扩展格式的不同:标准格式里的帧包括数据长度代码、IDE 位(为显性位)和保留位 r0;扩展格式里的帧包括数据长度代码和两个保留位 r1 和 r0,其保留

位必须发送为显性,但是接收器认可"显性"和"隐性"位的组合。

图 4-16 报文的控制场结构

数据长度代码(DLC),如图 4-17 所示。

数据长度代码指示了数据场里的字节数量。数据长度代码为 4 个位,它在控制场里发送。数据长度代码中数据字节数的编码为: d——显性(逻辑 0);r——隐性(逻辑 1)。

数据帧允许的数据字节的数目为{0,1,…,7,8},其他的数值不允许使用。

④数据场(标准格式和扩展格式)。数据场(Data Frame)由数据帧里的发送数据组成。它可以为 0~8 个字节,每字节包含了 8 个位,首先发送 MSB。

⑤CRC 场(标准格式和扩展格式)。CRC 场(CRC Frame)是循环冗余码的英文缩写。CRC 场包括 CRC 序列(CRC Sequence),其后是 CRC 界定符(CRC Delimiter),如图 4-18 所示。

$x^{15}+x^{14}+x^{10}+x^8+x^7+x^4+x^3+1$

数据字节的数目	数据长度代码			
	DLC3	DLC2	DLC1	DLC0
0	d	d	d	d
1	d	d	d	r
2	d	d	r	d
3	d	d	r	r
4	d	r	d	d
5	d	r	d	r
6	d	r	r	d
7	d	r	r	r
8	r	d	d	d

图 4-17 数据长度代码(DLC)

CRC 序列:由循环冗余码求得的帧检查序列最适用于位数低于 127 位(BCH 码)的帧。进行 CRC 计算,被除的多项式系数由无填充位流给定。组成这些位流的成分是:帧起始、仲裁场、控制场、数据场(假如有),而 15 个最低位的系数是 0。将此多项式与下面的多项式发生器(其系数以 2 为模)相除的余数就是发送到总线上的 CRC 序列。可以使用 15 位的一位寄存器 CRC RG(14:0)。若用 Nxtbit 标记指示位流的下一位,它由从帧的起始到数据场末尾都由无填充的位序列给定。CRC 序列的计算如下:

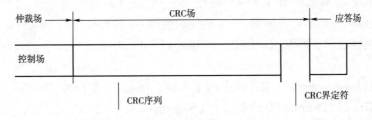

图 4-18 报文的 CRC 结构

```
CRCRG =0;                              //初始化移位寄存器
REPEAT;
CRCNXT = NXTBIT EXOR CRC RG(14);
CRCRG(14:1) = CRC RG(13:0);            //寄存器左移1位
IF CRCCNXT THEN
CRCRG(41:0) = CRC RG(14:0) EXOR(4599hex);
ENDIF
UNTIL(CRC 序列开始或存在一个错误条件)
```

在传送/接收数据场的最后一位以后，CRC RG 包含有 CRC 序列。CRC 序列之后是 CRC 界定符，它包含一个单独的"隐性"位。

⑥应答场（标准格式和扩展格式）。应答场（ACK Field）长度为 2 个位，包含应答间隙（ACK Slot）和应答界定符（ACK Delimiter），如图 4-19 所示。在 ACK 里，发送站发送两个"隐性"位。当接收器正确地接收到有效的报文，接收器就会在应答间隙期间向发送器发送一"显性"位以示应答。

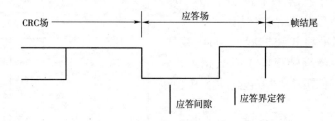

图 4-19　报文的应答场

⑦应答间隙：所有接收到匹配 CRC 序列的站会在应答间隙期间用一"显性"的位写入发送器的"隐性"位来作出回答。

⑧应答界定符：是应答场的第二位，并且是一个必须为"隐性"的位。因此，应答间隙被两个"隐性"的位所包围，也就是 CRC 界定符和应答界定符。

⑨帧结尾（标准格式和扩展格式）。每个数据帧和远程帧均由一标志序列界定，这个标志序列由 7 个"隐性"的位组成。

(2) 远程帧（Remote Frame）。作为数据接收器的某站点通过发送远程帧，可以启动其资源节点传送它们各自的数据。远程帧也有标准格式和扩展格式，而且都由 6 个不同的位场组成：帧起始、仲裁场、控制场、CRC 场、应答场、帧结尾。

与数据帧相反，远程帧的 RTR 位是"隐性"的。它没有数据场，数据长度代码的数值是不受制约的（可以标注为容许范围里 0~8 的任何数值）。远程帧结构如图 4-20 所示。

RTR 位的极性表示了所发送的帧是一数据帧（RTR 位"显性"）还是一远程帧（RTR"隐性"）。

(3) 错误帧（Error Frame）。错误帧由两个不同的场组成，如图 4-21 所示。第一个场是不同站提供的错误标志（Error Flag）的叠加（Superposition），第二个场是错误界定符（Error Delimiter）。

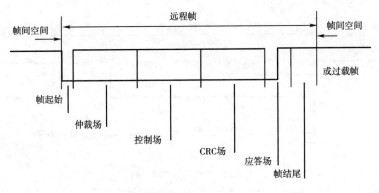

图 4-20 报文的远程帧结构

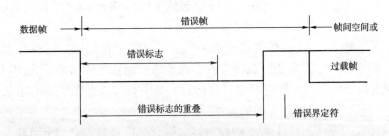

图 4-21 报文的错误帧结构

为了能正确地终止错误帧,一个"错误被动"的节点要求总线至少有长度为 3 个位时间的总线空闲(如果"错误被动"的接收器有局部错误的话)。因此,总线的载荷不应为 100%。

①错误标志(Error Flag)。有两种形式的错误标志:激活(Active)的错误标志和认可(Passivity)的错误标志。激活的错误标志由 6 个连续的"显性"位组成;认可的错误标志由 6 个连续的"隐性"的位组成,除非被其他节点的"显性"位重写。

检测到错误条件的"错误激活"的站通过发送"激活错误"标志指示错误。错误标志的形式破坏了从帧起始 CRC 界定符的位填充的规则,或者破坏了应答场或帧结尾的固定形式。所有其他的站由此检测到错误条件并同时开始发送错误标志。因此,"显性"位(此"显性"位可以在总线上监视)序列的形成就是各个站发送的不同的错误标志叠加在一起的结果。这个序列的总长度最小为 6 个位,最大为 12 个位。检测到错误条件的"错误认可"的站试图通过发送"认可错误"标志指示错误。"错误认可"的站等待 6 个相同极性的连续位(这 6 个位处于认可错误标志的开始)。当这 6 个相同的位被检测到时,被动错误标志的发送就完成了。

②错误界定符(Error Delimiter)。错误界定符包括 8 个"隐性"的位。错误标志传送了以后,每一站就发送"隐性"位,并一直监视总线,直到检测出一个"隐性"的位为止。然后,就开始发送其余 7 个"隐性"位。

(4)过载帧(Overload Frame)。过载帧包括两个位场:过载标志(Overload Flag)和过载界定符(Overload Delimiter),其结构如图 4-22 所示。

有三种过载的情况会引发过载标志的传送:接收器的内部原因(对于下一数据帧或远程帧需要有一延时);在间歇的第一和第二字节检测到一个"显性"位;如果 CAN 节点在错误界定符或过载界定符的第 8 位(最后一位)采样到一个显性位,节点会发送一个过载帧(不是错误帧),错误计数器不会增加。

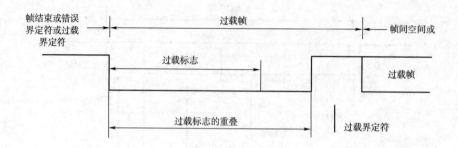

图 4-22 报文的过载帧结构

根据过载的第一种情况而引发的过载帧只允许起始于所期望的间歇的第一个位时间,而根据第二种和第三种情况而引发的过载帧应起始于所检测到"显性"位之后的位。通常,为了延时下一个数据帧或远程帧,两种过载帧均可产生。

①过载标志(Overload Flag)。过载标志由 6 个"显性"的位组成。过载标志的所有形式和"激活错误"标志的一样。由于过载标志的形式破坏了间歇场的固定形式,因此,所有其他的站都检测到过载条件并与此同时发出过载标志。如果有的节点在间歇的第 3 个位期间检测到"显性"位,则这个位将解释为帧的起始。

注:基于 CAN1.0 和 CAN1.1 版本的控制器对第 3 个位解释为有的节点在间歇的第 3 个位期间于本地检测到一"显性"位,则其他的节点将不能正确地解释过载标志,而是将这 6 个"显性"位中的第一个位解释为帧的起始。这第 6 个"显性"位违背了位填充的规则而引发了一个错误条件。

②过载界定符(Overload Delimiter)。过载界定符包括 8 个"隐性"的位。过载界定符的形式和错误界定符的形式一样。过载标志被传送后,站就一直监视总线直到检测到一个从"显性"位到"隐性"位的跳变。此时,总线上的每一个站完成了过载标志的发送,并开始同时发送其余 7 个"隐性"位。

(5)帧间空间(Inter Frame Space)。数据帧(或远程帧)与它前面帧的分隔是通过帧间空间实现的,而无论它前面帧类型如何(数据帧、远程帧、错误帧、过载帧)。所不同的是,过载帧与错误帧之前没有帧间空间,多个过载帧之间也不是由帧间空间隔离的。

帧间空间包括间歇、总线空闲的位场。如果"错误认可"的站已作为前一报文的发送器时,则其帧空间除了间歇、总线空闲外,还包括称作挂起传送(Suspend Transmission)的位场。

对于已作为前一报文发送器的"错误认可"的站,其帧间空间如图 4-23 所示。

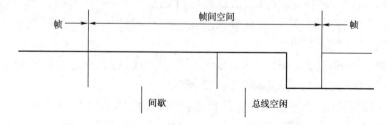

图 4-23 报文"错误认可"站的帧间空间结构

对于已作为前一报文发送器的"错误激活"的站,其帧间空间如图 4-24 所示。

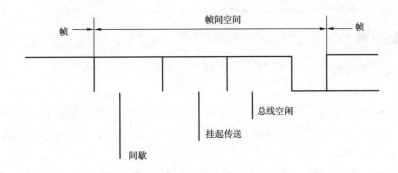

图 4-24 报文"错误激活"站的帧间空间结构

①间歇(Intermission)。间歇包括 3 个"隐性"的位。在间歇期间,所有的站均不允许传送数据帧或远程帧,唯一要做的是标示一个过载条件。

注:如果 CAN 节点有一报文等待发送并且节点在间歇的第 3 个位采集到一"显性"位,则此位被解释为帧的起始位,并从下一个位开始发送报文的识别符首位,而不用首先发送帧的起始位,而且它不会成为一接收器。

②总线空闲(Bus Idle)。总线空闲的时间是任意的。只要总线被认定为空闲,任何等待发送报文的站就会访问总线。在发送其他报文期间,有报文被挂起,对于这样的报文,其传送起始于间歇之后的第一个位。总线上检测到的"显性"位可被解释为帧的起始。

③挂起传送(Suspend Transmission)。"错误被动"的站发送报文后,站就在下一报文开始传送之前或总线空闲之前发出 8 个"隐性"的位跟随在间歇的后面。如果与此同时另一站开始发送报文(由另一站引起),则此站就作为这个报文的接收器。

3. 关于帧格式的一致性

标准格式相当于在 CAN1.2 规范中描述的数据/远程帧,而扩展格式是 CAN 协议的一新特色。为了使控制器的设计相对简单,不要求扩展格式的仪器达到它的完整扩展(例如,在扩展格式里发送报文或接收来自报文的数据)。但是仪器必须无条件地支持标准格式。如果新的控制器至少具有以下属性(这些属性与帧格式有关):每一新的控制器支持标准格式;每一新的控制器可以接收扩展格式的报文,这需要扩展格式不因其格式而被破坏,并不要求新的控制器非得支持扩展格式,新的控制器则被认为是符合 CAN 规范的。

4. 发送器和接收器的定义

(1) 发送器(Transmitter)。产生报文的单元被称为报文的"发送器"。此单元保持作为报文发送器直到总线出现空闲或此单元失去仲裁(Arbitration)为止。

(2) 接收器(Receiver)。如果有一单元不作为报文的发送器并且总线也不空闲,则这一单元就被称为报文的"接收器"。

四、报文滤波

报文滤波取决于整个识别符,允许在报文滤波中将任何的识别符位设置为"不考虑"的可选屏蔽寄存器,可以选择多组的识别符,使之被映射到隶属的接收缓冲器里。

如果使用屏蔽寄存器,它的每一个位必须是可编程的,即它们能够被允许或禁止报文滤波。屏蔽寄存器的长度可以包含整个识别符，也可以包含部分的识别符。

五、报文校验

校验报文有效的时间点，发送器与接收器各不相同。

1. 发送器(Transmitter)

如果直到帧的末尾位均没有错误，则此报文对于发送器有效。如果报文破损，则报文会根据优先权自动重发。为了能够和其他报文竞争总线，重新传输必须在总线空闲时启动。

2. 接收器(Receiver)

如果直到最后的位(除了帧末尾位)均没有错误，则报文对于接收器有效。帧末尾最后的位被置于"不重要"状态，如果是一个"显性"电平也不会引起格式错误(参见错误检测)。

六、编码

编码即位流编码(Bit Stream Coding)，它的规定是帧的部分，诸如帧起始、仲裁场、控制场、数据场以及CRC序列，均通过位填充的方法编码。无论何时，发送器只要检测到位流里有5个连续相同值的位，便自动在位流里插入一补充位。数据帧或远程帧(CRC界定符、应答场和帧结尾)的剩余位场形式固定，不填充。错误帧和过载帧的形式也固定，但并不通过位填充的方法进行编码。报文的位流根据"不归零"(NRZ)方法来编码，这就是说，在整个位时间里，位的电平要么为"显性"，要么为"隐性"。

七、错误处理

1. 错误检测

有以下5种不同的错误类型(这5种错误不会相互排斥)。

(1)位错误(Bit Error)。单元在发送位的同时，也对总线进行监视。如果所发送的位值与所监视的位值不相符合，则在此位时间里检测到一个位错误。但是在仲裁场的填充位流期间或应答间隙发送一"隐性"位的情况是例外的。此时，当监视到一"显性"位时，不会发出位错误。当发送器发送一个"认可错误"标志，但检测到"显性"位时，也不视为位错误。

(2)填充错误(Struff Error)。如果在使用位填充法进行编码的信息中，出现了第6个连续相同的位电平时，将检测到一个填充错误。

(3)CRC错误(CRC Error)。CRC序列包括发送器的CRC计算结果。接收器计算CRC的方法与发送器相同。如果计算结果与接收到CRC序列的结果不相符，则检测到一个CRC错误。

(4)形式错误(Form Error)。当一个固定形式的位场含有1个或多个非法位，则检测到一个形式错误(注：接收器的帧末尾最后一位期间的显性位不被当作帧错误)。

(5)应答错误(AcknowLedgment Error)。只要在应答间隙期间所监视的位不为"显性"，则发送器会检测到一个应答错误。

2. 错误标志

检测到错误条件的站通过发送"错误标志"指示错误。对于"错误激活"的节点，错误信息为"激活错误"标志，对于"错误认可"的节点，错误信息为"认可错误"标志。站检测到无论是位错误、填充错误、形式错误,还是应答错误,这个站会在下一位时发出错误标志信息。只要检测到的错误的条件是 CRC 错误,错误标志的发送开始于 ACK 界定符之后的位(除非其他的错误条件引起的错误标志已经开始)。

八、故障界定

至于故障界定(Fault Confinement),单元的状态可能为以下三种之一:"错误激活"(Fault Active)、"错误认可"(Error Pasitive)、"总线关闭"(Bus off)。

1. 各状态单元的故障界定作用

(1)"错误激活"的单元可以正常地参与总线通信,并在错误被检测到时发出主动错误标志。

(2)"错误认可"的单元不允许发送激活错误标志。"错误认可"的单元参与总线通信,在错误被检测到时只发出认可错误标志。而且,发送以后,"错误认可"单元将在初始化下一个发送之前处于等待状态。

(3)"总线关闭"的单元不允许在总线上有任何的影响(比如,关闭输出驱动器)。在每一总线单元里使用两种计数以便故障界定:发送错误计数、接收错误计数。

2. 计数的改变规则

这些计数按以下规则改变(注意,在给定的报文发送期间,可能要用到的规则不止一个):

(1)当接收器检测到一个错误,接收错误计数就加 1。例外的情况是,在发送"激活错误"标志或过载标志期间所检测到的错误为位错误时,接收错误计数器值不改变。

(2)当错误标志发送以后,接收器检测到的第一个位为"显性"时,接收错误计数值加 8。

(3)当发送器发送一错误标志时,发送错误计数器值加 8。

例外情况 1:

发送器为"激活错误",并检测到一应答错误(注:此应答错误由检测不到一"显性"ACK,以及当发送"认可错误"标志时检测不到一"显性"位而引起)。

例外情况 2:

发送器因为填充错误而发送错误标志(注:此填充错误发生于仲裁期间,由于填充位位于 RTR 位之前,并已作为"隐性"发送,但是却被监视为"显性"而引起)。

在例外情况 1 和例外情况 2 时,发送错误计数器值不改变。

(4)发送主动错误标志或过载标志时,如果发送器检测到位错误,则发送错误计数器值加 8。

(5)当发送"激活错误"标志或过载标志时,如果接收器检测到位错误,则接收错误计数器值加 8。

(6)在发送"激活错误"标志、"认可错误"标志或过载标志以后,任何节点最多容许 7 个连续的"显性"位。以下的情况,每一发送器将它们的发送错误计数值加 8,以及每一接收器的接收错误计数值加 8:当检测到第 14 个连续的"显性"位后;在检测到第 8 个跟随着被动错误标志的连续的"显性"位以后;在每一附加的 8 个连续"显性"位顺序之后。

(7)报文成功传送后(得到 ACK 及直到帧末尾结束没有错误),发送错误计数器值减 1,

除非已经是 0。

（8）如果接收错误计数值介于 1~127，在成功地接收到报文后（直到应答间隙接收没有错误，以及成功地发送了 ACK 位），接收错误计数器值减 1。如果接收错误计数器值是 0，则它保持 0，如果大于 127，则它会设置一个介于 119~127 的值。

（9）当发送错误计数器值等于或超过 128 时，或当接收错误计数器值等于或超过 128 时，节点为"错误认可"。让节点成为"错误认可"的错误条件，致使节点发出"激活错误"标志。

（10）当发送错误计数器值大于或等于 256 时，节点为"总线关闭"。

（11）当发送错误计数器值和接收错误计数器值都小于或等于 127 时，"错误认可"的节点重新变为"错误激活"。

（12）在总线监视到 128 次出现 11 个连续"隐性"位之后，"总线关闭"的节点可以变成"错误激活"（不再是"总线关闭"），它的错误计数值也被设置为 0。

注意：

①一个大约大于 96 的错误计数值显示总线被严重干扰，最好能够预先采取措施测试这个条件。

②启动/睡眠：如果启动期间内只有 1 个节点在线，以及如果这个节点发送一些报文，则将不会有应答，并检测到错误和重复报文。由此，节点会变为"错误被动"，而不是"总线关闭"。

单元五　汽车网络的 CAN – BUS 协议格式及应用

 知识目标

(1) 简述典型控制器 SJA1000 的特点。
(2) 正确叙述几种常用 CAN 总线驱动器的特点。
(3) 正确描述 Basic CAN 与 Peli CAN 的区别。
(4) 正确描述 Basic CAN、Peli CAN 的寄存器及功能。
(5) 正确描述 82C250、TJA1050 功能框图和功能。
(6) 正确描述 CAN 总线干扰滤波的措施。

 技能目标

(1) 会分析 CAN 控制器在总线系统中的位置及作用。
(2) 会分析 CAN 总线驱动器在系统中的位置及作用。
(3) 会分析 C250/251 与 TJA1050、TJA1040 之间的区别及引脚定义。
(4) 会分析工作模式和互用性。
(5) 会确定总线长度及节点数。
(6) 会测量 CAN 线波形。

课题一　独立控制器 SJA1000

控制器局域网(CAN)是一个串行、异步、多主机的通信协议。SJA1000 是一个独立的 CAN 控制器,因为它与 PCA82C200 相比具有更先进的特征,因此将会代替 PCA82C200 应用于汽车的电子模块、传感器和通用工业中。

一、SJA1000 概述

SJA1000 是一种独立的 CAN 控制器,是 Philips 半导体公司 PCA82C200CAN 控制器(Basic CAN)的替代产品,而且增加了一种新的工作模式——Peli CAN,这种模式支持具有很多新特征的 CAN2.0B 协议。所以独立的 CAN 控制器 SJA1000 有两个不同的操作模式即 Basic CAN 模式(PCA82C200 兼容)和 Peli CAN 模式。

SJA1000 的特征能分成三组,包括已建好的 PCA82C200 功能、提高的 PCA82C200 功能和在 Peli CAN 模式里的增强功能。基本特征如下:

(1)与 PCA82C200 独立的 CAN 控制器引脚兼容。
(2)与 PCA82C200 独立的 CAN 控制器电气兼容。
(3)具有 PCA82C200 模式(即默认的 Basic CAN 模式)。
(4)扩展的接收缓冲器(64 字节、先进先出 FIFO)。
(5)支持 CAN2.0A 和 CAN2.0B 协议。
(6)同时支持 11 位和 29 位识别码。
(7)位速率可达 1Mb/s。
(8)Peli CAN 模式扩展功能有:
①可读/写访问的错误计数器。
②可编程的错误报警限制。
③最近一次错误代码寄存器。
④对每一个 CAN 总线错误的中断。
⑤具体控制位控制的仲裁丢失中断。
⑥单次发送(无重发)。
⑦只听模式(无确认无活动的出错标志)。
⑧支持热插拔(软件位速率检测)。
⑨验收滤波器扩展(4 字节的验收代码、4 字节的屏蔽)。
⑩自身报文接收(自接收请求)。
(9)24MHz 时钟频率。
(10)对不同微处理器的接口。
(11)可编程的 CAN 输出驱动器配置。
(12)增强的温度适应(-40 ~ +125℃)。

二、SJA1000 的内部结构及引脚定义

1. SJA1000 的内部结构

SJA1000 的内部结构如图 5-1 所示。

2. 引脚定义(表 5-1)

SJA1000 的引脚描述　　　　表 5-1

符　号	引　脚	说　　明
AD7 ~ AD0	2、1、28 ~ 23	多路地址/数据总线
ALE/AS	3	ALE 输入信号(Intel 模式),AS 输入信号(Motorola 模式)
$\overline{CS}$	4	片选输入,低电平允许访问 SJA1000
$\overline{RD}$/E	5	单片机的 $\overline{RD}$ 信号(Intel 模式)或 E 使能信号(Motorola 模式)
$\overline{WR}$	6	单片机的 $\overline{WR}$ 信号(Intel 模式)或 RD/($\overline{WR}$)信号(Motorola 模式)

续上表

符　号	引　脚	说　明
CLKOUT	7	SJA1000产生的提供给单片机的时钟输出信号；时钟信号来源于内部振荡器且通过编程驱动；时钟控制寄存器的时钟关闭位可禁止该引脚
V_{ss2}	8	搭铁
XTAL1	9	输入到振荡器放大电路，外部振荡信号由此输入①
XTAL2	10	振荡放大电路输出；使用外部振荡信号时左开路输出①
MODE	11	模式选择输入：1 = Intel 模式；0 = Motorola 模式
V_{DDS}	12	输出驱动的5V电压源
TX0	13	从CAN输出驱动器0输出到物理线路上
TX1	14	从CAN输出驱动器1输出到物理线路上
V_{ss3}	15	输出驱动器搭铁
$\overline{INT}$	16	中断输出，用于中断单片机；$\overline{INT}$在内部中断寄存器各位都被置位时低电平有效；$\overline{INT}$是开漏输出，且与系统中的其他$\overline{INT}$是线连接的；此引脚上的低电平可以把IC从睡眠模式电激活
$\overline{RST}$	17	复位输入，用于复位CAN接口（低电平有效）；把$\overline{RST}$引脚通过电容连到V_{ss2}，通过电阻连到V_{DDS}可自动上电复位（例如 $C = 1\mu F; R = 50k\Omega$）
V_{SS2}	18	输入比较器的5V电压源
RX0，RX1	19，20	从物理的CAN总线输入到SJA1000的输入比较器；支配（控制）电平将会唤醒SJA1000的睡眠模式；如果RX1比阻0的电平高，就读支配（控制）电平，反之读弱势电平；如果时钟分频寄存器的CBP位被置位，就旁路CAN输入比较器以减少内部超时（此时连有外部收发电路）；这种情况下只有RX0是激活的；弱势电平被认为是高面支配电平被认为是低
V_{ss2}	21	输入比较器的搭铁端
V_{DDS}	22	逻辑电路的5V电压源

注：XTAL1 和 XTAL2 引脚必须通过 15pF 的电容连到 V_{ss1}。

SJA1000的芯片两种不同封装形式的引脚排列与名称如图5-2所示。

三、SJA1000在系统中的位置

1. CAN节点结构

每个CAN模块能被分成不同的功能块。SJA1000应使用最优化的CAN收发器连接到CAN总线。收发器控制从CAN控制器到总线物理层或相反的逻辑电平信号。

上面一层是一个CAN控制器，执行在CAN规范里规定的完整的CAN协议。它通常用于报文缓冲和验收滤波，而所有这些CAN功能都由一个模块控制器控制，它负责执行应用的功能。例如：控制执行器、读传感器和处理人机接口（MMI）。

如图5-3所示，SJA1000独立的CAN控制器通常位于单片机和收发器之间，大多数情况下这个控制器是一个集成电路。

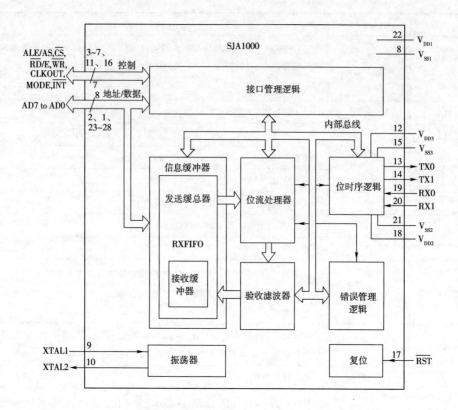

图 5-1 SJA1000 的内部结构方框图

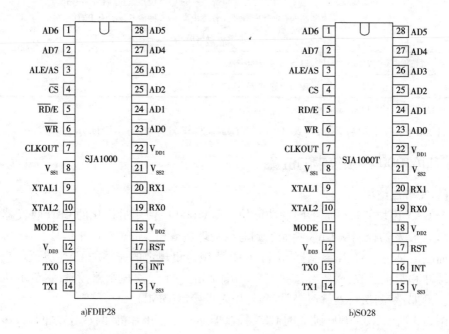

图 5-2 SJA1000 的芯片引脚排列和名称

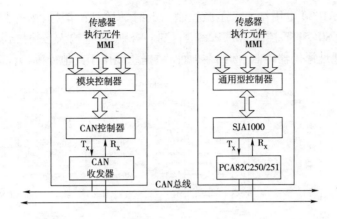

图 5-3 SJA1000 独立的 CAN 控制器

2. SJA1000 方块图

(1) SJA1000 方块图(图 5-4)。

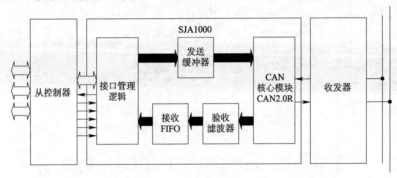

图 5-4 SJA1000 方块图

(2) CAN 核心模块控制 CAN 帧的发送和接收。

①SJA1000 的接口管理逻辑：完成对外部主控制器的连接，该控制器可以是微型控制器或其他器件，经过 SJA1000 复用的地址/数据总线访问寄存器都在这里处理。另外，除了 PCA82C200 已有的 Basic CAN 功能，还加入了一个新的 Peli CAN 功能，因此，附加的寄存器和逻辑电路主要在这里生效。

②SJA1000 的发送缓冲器：能够存储一个完整的信息，无论什么时候主控制器初始化发送，接口管理逻辑会迫使 CAN 核心模块从发送缓冲器读 CAN 信息。

③SJA1000 的 CAN 核心模块：当收到一个信息时，CAN 核心模块将串行位流转化成用于"验收滤波器"的并行数据，通过这个可编程的滤波器，SJA1000 能确定哪些信息实际上被主控制器收到。

所有收到的信息由"验收滤波器"接收并存储在"接收 FIFO"，储存信息的多少由工作模式决定，而最多能存储 32 个信息。因为数据溢出的可能性被大大降低，这使用户能更灵活地指定中断服务和中断优先级。

四、SJA1000 的典型应用电路

图 5-5 是一个包括 80C51、微型控制器、PCA82C251 收发器的典型 SJA1000 应用，此电路

中 CAN 控制器 SJA1000 也用作 80C51 微控制器的时钟源复位信号,由外部复位电路产生。SJA1000 的片选由 80C51 微控制器的 P2.7 口控制,否则,片选输入必须接到 V_{ss}。当然,片选输入也可以通过地址译码器控制,例如在地址/数据总线用于其他外围器件时。

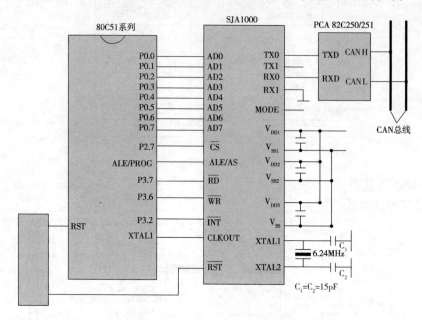

图 5-5　SJA1000 的典型应用电路

课题二　Basic CAN 与 Peli CAN 的区别

SJA1000 在软件和引脚上都是与它的前一款 PCA82C200 独立控制器兼容的,并在此基础上增加很多新功能。为实现软件兼容,SJA1000 增加修改了两种模式。

Basic CAN:与 PCA82C200 兼容。

Peli CAN:模式扩展特性。工作模式通过时钟分频寄存器中的 CAN 模式位来选择。

复位默认模式是 Basic CAN 模式。

一、与 PCA82C200 的兼容性

在 Basic CAN 模式中,SJA1000 模仿 PCA82C200 立控制器所有已知的寄存器,在如下所描述的特性不同于 PCA82C200,这主要是为了软件上的兼容性。

1. 同步模式

在 SJA1000 的控制寄存器中没有 SYNC 位(在 PCA82C200 中是 CR.6 位)。同步只有在 CAN 总线上"隐性—显性"的转换时才有可能发生。因此写这一位是没有任何影响的。为了与现有软件兼容,读取这一位时是可以把以前写入的值读出的(对触发电路无影响)。

2. 时钟分频寄存器

时钟分频寄存器用来选择 CAN 工作模式(Basic CAN/Peli CAN),它使用从 PCA82C200 保留下来的一位。像在 PCA82C200 中一样,写一个 0~7 之间的值,就将进入 Basic CAN 模式。

默认状态是12分频的Motorola模式和2分频的Intel模式。保留的另一位补充了一些附加的功能。CBP位的置位使内部RX输入比较器旁路,这样在使用外部传送电路时可以减少内部延时。

3. 接收缓冲器

PCA82C200中双接收缓冲器的概念被Peli CAN中的接收FIFO所代替。对于软件除了会增加数据溢出的可能性之外,不会产生应用上的影响。在数据溢出之前,缓冲器可以接收两条以上报文(最多64字节)。

4. 支持CAN2.0 B协议

SJA1000被设计为全面支持CAN2.0B协议,这就意味着在处理扩展帧报文的同时,扩展振荡器的误差被修正了。在Basic CAN模式下只可以发送和接收标准帧报文(11字节长的识别码)。如果此时检测到CAN总线上有扩展帧的报文,如果报文正确,也会被允许且给出一个确认信号,但没有接收中断产生。

二、Basic CAN和Peli CAN模式的区别

在Peli CAN模式下,SJA1000有一个含很多新功能的重组寄存器。SJA1000包含了设计在PCA82C200中的所有位及一些新功能位Peli CAN模式支持CAM2.0 B协议规定的所有功能(29字节的识别码)。

SJA1000的主要新功能有:

(1)标准帧格式和扩展帧格式报文的接收和传送。

(2)接收FIFO(64字节)。

(3)在标准和扩展格式中都有单/双验收滤波器(含屏蔽和代码寄存器)。

(4)读/写访问的错误计数器。

(5)可编程的错误限制报警。

(6)最近一次的误码寄存器。

(7)对每一个CAN总线错误的错误中断。

(8)仲裁丢失中断以及详细的位位置。

(9)一次性发送(当错误或仲裁丢失时不重发)。

(10)只听模式(CAN总线监听,无应答,无错误标志)。

(11)支持热插(无干扰软件驱动位速检测)。

(12)硬件禁止CLKOUT输出。

课题三　Basic CAN与Peli CAN的寄存器及功能

一、Basic CAN的寄存器及其功能描述

前文已经介绍了SJA1000的功能兼容PCA82C200独立控制器,即可工作在Basic CAN模式执行CAN2.0A协议,又可工作在Peli CAN模式支持CAN2.0B协议。在这两种模式中,SJA1000寄存器从数量、地址分配到功能等方面都有所区别。本课题首先介绍Basic CAN模

式中的寄存器,然后介绍 Peli CAN 模式中的寄存器,它们比较多,也比较复杂,功能也更强。这两种模式有类似之处,但是各自独立,因此初学者可以先只熟悉其中的一个。

CAN 控制器在上述每种模式中又都有两种状态模式,分别称为工作模式和复位模式,处在这两种不同状态的模式中,对寄存器的访问操作功能是不同的。

当硬件复位或控制器进入总线关闭状态或检测到复位请求位置 1 时,控制器就进入复位模式。通过 Basic CAN 的控制(或 Peli CAN 的模式)寄存器中的复位请求位为 0,使控制器进入工作模式。

1. Basic CAN 分配地址表

Basic CAN 分配地址如表 5-2 所示。

Basic CAN 分配地址　　　　　　　　　　表 5-2

地址	功能段	工作模式中的寄存器功能		复位模式中的寄存器功能	
		读	写	读	写
0	各类控制器	控制	控制	控制	控制
1		(FFH)①	命令	(FFH)	命令
2		状态	—	状态	—
3		(FFH)	—	中断	—
4		(FFH)	—	验收代码	验收代码
5		(FFH)	—	验收屏蔽	验收屏蔽
6		(FFH)	—	总线定时 0	总线定时 0
7		(FFH)	—	总线定时 1	总线定时 1
8		(FFH)	—	输出控制	输出控制
9		测试	测试②	测试	测试②
10	发送缓存器	识别码 3~10	识别码 3~10	(FFH)	—
11		识别码 2~0 RTR 和 DLC	识别码 2~0 RTR 和 DLC	(FFH)	—
12~19		数据字节 1…数据字节 8	数据字节 1…数据字节 8	(FFH)…(FFH)	—
20	接收缓存器	识别码 10~3	识别码 10~3	识别码 10~3	识别码 10~3
21		识别码 2~0 RTR 和 DLC	识别码 2~0 RTR 和 DLC	识别码 2~0 RTR 和 DLC	识别码 2~0 RTR 和 DLC
22~29		数据字节 1~8	数据字节 1~8	数据字节 1~8	数据字节 1~8
30		(FFH)		(FFH)	
31	时钟分频器	时钟分频器	时钟分频器	时钟分频器③	时钟分频器

注:①寄存器在高端 CAN 地址区被重复(CPU8 位地址的最高位是不参与解码的;CAN 地址 32 是和 CAN 地址 0 是连续的)。

②测试寄存器只用于产品测试,正常操作中使用这个寄存器会导致设备不可预料的结果。

③许多位在复位模式中是只写的(CAN 模式和 CBP)。

SJA1000 是一种 I/O 设备基于内存编址的单片机。双设备的独立操作是通过像 RAM

一样的片内寄存器修正来实现的。SJA1000 的地址区包括控制段和报文缓冲区。控制段在初始化载入时可被编程来配置通信参数(例如,位时序)。单片机也是通过这个段来控制 CAN 总线上的通信的。在初始化时,CLKOUT 信号可以被单片机编程指定一个值。

应发送的报文会被写入发送缓冲器。成功接收报文后,单片机从接收缓冲器中读取接收的报文,然后释放空间以做下次使用。

单片机和 SJA1000 之间状态、控制和命令信号的交换都是在控制段中完成的。初始化写入后,验收代码、验收屏蔽、总线时序 0 和 1 以及输出控制就不能改变了。只有控制寄存器的复位位被置高时,才可以访问这些寄存器。

2. 寄存器复位值

检测到有复位请求后将终止当前接收/发送的报文而进入复位模式。一旦向复位位传送了"1-0"的下降沿,CAN 控制器将返回工作模式。寄存器复位值如表 5-3 所示。

复位模式的配置　　　　　　　　　　　　　　　　　　　　　　表 5-3

寄存器	位域	位符号	位功能	值	
				硬件复位	软件或总线关闭复位 CR.0 = 1
控制	CR.7	—	保留	0	0
	CR.6	—	保留	×①	×
	CR.5	—	保留	1	1
	CR.4	OIE	溢出中断使能	×	×
	CR.3	EIE	错误中断使能	×	×
	CR.2	TIE	发送中断使能	×	×
	CR.1	RIE	发送中断使能	×	×
	CR.0	RR	复位请求	1(复位模式)	1(复位模式)
命令	CMR.7~5	—	保留	注③	注③
	CMR.4	GTS	睡眠		
	CMR.3	CDO	清除数据溢出		
	CMR.2	RRB	释放接收缓冲器		
	CMR.1	AT	终止传送		
	CMR.0	TR	发送请求		
状态	SR.7	BS	总线状态	0(总线开启)	×
	SR.6	ES	出错状态	0(OK)②	×
	SR.5	TS	发送状态	0(空闲)	0(空闲)
	SR.4	RS	接收状态	0(空闲)	0(空闲)
	SR.3	TCS	发送完毕状态	1(完毕)	×
	SR.2	TBS	发送缓冲器状态	1(释放)	1(释放)
	SR.1	DOS	数据溢出状态	0(无溢出)	0(无溢出)
	SR.0	RBS	接收缓冲器状态	0(空)	0(空)

续上表

寄存器	位域	位符号	位功能	值	
				硬件复位	软件或总线关闭复位 CR.0=1
中断	IR 7~5	—	保留	1	1
	IR.4	WUI	唤醒中断	0(复位)	0(复位)
	IR.3	DOI	数据溢出中断	0(复位)	0(复位)
	IR.2	EI	错误中断	0(复位)	×(注④)
	IR.1	TI	发送中断	0(复位)	0(复位)
	IR.0	RI	接收中断	0(复位)	0(复位)
验收代码	AC.7~0	AC	验收代码	×	×
验收屏蔽	AM.7~0	AM	验收屏蔽	×	×
总线时序0	BTR0.7	SJW.1	同步跳转宽度1	×	×
	BTR0.6	SJW.0	同步跳转宽度0	×	×
	BTR0.5	BRP.5	波特率预设置5	×	×
	BTR0.4	BRP.4	波特率预设置4	×	×
	BTR0.3	BRP.3	波特率预设置3	×	×
	BTR0.2	BRP.2	波特率预设置2	×	×
	BTR0.1	BRP.1	波特率预设置1	×	×
	BTR0.0	BRP.0	波特率预设置0	×	×
总线时序1	BTR1.7	SAM	采样	×	×
	BTR1.6	TSEG2.2	时间段2.2	×	×
	BTR1.5	TSEG2.1	时间段2.1	×	×
	BTR1.4	TSEG2.0	时间段2.0	×	×
	BTR1.3	TSEG1.3	时间段1.3	×	×
	BTR1.2	TSEG1.2	时间段1.2	×	×
	BTR1.1	TSEG1.1	时间段1.1	×	×
	BTR1.0	TSEG1.0	时间段1.0	×	×
输出控制	OC.7	OCTP1	输出控制晶体管P1	×	×
	OC.6	OCTN1	输出控制晶体管N1	×	×
	OC.5	OCPOL1	输出控制极性1	×	×
	OC.4	OCTP0	输出控制晶体管P0	×	×
	OC.3	OCTN0	输出控制晶体管N0	×	×
	OC.2	OCPOL0	输出控制极性0	×	×
	OC.1	OCMODE1	输出控制模式	×	×
	OC.0	OCMODE0	输出控制模式	×	×
发送缓冲器	—	TXB	发送缓冲器	×	×

续上表

寄存器	位域	位符号	位功能	硬件复位	软件或总线关闭复位 CR.0=1
				值	
接收缓冲器	—	RXB	接收缓冲器	×(注⑤)	×(注⑤)
时钟分频器	—	CDR	时钟分频寄存器	00H(Intel); 05H(Motorola)	×

注:①"×"表示这些寄存器或位的值不受影响。
②括号中是功能说明。
③读命令寄存器的结果总是"1111 1111"。
④总线关闭时错误中断位被置位(此中断被允许情况下)。
⑤RXFIFO 的内部读/写指针被设置成初始化值。连续读 RXB 会得到一些未定义的数据(部分旧报文)。发送报文时,报文并行写入接收缓冲器,但不产生接收中断且接收缓冲区是不锁定的。所以,即使接收缓冲器是空的,最近一次发送的报文也可从接收缓冲器读出,直到它被下一条发送或接收的报文取代。硬件复位时,RXFIFO 的指针指到物理地址"0"的 RAM 单元。软件设置 CR.0 或因为总线关闭的缘故 RXFIFO 的指针将被设置到当前有效 FIFO 的开始地址,这个地址不同于物理的 RAM 地址"0",而是第一次释放接收缓冲器命令后的有效起始地址。

3. 控制寄存器(CR)

控制寄存器的内容是用于改变 CAN 控制器的行为的。这些位可以被单片机设置或复位,单片机可以对控制寄存器进行读/写操作。控制寄存器各位说明如表5-4 所示。

控制寄存器各位的说明(CAN 地址0)　　　　表5-4

位	符号	名称	值	功能
CR.7~5	—	—		保留①②③
CR.4	OIE	溢出中断使能	1	使能:若置位数据溢出位,单片机接收溢出中断信号(见状态寄存器 SR)
			0	禁能:单片机不从 SJA1000 接收溢出中断信号
CR.3	EIE	错误中断使能	1	使能:如果出错或总线状态改变,单片机接收错误中断信号(见状态寄存器 SR)
			0	禁能:单片机不从 SJA1000 接收错误中断信号
CR.2	TIE	发送中断使能	1	使能:当报文被成功发送或发送缓冲器又被访问时,(例如:中止发送命令后),单片机接收 SJA1000 发出的一个发送中断信号
			0	禁能:单片机不从 SJA1000 接收发送中断信号
CR.1	RIE	接收中断使能	1	使能:报文被无错接收时,SJA1000 发出一个接收中断信号到单片机
			0	禁能:单片机不从 SJA1000 接收发送中断信号

续上表

位	符号	名称	值	功能
CR.0	RR	复位请求④	1	当前:SJA1000检测到复位请求后,中止当前发送/接收的报文,进入复位模式
			0	空缺:复位请求位接收到一个下降沿后,SJA1000回到工作模式

注:①控制寄存器的任何写访问都将设置该位为逻辑0(复位)。
②在PCA82C200中这一位是用来选择同步模式的。因为这种模式不再使用了,所以这一位的设置不会影响单片机。为了软件上兼容,这一位是可以被设置的。硬件或软件复位后不改变这一位。它只反映用户软件写入的值。
③读此位的值总是逻辑1。
④在硬复位或总线状态位设置为1(总线关闭)时,复位请求位被置为1(当前)。如果这些位被软件访问,其值将发生变化,而且会影响内部时钟的下一个上升沿(内部时钟的频率是外部晶振的1/2)。在外部复位期间,单片机不能把复位请求位为0(空缺)。如果把复位请求位设为0,单片机就必须检查这一位以保证外部复位引脚不保持为低。复位请求位的变化是同内部分频时钟同步的。读复位请求位能够反映出这种同步状态。复位请求位被设为0后,SJA1000将会等待。

4. 命令寄存器(CMR)

命令位初始化SJA1000传输层上的动作。命令寄存器对单片机来说是只写存储器。如果去读这个地址,返回值是"1111 1111"。两条命令之间至少有一个内部时钟周期。内部时钟的频率是外部振荡频率的1/2。命令寄存器各位功能如表5-5所示。

命令寄存器(CMR)各位的功能说明(CAN 地址 1)　　表5-5

位	符号	名称	值	功能
CMR7~5	—	—	—	保留
CMR4	GTS	休眠①	1	休眠:若无CAN中断待决,也无总线活动,SJA1000进入休眠模式
			0	唤醒:SJA1000进入正常工作模式
CMR3	CDO	清除数据溢出②	1	清除:数据溢出状态位被清除
			0	无动作
CMR2	RRB	释放接收缓冲器③	1	释放:接收缓冲器(REIFO)中载有报文的内存控制被释放
			0	无动作
CMR1	AT	中止发送④	1	当前:如果不是正在处理,等待中的发送请求被取消
			0	空缺:无动作
CMR0	TR	发送请求⑤	1	当前:报文被发送
			0	空缺:无动作

注:①若休眠位设置为1,SJA1000将进入休眠模式,这要求没有总线活动,也没有等待处理中断。当设置了位GTS=1,只要上述两种情况之一出现,就会引起一个唤醒中断。设置成睡眠模式后,CLKOUT信号持续至少15位的时间,使得以这个信号为时钟的单片机在CLKOUT信号变低之前进入待机模式。如果前面提到的三种条件之一被破坏,即GTS位被设置为低后,总线装入活动或INT有效(低电平)时,SJA1000将被唤醒。一旦唤醒,振荡器就将启动而且产生一个唤醒中断。若因为总线活动而唤醒,SJA1000就要直到检测到连续11个连续的隐性位(总线空闲序列)才能够接收到这个报文。在复位模式中,GTS位是不能被置位的。在清除复位请求后,且再一次检测到总线空闲,GTS位才可以被置位。
②这个命令位用于清除数据溢出位指出的数据溢出情况。如果数据溢出位被置位,就不会再产生数据溢出中断了。在释放接收缓冲器命令的同时可以发出清除数据溢出命令。
③读接收缓冲器之后,CPU可通过设置释放接收缓冲器位为1来释放RXFIFO的存储空间。就会导致接收缓冲器内的另一条报文立即有效,因而再产生一次接收中断(使能条件下)。如果没有其他有效报文,就不会再产生接收中断,同时接收缓冲器状态位被清0。
④当CPU要求中止先前传送请求时使用中止传送位。例如:在要求传送一条紧急报文时,正在处理的传送是不停止的。要查看原报文是否成功发送,可以通过传送完毕状态位来检测。不过,应在发送缓冲器状态位置1或产生发送中断后(释放)或出现发送中断的情况下才能实现。
⑤如果前一条指令中发送请求被置为1,它不能通过设置发送请求位为0来取消,而应通过中止发送位为0来取消。

5. 状态寄存器(SR)

状态寄存器的内容反映了SJA1000的状态。状态寄存器对单片机来说是只读存储器。状态寄存器各位的功能说明如表5-6所示。

状态寄存器各位的功能说明(CAN地址2)　　　　　　表5-6

位	符号	名　　称	值	功　　能
SR.7	BS	总线状态①	1	总线关闭:SJA1000退出总线活动
			0	总线开启:SJA1000加大总线活动
SR.6	ES	出错状态②	1	出错:至少出现一个错误计数器满或超过CPU报警限制
			0	正常:两个错误计数器都在报警限制以下
SR.5	TS	发送状态③	1	发送:SJA1000在传送报文
			0	空闲:没有要发送的报文
SR.4	RS	接收状态③	1	接收:SJA1000正在传送报文
			0	空闲:没有正在接收的报文
SR.3	TCS	发送完毕状态④	1	完毕:最后一次发送请求被成功处理
			0	未完毕:当前发送请求未处理完毕
SR.2	TBS	发送缓冲器状态⑤	1	释放:CPU可以向发送缓冲器写报文
			0	锁定:CPU不能访问发送缓冲器;有报文正在等待发送或正在发送
SR.1	DOS	数据溢出状态⑥	1	溢出:报文丢失,因为RXFIFO中没有足够的空间来储存它
			0	空缺:自从最后一次清除数据溢出命令执行,无数据溢出发生
SR.0	RBS	接收缓冲器状态⑦	1	满:RXFIFO中有可用报文
			0	空:无可用报文

注:①当传输错误计数器超过限制(255)(总线状态位置1-总线关闭),CAN控制器就会将复位请求位置1(当前),在错误中断允许的情况下,会产生一个错误中断。这种状态会持续直到CPU清除复位请求位。所有这些完成之后,CAN控制器将会等待协议规定的最小时间(128个总线空闲信号)。总线状态位被清除后(总线开启),错误状态位被置为0(正常),错误计数器复位且产生一个错误中断(中断允许)。

②根据CAN2.0B协议说明,在接收或发送时检测到错误会影响错误计数。当至少有一个错误计数器满或超出CPU警告限制(96)时,错误状态位被置位。在允许情况下,会产生错误中断。

③如果接收状态位和发送状态位都是0,则CAN总线是空闲的。

④无论何时发送请求位被置为1,发送完毕位都会被置为0(未完毕)。发送完毕位的0会一直保持到报文被成功发送。

⑤如果CPU在发送缓冲器状态位是0(锁定)时试图写发送缓冲器,则写入的字节被拒绝接收且会在无任何提示的情况下丢失。

⑥当要被接收的报文成功地通过验收滤波器后(例如:仲裁后之初),CAN控制器需要在RXFIFO中用一些空间来存储这条报文的描述符。因此必须有足够的空间来存储接收的每一个数据字节。如果没有足够的空间存储报文,报文将会丢失且只向CPU提示数据溢出情况。如果这个接收到的报文除了最后一位之外都无错误,报文有效。

⑦在读RXFIFO中的报文且用释放接收缓冲器命令来释放内存空间之后,这一位被清除。如果FIFO中还有可用报文,此位将在下一位的时限中被重新设置。

6. 中断寄存器(IR)

中断寄存器允许中断源的识别。当寄存器的一位或多位被置位时,INT(低电平有效)引脚就被激活了。寄存器被单片机读过之后,所有位复位,这导致了INT引脚上的电平漂移。中断寄存器对单片机说是只读存储器。中断寄存器各位的功能说明如表5-7所示。

中断寄存器各位的功能说明(CAN地址3)　　　　　　　　表5-7

位	符号	名　称	值	功　　能
IR.7~5	—	—	—	保留①
IR.4	WUI	唤醒中断②	1	置位:推出睡眠模式时此位被置位
IR.4	WUI	唤醒中断②	0	复位:单片机的任何访问将清除此位
IR.3	DOI	数据溢出中断③	1	设置:当数据溢出中断使能位被置为1时向数据溢出状态位"0→1"跳变,此位被置位
IR.3	DOI	数据溢出中断③	0	复位:单片机的任何读访问将清除此位
IR.2	EI	错误中断	1	置位:错误中断使能时,错误状态位或总线状态位的变化会置位此位
IR.2	EI	错误中断	0	复位:单片机的任何读访问将清除此位
IR.1	TI	发送中断	1	置位:发送缓冲器状态从0变为1(释放)和发送中断使能时,置位此位
IR.1	TI	发送中断	0	复位:单片机的任何访问将清除此位
IR.0	RI	接收中断④	1	置位:当接收FIFO不空和接收中断使能时置位此位
IR.0	RI	接收中断④	0	复位:单片机的任何访问将清除此位

注:①这一位的值总是1。
②如果当CAN控制器参与总线活动或CAN中断正在等待时,CPU试图进入睡眠模式,唤醒中断也会产生的。
③溢出中断位(中断允许情况下)和溢出状态位是同时被置位的。
④接收中断位(中断允许时)和接收缓冲器状态位是同时置位的。必须说明的是接收中断位在读的时候被清除,即使FIFO中还有其他可用信息。一旦释放接收缓冲器命令执行后,接收缓冲器中还有其他有效报文,接收中断(中断允许时)会在下一个tSCL被重置。

7. 发送缓冲区列表

发送缓冲区的全部内容见表5-8。缓冲器是用来存储单片机要SJA1000发送的信息的。它被分为描述符区和数据区。发送缓冲器的读/写只能由单片机在工作模式下完成。在复位模式下读出的值总是"FFH"。

发送缓冲器列表　　　　　　　　表5-8

CAN地址	区	名　称	7	6	5	4	3	2	1	0
10	描述符	标识码字节1	ID.10	ID.9	ID.8	ID.7	ID.6	ID.5	ID.4	ID.3
11	描述符	标识码字节2	ID.2	ID.1	ID.0	RTR	DLC.3	DLC.2	DLC.1	DLC.0
12	数据	TX数据1	发送数据字节1							
13	数据	TX数据2	发送数据字节2							
14	数据	TX数据3	发送数据字节3							

续上表

CAN 地址	区	名称	7	6	5	4	3	2	1	0
15	数据	TX 数据 4	发送数据字节 4							
16		TX 数据 5	发送数据字节 5							
17		TX 数据 6	发送数据字节 6							
18		TX 数据 7	发送数据字节 7							
19		TX 数据 8	发送数据字节 8							

(1) 识别码(ID)。识别码有 11 位(ID.0~ID.10)。ID.10 是最高位,在仲裁过程中是最先被发送到总线上的。识别码就像报文的名字。它在接收器的验收滤波器中被用到,也在仲裁过程中决定总线访问的优先级。识别码的值越低,其优先级越高。这是因为在仲裁时有较多显性位开头。

(2) 远程发送请求(RTR)。如果此位置 1,总线将以远程帧发送数据。这意味着此段中没有数据字节。尽管如此,也需要同识别码相同的数据帧来识别正确的数据长度。

如果 RTR 位没有被置位,数据将以数据长度码规定的长度来传送。

(3) 数据长度码(DLC)。报文数据区的字节数根据数据长度码编制。在远程帧传送中,因为 RTR 被置位,数据长度码是不被考虑的。这就迫使发送/接收数据字节数为 0,总之,数据长度码必须正确设置以避免两个 CAN 控制器用同样的识别机制启动远程帧传送而发生总线错误。数据字节数是 0~8,计算方法如下:

$$数据字节数 = 8 \times DLC.3 + 4 \times DLC.2 + 2 \times DLC.1 + DLC.0$$

为了保持兼容性,数据长度码不超过 8。如果选择的值超过 8,则按照 DLC 规定的 8B(8 字节)发送。

(4) 数字区。传送的数据字节数由数据长度码决定。发送的第一位是地址 12 单元的数据字节 1 的最高位。

8. 接收缓冲器

接收缓冲器的全部列表和发送缓冲器类似。接收缓冲器是 RXFIFO 中可访问的部分。位于 CAN 地址的 20~29 之间。识别码、远程发送请求位和数据长度码同发送缓冲器的相同,只不过是在地址 20~29。如图 5-6 所示,RXFIFO 共有 64B 的信息空间(接收缓冲器当前的可用信息是信息 1)。在任何情况下,FIFO 中可以存储的报文数取决于各条报文的长度。如果 RXFIFO 中没有足够的空间来存储新的报文,CAN 控制器会产生数据溢出。数据溢出发生时,已部分写入 RXFIFO 的当前报文将被删除。这种情况将通过状态位或数据溢出中断(中断允许时,如果除了最后一位,整个数据块被无误接收,也使 RX 报文有效)反映到单片机。

9. 验收滤波器

在验收滤波器的帮助下,CAN 控制器能够允许 RXFIFO 只接收同识别码和验收滤波器中预设值相一致的信息。验收滤波器通过验收代码寄存器和验收屏蔽寄存器来定义。

(1) 验收代码寄存器(ACR)。验收代码寄存器的位分配如表 5-9 所示。

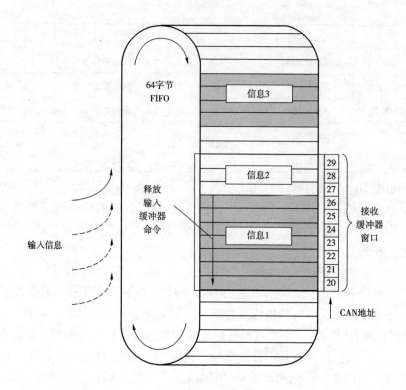

图 5-6 在 RXFIFO 中报文存储示意图

ACR 的位分配(CAN 地址 4) 表 5-9

BTT7	BTT6	BTT5	BTT4	BTT3	BTT2	BTT1	BTT0
AC.7	AC.6	AC.5	AC.4	AC.3	AC.2	AC.1	AC.0

复位请求位被置高(当前)时,这个寄存器是可以访问(读/写)的。如果一条信息通过了验收滤波器的测试而且接收缓冲器有空间,那么描述符和数据将被分别顺次写入 RXFIFO。当信息被正确地接收完毕,就会有下列情况发生:接收状态位置高(满);接收中断使能位置高(使能)接收中断置高(产生中断)。

验收代码位(AC.7 ~ AC.0)和信息识别码的高 8 位(ID.10 ~ ID.11 ~ ID.3)相等,且与验收屏蔽位(AC.7 ~ AC.0)的相应位相或为 1。即如果满足下式,则被接收:

$$[ID.10 \sim ID.3 \equiv AC.7 \sim AC.0] \wedge [AM.7 \sim AM.0 \equiv 11111111]$$

举例说明("×"符号表示任意的二进制值,报文标识码的最高 7 位不能全部为 1):

例 5-1 设置某节点的 SJA1000 只接收报文标识码为"10101010×××"的信息,则验收代码寄存器(ACR)和验收屏蔽寄存器(AMR)的设置如下:

ACR = 10101010,AMR = 00000000。

例 5-2 设置某节点的 SJA1000 只接收报文标识码为"111×××××××"的信息。则验收代码寄存器(ACR)和验收屏蔽寄存器(AMR)的设置如下:

ACR = 111×××××,AMR = 00011111。

(2)验收屏蔽寄存器(AMR)。验收屏蔽寄存器的位配置如表 5-10 所示。

ACR 的位配置(CAN 地址 5)   表 5-10

BIT7	BIT6	BIT5	BIT4	BIT3	BIT2	BIT1	BIT0
AM.7	AM.6	AM.5	AM.4	AM.3	AM.2	AM.1	AM.0

如果复位请求位置高(当前),这个寄存器可以被访问(读/写);如果验收屏蔽寄存器位为 1,则对验收代码滤波器的相应位是"无影响的"(即可为任意值);如果验收代码寄存器为 0,则只有相应的验收代码位(AC.7~AC.0 和报文标识码的高 8 位(ID.10~ID.3)相等的报文被接收。

二、Peli CAN 的寄存器及功能

1. Peli CAN 地址列表

CAN 控制器的内部寄存器对 CPU 来说是以外部寄存器形式存在而作为片内内存使用。因为 CAN 控制器可以工作于不同模式(工作/复位),所以必须区分不同的内部地址定义。Peli CAN 地址分配如表 5-11 所列。

Peli CAN 地址分配[①]   表 5-11

CAN 地址	工作模式		复位模式	
	读	写	读	写
0	模式	模式	模式	模式
1	(00H)	命令	(00H)	命令
2	状态	—	状态	—
3	中断	—	中断	—
4	中断使能	中断使能	中断使能	中断使能
5	保留(00H)	—	保留(00H)	—
6	总线定时 0	—	总线定时 0	总线定时 0
7	总线定时 1	—	总线定时 1	总线定时 1
8	输出控制	—	输出控制	输出控制
9	检测	检测[②]	检测	检测[②]
10	保留(00H)	—	保留(00H)	—
11	仲裁丢失捕捉	—	仲裁丢失捕捉	—
12	错误代码捕捉	—	错误代码捕捉	—
13	错误报警限制	—	错误报警限制	错误报警限制
14	RX 错误计数器	—	RX 错误计数器	RX 错误计数器
15	TX 错误计数器	—	TX 错误计数器	TX 错误计数器
16	RX 帧报文 SFF[③]	RX 帧报文 SFF[④]	TX 帧报文 SFF[③]	TX 帧报文 EFF[④]	验收代码 0	验收代码 0
17	RX 识别码 1	RX 识别码 1	TX 识别码 1	TX 识别码 1	验收代码 1	验收代码 1
18	RX 识别码 2	RX 识别码 2	TX 识别码 2	TX 识别码 2	验收代码 2	验收代码 2
19	RX 数据 1	RX 识别码 3	TX 数据 1	TX 识别码 3	验收代码 3	验收代码 3
20	RX 数据 2	RX 识别码 4	TX 数据 2	TX 识别码 4	验收屏蔽 0	验收屏蔽 0

续上表

CAN 地址	工作模式				复位模式	
	读		写		读	写
21	RX 数据 3	RX 数据 1	TX 数据 3	TX 数据 1	验收屏蔽 1	验收屏蔽 1
22	RX 数据 4	RX 数据 2	TX 数据 4	TX 数据 2	验收屏蔽 2	验收屏蔽 2
23	RX 数据 5	RX 数据 3	TX 数据 5	TX 数据 3	验收屏蔽 3	验收屏蔽 3
24	RX 数据 6	RX 数据 4	TX 数据 6	TX 数据 4	保留(00H)	—
25	RX 数据 7	RX 数据 5	TX 数据 7	TX 数据 5	保留(00H)	—
26	RX 数据 8	RX 数据 6	TX 数据 8	TX 数据 6	保留(00H)	—
27	(FIFO RAM)⑤	RX 数据 7	—	TX 数据 7	保留(00H)	—
28	(FIFO RAM)⑥	RX 数据 8	—	TX 数据 8	保留(00H)	—
29	RX 报文计数器		—		RX 报文计数器	—
30	RX 缓冲器起始地址		—		RX 缓冲器起始地址	RX 缓冲器起始地址
31	时钟分频器		时钟分频器⑥		时钟分频器	时钟分频器
32	内部 RAM 地址 0		—		内部 RAM 地址 0	内部 RAM 地址 0
33	内部 RAM 地址 1		—		内部 RAM 地址 1	内部 RAM 地址 1
↓	↓		↓		↓	↓
95	内部 RAM 地址 63		—		内部 RAM 地址 63	内部 RAM 地址 63
96	内部 RAM 地址 64		—		内部 RAM 地址 64	内部 RAM 地址 64
↓	↓		↓		↓	↓
108	内部 RAM 地址 76		—		内部 RAM 地址 76	内部 RAM 地址 76
109	内部 RAM 地址 77		—		内部 RAM 地址 77	内部 RAM 地址 77
110	内部 RAM 地址 78		—		内部 RAM 地址 78	内部 RAM 地址 78
111	内部 RAM 地址 79		—		内部 RAM 地址 79	内部 RAM 地址 79
112	(00H)		—		(00H)	—
↓	↓		↓		↓	↓
127	(00H)		—		(00H)	—

注：①必须说明的是在 CAN 的高端地址区的寄存器是重复的(CPU 地址的高 8 位是不参与解码的，即 CAN 地址 128 和地址 0 是连续的)。
②测试寄存器只用于产品测试。正常工作时使用这个寄存器会使设备产生不可预料的行为。
③SFF 是指标准帧格式。
④EFF 是指扩展帧格式。
⑤这些地址分配反映当前报文之后的 FIFO RAM 空间。上电后的内容是随机的且包含了当前接收报文的下一条报文的开头。如果没有报文要接收，这里会有部分旧的报文。
⑥一些位在复位模式中是只写的(CAN 模式、CBP、RXINTEN 和时钟关闭)。

2. 模式寄存器(MOD)

模式寄存器(MOD)的内容是用来改变 CAN 控制器的行为方式。CPU 把控制寄存器作为读/写寄存器，可以设置这些位。保留位读值为逻辑 0。

(1)工作模式中的模式寄存器。模式寄存器各位的功能说明如表 5-12。

模式寄存器各位的功能说明（CAN 地址 0） 表 5-12

位	符号	名称	值	功能
MOD.7~5	—	—	—	保留
MOD.4	SM	休眠模式①	1	休眠：没有 CAN 中断待决和总线活动时，CAN 控制器进入休眠模式
			0	唤醒：从休眠状态唤醒
MOD.3	AFM	验收滤波器模式②	1	单：选择单个验收滤波器（32 位长度）
			0	双：选择两个验收滤波器（每个有 16 位激活）
MOD.2	STM	自检测模式②	1	自检测：此模式可以检测所有节点，没有任何活动的节点使用自接收命令；即使没有应答，CAN 控制器也会成功发送
			0	正常模式：成功发送时必须应答信号
MOD.1	LOM	只听模式②③	1	只听：这种模式中，即使成功接收报文，CAN 控制器也不向总线发应答信号；错误计数器停止在当前值
			0	正常模式
MOD.0	RM	复位模式④	1	复位：检测到复位模式位被置位，终止当前正在接收/发送的信息，进入复位模式
			0	正常：复位模式位接收到"1-0"的跳变后，CAN 控制器回到工作模式

注：①休眠模式位设为 1(sleep)，SJA1000 将进入休眠模式；没有总线活动和中断等待。至少破坏这两种情况之一时将会导致 SM 产生唤醒中断。设置为休眠模式后，主单片机 CLKOUT 信号持续至少 15 位的时间，以允许 CLKOUT 信号电平变低而被锁住之前进入准备模式。前面提到的三种条件之一被破坏时，SJA1000 将被唤醒：SM 电平设为低（唤醒）之后，总线进入活动状态或 INT 被激活（变低）。唤醒后，振荡器启动且产生一个唤醒中断。由于总线活动唤醒的直到检测到 11 个连续的隐性位（总线空闲序列）后才能接收这条信息。注意，在复位模式中是不能设置 SM 的。清除复位模式后，再一次检测到总线空闲时，SM 的设置才开始有效。

②只有先进入复位模式，才可以写 MOD.1~MOD.3。

③这种工作模式使 CAN 控制器进入错误消极状态，信息传送是不可能的。以软件驱动的位速检测和"热插"时可使用只听模式。所有其他功能都能像在正常工作模式中一样使用。

④在硬件复位或总线状态位为 1（总线关闭）时，复位模式位也被置为 1（当前）。如果通过软件访问这一位，值将发生变化且下一个内部时钟（频率为外部振荡器的 1/2）的上升沿有效。在外部复位期间，单片机不能将复位模式位设置为 0（空闲）。因此，将复位模式位设为 1 后，单片机必须检查此位以确保外部复位引脚上不保持高。复位请求位的改变和内部分频时钟同步，读复位请求位能够反映出这种同步状态。复位模式位为 0 后，CAN 控制器会等待下列情况：

A. 如果上一次复位是硬件复位或 CPU 初始复位引起的，则会出现一个总线空闲信号（11 个隐性位）。

B. 如果上一次复位是 CAN 控制器在重新进入总线开启之前初始化复位引起的，则会出现 128 个总线空闲信号。

（2）模式寄存器的复位值。模式寄存器的复位值如表 5-13 所示。

模式寄存器的复位值 表 5-13

位符号		MOD.7~5	SM	AFM	STM	LOM	RM
硬件复位	值	0（保留）	0（唤醒）	0（双向）	0（正常）	0（正常）	1（当前）
软件置 MOD.0 = 1 或总线关闭		0（保留）	0（唤醒）	×	×	×	1（当前）

注：×表示这些寄存器或位的值不受任何影响；括号中是功能意义的解释。

3. 命令寄存器(CMR)

命令位初始化 CAN 控制器传输层的一个动作,这个寄存器是只写的,所有位的读出值都是逻辑 0。因处理的需要,两条命令之间至少有一个内部时钟周期。内部时钟周期的频率是外部振荡器的一半。

(1)工作模式中的 CMR 各位的功能。命令寄存器各位的功能见表 5-14。

命令寄存器 CMR 各位的功能说明(CAN 地址 1)　　　　表 5-14

位	符号	名称	值	功能
CMR.7~5	—	保留	—	—
CMR.4	SRR	自接收请求①②	1	当前:信息可以被同时发送和接收
			0	空缺
CMR.3	CDO	清除数据溢出③	1	清除:数据溢出状态位被清除
			0	无动作
CMR.2	RRB	释放接收缓冲器④	1	释放:接收缓冲器(RXFIFO)中当前呈现的报文的储存空间
			0	无动作
CMR.1	AT	中止发送⑤②	1	当前:如果不是正在处理,将取消等待中的发送请求
			0	空缺
CMR.0	TR	发送请求⑥⑤	1	当前:报文被发送
			0	空缺:无动作

注:①如果验收滤波器已设置了相应的识别码,当发送自接收请求信息时同时开始接收。接收和发送中断对自接收是有效的(模式寄存器的自检测模式也有类似情况)。

②设置命令位 CMR.0 和 CMR.1 会立即产生一次信息发送。当发生错误或仲裁丢失时是不会重发的(单次发送)。设置命令位 CMR.4 和 CMR.1 会立即产生一次自接收性质的信息发送。发生错误或仲裁丢失时不会重发。设置命令位 CMR.0、CMR.1 和 CMR.04 会立即产生一个信息发送。一旦状态寄存器的发送状态位被置位,内部发送请求就被自动清除。同时,设置 CMR.0 和 CMR.4 会忽略 CMR.4。

③这个命令位用于清除数据溢出位指出的数据溢出情况。如果数据溢出位被置位就不会再有数据溢出中断产生。

④读接收缓冲器之后,CPU 可以通过设置释放接收缓冲器位为 1 来释放 RXFIFO 的内存空间。这样就会导致接收缓冲器内的另一条信息立即有效。如果没有其他有用的信息,就复位接收中断。

⑤当 CPU 需要当前请求发送等待时,例如:先发送一条比较紧急的信息时。但当前正在处理的传送是不停止的。要想知道源信息是否成功发送,可以通过传送完毕状态位来查看。不过这应在发送缓冲器状态位置 1 或产生发送中断后。要注意的是,即使因为发送缓冲器状态位变为"释放"而使信息被终止,也会产生发送中断。

⑥如果前一条指令中发送请求被置为 1,它不能通过设置发送请求位为 0 来取消,而应通过终止发送位为 0 取消。

(2)命令寄存器的复位值。命令寄存器的复位值,见表 5-15。

命令寄存器的复位值　　　　表 5-15

位符号		CMR.7~5	SRR	CDO	RRB	AT	TR
硬件复位	值	0(保留)	0(空缺)	0(无动作)	0(无动作)	0(空缺)	0(空缺)
软件置 MOD.0 = 1 或总线关闭		0(保留)	0(空缺)	0(无动作)	0(无动作)	0(空缺)	0(空缺)

注:括号中的文字是对功能数的解释。

4. 状态寄存器 SR

状态寄存器反映 CAN 控制器的状态。状态寄存器对 CPU 来说是只读内存。

单元五　汽车网络的CAN-BUS协议格式及应用

（1）工作模式中状态寄存器各位的功能。工作模式中状态寄存器各位的功能如表5-16所示。

状态寄存器的各位功能说明（CAN 地址2）　　　　　　表5-16

位	符号	名　　称	值	功　　能
SR.7	BS	总线状态①	1	总线关闭：CAN 控制器不参与总线活动
			0	总线开启：CAN 控制器参与总线活动
SR.6	ES	出错状态②	1	出错：至少出现一个错误计数器或超过 CPU 报警限制寄存器（EWLR）定义的 CPU 报警限制
			0	正常：两个错误计数器都在报警限制以下
SR.5	TS	发送状态③	1	发送：CAN 控制器正在传送报文
			0	空闲
SR.4	RS	接收状态③	1	接收：CAN 控制器正在传送报文
			0	空闲
SR.3	TCS	发送完毕状态④	1	完毕：最后一次发送请求被成功处理
			0	未完：当前发送请求未处理完
SR.2	TBS	发送缓冲器状态⑤	1	释放：CPU 可以向发送缓冲器写报文
			0	锁定：CPU 不能访问发送缓冲器；有报文正在等待发送或正在发送
SR.1	DOS	数据溢出状态⑥	1	溢出：报文丢失，因为 RXFIFO 中没有足够的空间而丢失
			0	空缺：自从上一次清除数据溢出命令以来无数据溢出发生
SR.0	RBS	接收缓冲器状态⑦	1	满：RXFIFO 中有可用报文
			0	空：无可用报文

注：①当发送错误计数器超过限制255，总线状态位被置1（总线关闭），CAN 控制器将设置复位模式位为1（当前），而且产生一个错误报警中断（相应的中断允许时）。发送错误计数器被置为127，接收错误计数器被清除。这种模式将会保持到 CPU 将复位模式位清除。完成这些之后，CAN 控制器将通过发送错误计数器的减1计数以等待协议规定的最少时间（128 个总线空闲信号）。之后，总线状态位被清除（总线开启），错误状态位被置为0（OK），错误计数器复位且产生一个错误报警中断（中断允许时）。这期间读取 TX 错误计数器给出关于总线关闭修复的状态信息。

②根据 CAN2.0B 协议规定，在接收和发送期间检测到错误会影响错误计数器。至少一个错误计数器满或超过CPU 报警限制（EWLR）时错误状态位被置位。中断允许时，会产生错误报警中断。EWLR 硬件复位后的默认值是96。

③如果接收状态位和发送状态位都是0（空闲），则 CAN 总线是空闲的。如果这两位都是1，则控制器正在等待下一次空闲。硬件启动后，直到空闲状态到来必须检测到11 个连续的隐性位。总线关闭后会产生128 个11 位的连续隐性位。

④一旦发送请求位或自接收请求位被置1，发送成功状态位就会被置0（不成功）。发送成功状态位会保持为0，直到发送成功。

⑤如果 CPU 试图在发送缓冲器状态位是0（锁定）时向发送缓冲器写，写入的字节将不被接受且在没有任何提示的情况下丢失。

⑥当要接收的信息已经成功通过验收滤波器时，CAN 控制器需要在 RXFIFO 中有足够的空间来存储信息描述符和每一个接收的数据字节。如果没有足够的空间来存储信息，信息就会丢失，在信息变为无效时向 CPU 提示数据溢出。如果信息没有被成功接收（如由于错误），就没有数据溢出情况提示。

⑦读出 RXFIFO 中的所有信息和用释放接收缓冲器命令释放它们的内存空间之后，此位被清除。

(2)状态寄存器的复位值与含义。状态寄存器复位值与含义如表5-17所示。

状态寄存器的复位值与含义   表5-17

位符号		BS	ES	TS	RS	TCS	TBS	DOS	RBS
硬件复位	值	0(总线开启)	0(OK)	1(等待空闲)	0(等待空闲)	1(完成)	1(释放)	0(空缺)	0(空)
软件置 MOD.0=1 或总线关闭		×	×	1(等待空闲)	0(等待空闲)	×	1(释放)	0(空缺)	0(空)

注:×表示这些寄存器或位的值不受任何影响。括号中的文字是对功能意义的解释。

5. 中断寄存器 IR

中断寄存器(IR)用作中断源的识别。当这个寄存器的一位或多位被置1时,将会把CAN中断告诉CPU。CPU读此寄存器的时候,除了接收中断位以外的所有位都被复位。中断寄存器对CPU来说是只读存储器。

(1)工作模式中的中断寄存器的位功能。工作模式中中断寄存器的位功能如表5-18所示。

中断寄存器的位功能说明(CAN 地址3)   表5-18

位	符号	名称	值	功能
IR.7	BEI	总线错误中断	1	置位:当CAN控制器检测到总线错误且中断使能寄存器中的BEIE被置位时此位被置位
			0	复位
IR.6	ALI	仲裁丢失中断	1	置位:当CAN控制器丢失仲裁,变为接收器和中断使能寄存器的ALIF为被置位时,此位被置位
			0	复位
IR.5	EPI	错误消极中断	1	置位:当CAN控制器到达消极状态(至少一个错误计数器超过协议规定的值127)或从错误消极状态又进入错误活动状态以及中断寄存器EPIE位被置位时,此位被置位
			0	复位
IR.4	WUI	唤醒中断①	1	置位:当CAN控制器在睡眠模式中检测到总线的活动且中断寄存器的WUIE位被置1时此位被置位
			0	复位
IR.3	DOI	数据溢出中断	1	置位:数据溢出状态位有"0-1"跳变且中断寄存器的DOIE位被置位时此位被置1
			0	复位
IR.2	EI	错误报警中断	1	置位:错误状态位和总线状态位的改变和中断寄存器的EIE位被置位时此位被置1
			0	复位
IR.1	TI	发送中断	1	置位:发送缓冲器状态从"0-1"(释放)跳变且中断寄存器的TIE位被置位时此位被置1
			0	复位

续上表

位	符号	名 称	值	功 能
IR.0	RI	接收中断②	1	置位:接收 FIFO 不空且中断寄存器的 RIE 位被置位时此位被置;
			0	复位

注:①在 CAN 控制器参与总线活动或 CAN 中断正在等待处理时,如果 CPU 试图置位睡眠模式位也会产生唤醒中断。
②除了 RI 取决于相应的中断使能位(RIE)这一点外,此位的行为和接收缓冲器状态位是等效的,所以读中断寄存器时接收中断位不被清除。释放接收缓冲器的命令可以临时清除 RI。如果执行释放命令后 FIFO 中还有可用信息,RI 被重新置位,否则 RI 保持清 0 状态。

(2)中断寄存器的复位值及含义。E1 出错报警中断位:在中断使能寄存器的出错报警中断使能位 EIE 置位 1 时,若出现总线关闭,则出错报警中断位置 1。其余 IR 各位无论是由于硬件还是软件 MOD.0 = 1,或总线关闭时的值都为 0。

6. 中断使能寄存器(IER)

这个寄存器能使不同类型的中断源对 CPU 有效。这个寄存器对 CPU 来说是可读/写存储器,各位功能如表 5-19 所示。

中断使能寄存器各位功能　　　　表 5-19

位	符号	名 称	值	功 能
IER.7	BEIE	总线错误中断使能	1	使能:如果检测到总线错误,则 CAN 控制器请求相应中断
			0	禁止总线错误中断
IER.6	ALIE	仲裁丢失中断使能	1	使能:如果 CAN 控制器已丢失了仲裁,则请求相应中断
			0	禁止仲裁丢失中断
IER.5	EPIE	错误消极中断使能	1	使能:若 CAN 控制器的错误状态改变(从消极到活动或反之),则请求相应的中断
			0	禁止错误认可中断
IER.4	WUIE	唤醒中断使能	1	使能:若睡眠模式中的 CAN 控制器被唤醒,则请求相应中断
			0	禁止唤醒中断
IER.3	DOIE	数据溢出中断使能	1	使能:若数据溢出状态位被置位(见状态寄存器),CAN 控制器请求相应中断
			0	禁止数据溢出中断
IER.2	EIE	错误报警中断使能	1	使能:如果错误或总线状态改变(见状态寄存器),CAN 控制器请求相应中断
			0	禁止错误报警中断
IER.1	TIE	发送中断使能	1	使能:当信息被成功发送或发送缓冲器又可访问(如,终止发送命令后)时,CAN 控制器请求相应中断
			0	禁止发送中断
IER.0	RIE	接收中断使能①	1	使能:当接收缓冲器状态为"满"时,CAN 控制器请求相应中断
			0	禁止接收中断

注:接收中断使能位对接收中断位和外部中断输出 INT 有直接的影响。如果 RIE 被清 0 且没有其他中断被挂起,外部 INT 引脚电平会立即变高。另外,这里的当接收缓冲器状态为"满"时,应理解为:当接收缓冲器中"存在"有效报文时,CAN 控制器请求接收中断。

7. 仲裁丢失捕捉寄存器(ALC)

(1)模式中的仲裁丢失捕捉寄存器功能。仲裁丢失寄存器包括了仲裁丢失的位置信息(图 5-7)。仲裁丢失捕捉寄存器对 CPU 来说是只读存储器保留位的读值为 0。仲裁丢失寄存器各位的功能如表 5-20 所示。

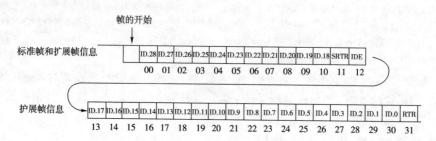

图 5-7 仲裁丢失位解释

仲裁丢失捕捉寄存器 ALC 各位的功能说明(CAN 地址 11) 表 5-20

位	符 号	名 称	值 及 功 能
ALC.7 ~ ALC.5	—	保留	
ALC.4	BITN04	第 4 位	由 ALC.4 ~ ALC.0 这 5 位的编码数值对应着仲裁丢失的位置,例如:00010 对应的是仲裁丢失在标识码的 bit3;01010 对应的是仲裁丢失在标识码的 bit11,详细情况见下面的说明
ALC.3	BITN03	第 3 位	
ALC.2	BITN02	第 2 位	
ALC.1	BITN01	第 1 位	
ALC.0	BITN00	第 0 位	

仲裁丢失时,会产生相应的仲裁丢失中断(中断允许)。同时,位流处理器的当前位位置被捕捉送入仲裁丢失捕捉寄存器(图 5-8),一直到用户通过软件读这个值,寄存器中的内容都不会变。随后,捕捉机制又被激活了。读中断寄存器时,中断寄存器中相应的中断标志位被清除。直到仲裁丢失捕捉寄存器被读一次之后,新的仲裁丢失中断才有效。用仲裁丢失捕捉寄存器的 ALC.4 ~ ALC.0 位的二进制表示仲裁丢失的帧位的编号说明如下:

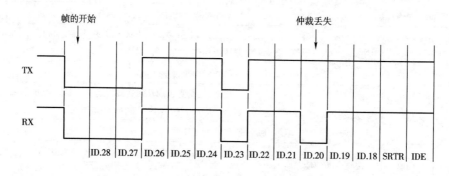

图 5-8 仲裁丢失解释举例

① 从编码 00000 ~ 01010 分别对应仲裁丢失在标识码的 bit1 ~ bit11。
② 编码 01011 对应仲裁丢失在标准帧报文的 RTR 位(SRTR 位)。

③编码 01100 对应仲裁丢失在 IDE 位。
④编码 01101~11110 对应仲裁丢失在扩展帧报文标识码的 bit12~bit29。
⑤编码 11111 对应仲裁丢失在扩展帧报文的 RTR（远程发送请求）位。
（2）仲裁丢失捕捉寄存器的复位值。硬件复位后寄存器各位为 0；软件设置 MOD.0 = 1 或总线关闭对各位无影响。

8. 错误代码捕捉寄存器（ECC）

工作模式中的错误代码捕捉寄存器见表 5-21。表 5-22 是各位的设置说明，它反映了当前结构段的不同错误事件。

错误代码捕捉寄存器的位功能说明（CAN 地址 12）　　　　表 5-21

位	符　号	名　称	值	功　能
ECC.7	ERRC1	错误代码 1	—	—
ECC.6	ERRC0	错误代码 0	—	—
ECC.5	DIR	方向	1 0	RX：接收时发生的错误 TX：发送时发生的错误
ECC.4	SEG.4	段 4		
ECC.3	SEG.3	段 3		位 ECC.4~ECC.0 组合编码所代表的不同情况的信义见表 5-22 的功能说明
ECC.2	SEG.2	段 2		
ECC.1	SEG.1	段 1		
ECC.0	SEG.0	段 0		

ECC.4~ECC.0 的功能说明　　　　表 5-22

ECC.4	ECC.3	ECC.2	ECC.1	ECC.0	出错的位置及含义
0	0	0	1	1	帧开始
0	0	0	1	0	ID.28~ID.21
0	0	1	1	0	ID.20~ID.18
0	0	1	0	0	SRTR 位
0	0	1	0	1	IDE 位
0	0	1	1	1	ID.17~ID.13
0	1	1	1	1	ID.12~ID.5
0	1	1	1	0	ID.4~ID.0
0	1	1	0	0	RTR 位
0	1	1	0	1	保留位 1
0	1	0	0	1	保留位 0
0	1	0	1	1	数据长度代码
0	1	0	1	0	数据区
0	1	0	0	0	CRC 序列
1	1	0	0	0	CRC 界定符

续上表

ECC.4	ECC.3	ECC.2	ECC.1	ECC.0	出错的位置及含义
1	1	0	0	1	应答时间段
1	1	0	1	1	应答界定符
1	1	0	1	0	帧结束
1	0	0	1	0	中止
1	0	0	0	1	激活错误标志
1	0	1	1	0	认可错误标志
1	0	0	0	0	显性位误差
1	0	1	1	1	错误界定符
1	1	1	0	0	溢出标志

这个寄存器包含了总线错误的类型和位置信息。错误代码捕捉寄存器对CPU来说是只读存储器。

总线发生错误时被迫产生相应的错误中断（中断允许时）。同时，位流处理器的当前位置被捕捉送入错误代码捕捉寄存器，其内容直到用户通过软件读出时都是不变的。读出后，捕捉机制又被激活了。访问中断寄存器期间，中断寄存器中相应的中断标志位被清除。新的总线中断直到捕捉寄存器被读出一次才可能有效。

9. 错误报警限制寄存器（EMLR）

错误报警限制在这个寄存器中被定义。默认值（硬件复位时）是96，此寄存器对CPU来说是可读/写的。工作模式中是只读的。错误报警限制寄存器各位的说明如表5-23所示。

错误报警寄存器各位的说明（CAN地址13） 表5-23

BIT7	BIT6	BIT5	BIT4	BIT3	BIT2	BIT1	BIT0
EWI.7	EWI.6	EWI.5	EWI.4	EWI.3	EWI.2	EWI.1	EWI.0

只有之前进入复位模式，EWLR才有可能被改变。直到复位模式被再次取消后，才有可能发生错误状态的改变（见状态寄存器）和由新的寄存器内容引起的错误报警中断。

10. RX错误计数寄存器（RXERR）

RX错误计数寄存器（表5-24）反映了接收错误计数器的当前值。硬件复位后寄存器被初始化为0。工作模式中，对CPU来说是只读的。只有在复位模式中才可以写访问此寄存器。

RX错误计数寄存器各位的功能说明（CAN地址14） 表5-24

BIT7	BIT6	BIT5	BIT4	BIT3	BIT2	BIT1	BIT0
RXERR.7	RXERR.6	RXERR.5	RXERR.4	RXERR.3	RXERR.2	RXERR.1	RXERR.0

如果发生总线关闭，RX错误计数器就被初始化为0。总线关闭期间，写这个寄存器是无效的。

只有之前进入复位模式，才有可能由CPU迫使RX错误计数器发生改变。直到复位模式被取消后，错误状态的改变（见状态寄存器）、错误报警和由新的寄存器内容引起的错误中断才可能有效。

11. TX 错误计数寄存器(TXERR)

TX 错误计数寄存器(表 5-25)反映了发送错误计数器的当前值。工作模式中,这个寄存器对 CPU 是只读内存。复位模式中才可以写访问这个寄存器。硬件复位后,寄存器被初始化为 0。如果总线关闭,TX 错误计数器被初始化为 127 来计算总线定义的最小时间(128 个总线空闲信号)。这段时间里读 TX 错误计数器将反映出总线关闭恢复的状态信息。

TX 错误计数寄存器各位的功能说明(CAN 地址 5)　　表 5-25

BIT7	BIT6	BIT5	BIT4	BIT3	BIT2	BIT1	BIT0
TXERR.7	TXERR.6	TXERR.5	TXERR.4	TXERR.3	TXERR.2	TXERR.1	TXERR.0

如果总线关闭是激活的,写访问 TXERR 的 0～254 单元会清除总线关闭标志,复位模式被清除后控制器会等待一个 11 位的连续隐性位(总线空闲)。

由于软件复位 MOD.5 = 1 引起的复位,对 TXERR 值无影响。

向 TXERR 写入 255 会初始化 CPU 驱动的总线关闭事件。只有之前进入复位模式,才有可能发生 CPU 引起的 TX 错误计数器内容的改变。直到复位模式被再次取消,错误或总线状态的改变(见状态寄存器)、错误报警和由新的寄存器内容引起的错误中断才有可能有效。离开复位模式后,就像总线错误引起的一样,给出新的 TX 计数器内容且总线关闭被同样地执行。这意味着重新进入复位模式,TX 错误计数器被初始化到 127,RX 计数器被清零,所有的相关状态和中断寄存器位被置位。

复位模式的清除将会执行协议规定的总线关闭恢复序列(等待 128 个总线空闲信号)。如果在总线关闭恢复(TXERR > 0)之前又进入复位模式,总线关闭保持有效,且 TXERR 被锁定。

12. 发送缓冲器(TXB)

发送缓冲器的整体布局见图 5-9。务必分清标准帧格式(SFF)和扩展帧格式(EFF)配置。发送缓冲器允许定义长达 8 个数据字节发送信息。

CAN地址			CAN地址	
16	TX帧信息		16	TX帧信息
17	TX识别码1		17	TX识别码1
18	TX识别码2		18	TX识别码2
19	TX数据字节1		19	TX识别码3
20	TX数据字节2		20	TX识别码4
21	TX数据字节3		21	TX数据字节1
22	TX数据字节4		22	TX数据字节2
23	TX数据字节5		23	TX数据字节3
24	TX数据字节6		24	TX数据字节4
25	TX数据字节7		25	TX数据字节5
26	TX数据字节8		26	TX数据字节6
27	未使用		27	TX数据字节7
28	未使用		28	TX数据字节8
a) 标准帧格式			b) 扩展帧格式	

图 5-9　标准帧和扩展帧格式配置在发送缓冲器里的列表

(1)发送缓冲器列表。发送缓冲器被分为描述符区和数据区,描述符区的第一个字节是帧信息字节(帧信息),它说明了帧格式(SFF 或 EFF)、远程或数据帧和数据长度。SFF 有两个字节的识别码,EFF 有四个字节的识别码。数据区最多长 8 个数据字节。发送缓冲器长

13个字节,在CAN地址的16~28。

注意:使用CAN地址的96~108,可以直接访问发送缓冲器的RAM。这个RAM区是为发送缓冲器保留的。下面三个字节是通用的:CAN地址109、110和111。

(2)发送缓冲器描述符区。发送缓冲器位列表见表5-26~表5-28(SFF)、表5-29~表5-33(EFF)。给出的配置是和接收缓冲器列表相一致的。表5-34是帧格式FF和远程发送请求RTR位设置功能。

TX帧信息(SFF)(CAN地址16)　　　　表5-26

BIT7	BIT6	BIT5	BIT4	BIT3	BIT2	BIT1	BIT0
FF①	RTR②	×③	×③	DLC.3④	DLC.2④	DLC.1④	DLC.0④

注:①帧结构格式:FF=0为标准格式,FF=1为扩展帧格式。
②远程发送请求。
③推荐在使用自接收设备(自测)时和接收缓冲器(0)兼容。
④数据长度代码位。

TX识别码1(SFF)(CAN地址17①)　　　　表5-27

BIT7	BIT6	BIT5	BIT4	BIT3	BIT2	BIT1	BIT0
ID.28	ID.27	ID.26	ID.25	ID.24	ID.23	ID.22	ID.21

注:①ID.×表示识别码的×位。

TX识别码2(SFF)(CAN地址18①)　　　　表5-28

BIT7	BIT6	BIT5	BIT4	BIT3	BIT2	BIT1	BIT0
ID.20	ID.19	ID.18	×②	×③	×③	×③	×③

注:①ID.×表示识别码的×位。
②推荐在使用自接收设备(自测)时和接收缓冲器(RTR)兼容。
③推荐在使用自接收设备(自测)时和接收缓冲器(0)兼容。

TX帧信息(EFF)(CAN地址16)　　　　表5-29

BIT7	BIT6	BIT5	BIT4	BIT3	BIT2	BIT1	BIT0
FF①	RTR②	×③	×③	DLC.3④	DLC.2④	DLC.1④	DLC.0④

注:①帧结构格式。
②远程发送请求。
③推荐在使用自接收设备(自测)时和接收缓冲器(0)兼容。
④数据长度代码位。

TX识别码1(EFF)(CAN地址17①)　　　　表5-30

BIT7	BIT6	BIT5	BIT4	BIT3	BIT2	BIT1	BIT0
ID.28	ID.27	ID.26	ID.25	ID.24	ID.23	ID.22	ID.21

注:①ID.×表示识别码的×位。

TX识别码2(EFF)(CAN地址18①)　　　　表5-31

BIT7	BIT6	BIT5	BIT4	BIT3	BIT2	BIT1	BIT0
ID.20	ID.19	ID.18	ID.17	ID.16	ID.15	ID.14	ID.13

注:①ID.×表示识别码的×位。

TX 识别码 3(EFF)(CAN 地址 19[①])　　　表 5-32

BIT7	BIT6	BIT5	BIT4	BIT3	BIT2	BIT1	BIT0
ID.12	ID.11	ID.10	ID.9	ID.8	ID.7	ID.6	ID.5

注：①ID.×表示识别码的×位。

TX 识别码 4(EFF)(CAN 地址 20[①])　　　表 5-33

BIT7	BIT6	BIT5	BIT4	BIT3	BIT2	BIT1	BIT0
ID.4	ID.3	ID.2	ID.1	ID.0	×[②]	×[③]	×[③]

注：①ID.×表示识别码的×位。
②推荐在使用自接收设备(自测)时和接收缓冲器(RTR)兼容。
③推荐在使用自接收设备(自测)时和接收缓冲器(0)兼容。

帧格式 FF 和远程发送请求 RTR　　　表 5-34

位	值	功　能
FF	1	EFF：CAN 控制器将发送扩展帧格式
FF	0	SFF：CAN 控制器将发送标准帧格式
RTR	1	远程：CAN 控制器将发送远程帧
RTR	0	数据：CAN 控制器将发送数据帧

(3)数据长度代码(DLC)。一条报文的数据区的字节数目由数据长度代码(DLC)表示。在远程帧发送开始时由于 RTR 位被置位(远程)，数据长度代码是不被考虑的。这使接收/发送的数据字节数目为 0。如果有两个 CAN 控制器使用同一个识别码同时启动远程帧传送，数据长度代码必须正确说明，以避免总线错误。

数据字节长度范围是 0~8，编码形式如下：

$$数据字节数 = 8 \times DLC.3 + 4 \times DLC.2 + 2 \times DLC.1 + DLC.0$$

为了兼容，大于 8 的数据长度代码是不可用的。如果大于 8，将以 8 个字节计。

(4)识别码(ID)。标准帧格式(SFF)的识别码有 11 位(ID.28~ID.18)，扩展帧格式的识别码有 29 位(ID.28~ID.0)。ID.28 是最高位，在总线仲裁过程中最先发送到总线上。识别码就像信息的名字一样，使用在验收滤波器中，而且在仲裁过程中决定了总线访问的优先权。识别码的二进值越低优先权越高，这是由于仲裁时有大量的前导支配位。

(5)数据区。发送的字节数取决于数据长度代码。最先发送的是在 CAN 地址 19(SFF)或 21(EFF)的数据字节 1 的最高位。

(6)TXB 的复位值。当硬件复位，或由于软件设置 MOD.0 = 0，或总线关闭引起的复位时，发送缓冲器的值不受影响。

13. 接收缓冲器

接收缓冲器的布局与前一节讲的发送缓冲器很相似。接收缓冲器是 RXFIFO 的可访问部分，位于 CAN 地址的 16 和 28。每条信息都分为描述符和数据区(图 5-10)。

(1)描述符区。接收缓冲器的位列表见表 5-35~表 5-37(SFF)和表 5-38~表 5-42(EFF)。所选配置是与接收缓冲器列表相匹配的。

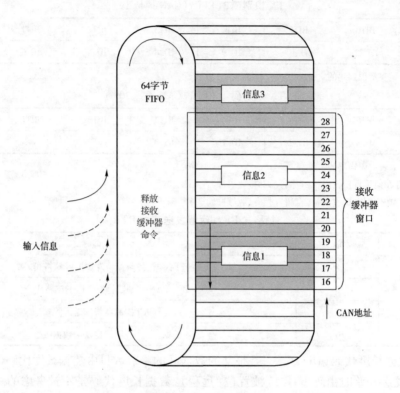

图 5-10　RXFIFO 中的信息存储举例(注:接收缓冲器中当前的可用信息是信息 1)

RX 帧信息(SFF)(CAN 地址 16)　　　　　　　　　　　　　　表 5-35

BIT7	BIT6	BIT5	BIT4	BIT3	BIT2	BIT1	BIT0
FF①	RTR②	0	0	DLC.3③	DLC.2③	DLC.1③	DLC.0③

注:帧结构格式。
　①FF = 0 为标准格式,FF = 1 为扩展帧格式。
　②远程发送请求位。
　③数据长度代码位。

RX 识别码 1(SFF)(CAN 地址 17①)　　　　　　　　　　　　　表 5-36

BIT7	BIT6	BIT5	BIT4	BIT3	BIT2	BIT1	BIT0
ID.28	ID.27	ID.26	ID.25	ID.24	ID.23	ID.22	ID.21

注:①ID.× 表示识别码的 × 位。

RX 识别码 2(SFF)(CAN 地址 18①)　　　　　　　　　　　　　表 5-37

BIT7	BIT6	BIT5	BIT4	BIT3	BIT2	BIT1	BIT0
ID.20	ID.19	ID.18	RTR②	0	0	0	0

注:①ID.× 表示识别码的 × 位。
　②远程发送请求位。

RX 帧信息(EFF)(CAN 地址 16) 表 5-38

BIT7	BIT6	BIT5	BIT4	BIT3	BIT2	BIT1	BIT0
FF[①]	RTR[②]	0	0	DLC.3[③]	DLC.2[③]	DLC.1[③]	DLC.0[③]

注:①帧结构格式:FF=0 为标准格式,FF=1 为扩展帧格式。
②远程发送请求位。
③数据长度代码位。

RX 识别码 1(EFF)(CAN 地址 17[①]) 表 5-39

BIT7	BIT6	BIT5	BIT4	BIT3	BIT2	BIT1	BIT0
ID.28	ID.27	ID.26	ID.25	ID.24	ID.23	ID.22	ID.21

注:①ID.×表示识别码的×位。

RX 识别码 2(EFF)(CAN 地址 18[①]) 表 5-40

BIT7	BIT6	BIT5	BIT4	BIT3	BIT2	BIT1	BIT0
ID.20	ID.19	ID.18	ID.17	ID.16	ID.15	ID.14	ID.13

注:①ID.×表示识别码的×位。

RX 识别码 3(EFF)(CAN 地址 19[①]) 表 5-41

BIT7	BIT6	BIT5	BIT4	BIT3	BIT2	BIT1	BIT0
ID.12	ID.11	ID.10	ID.9	ID.8	ID.7	ID.6	ID.5

注:①ID.×表示识别码的×位。

RX 识别码 4(EFF)(CAN 地址 20[①]) 表 5-42

BIT7	BIT6	BIT5	BIT4	BIT3	BIT2	BIT1	BIT0
ID.4	ID.3	ID.2	ID.1	ID.0	RTR[②]	0	0

注:①ID.×表示识别码的×位。
②远程发送请求位。

(2)数据区。在帧信息字节中的接收字节长度代码(DLC)代表实际发送的数据长度码,它有可能大于8(取决于发送器)。但是实际上,最大接收数据字节数只能是8。这一点在读接收缓冲器报文时应当注意。

如图 5-10 所示,RXFIFO 共有 64 个报文字节的空间。一次可以存储多少条报文取决于数据字节长度。如果 RXFIFO 中没有足够的空间来存储新的报文,当此报文有效,且通过验收检测(滤波)时,CAN 控制器会产生数据溢出。发生数据溢出情况时,已部分写入 RXFIFO 的报文将被删除。这种情况可以通过状态寄存器和数据溢出中断(若中断允许时)反映到 CPU。

(3)RBX 的复位值。RXFIFO 的内部读/写指针复位到初始化值。连续读 RBX 将会得到一些不确定的值(一部分是旧的报文)。如果有报文被发送,就被并行写入接收缓冲器。只有当这次传送是自接收请求引起的,才会产生接收中断。所以,即使接收缓冲器是空的,最后一次发送的报文也可以从接收缓冲器中读出,除非它被下一条要发送或接收的报文覆盖。硬件复位时,RXFIFO 的指针指向物理 RAM 地址"0"。通过软件设置 MOD.0=1,或总线关闭会 RXFIFO 的指针指向当前有效 FIFO 的起始地址（RBSA RX 缓冲器起始地址寄存器），这个地址不同于第一次释放接收缓冲器命令后的 RAM 地址"0"。

课题四　CAN 总线的驱动器

在本课题中主要介绍 CAN 总线驱动器的有关知识。CAN 总线驱动器提供了 CAN 控制器与物理总线之间的接口，是影响系统网络性能的关键因素之一。在实际应用中采用何种总线驱动器？如何设计接口电路？如何配置总线终端？影响总线长度和节点数的因素有哪些？本课题将以 Philips 公司的 CAN 总线驱动器为例进行讨论。

一、CAN 总线驱动器 82C250

1. 总述

82C250 是 CAN 控制器与物理总线之间的接口，它最初是为汽车中的高速应用（达 1Mb/s）而设计的。器件可以提供对总线的差动发送和接收功能。

82C250 的主要特性如下：

(1) 与 ISO11898 完全兼容。
(2) 高速率（达 1Mb/s）。
(3) 具有抗行车环境下的瞬间干扰、保护总线的能力。
(4) 采用斜率控制（Slope Control），降低射频干扰（RFI）。
(5) 过热保护。
(6) 在 24V 系统中防止电池搭铁短路即总线与电源及搭铁之间的短路保护。
(7) 低电流待机模式。
(8) 未上电时，节点不会干扰总线。
(9) 总线至少可连接 110 个节点。

2. 82C250 的功能框图

82C250 的功能框图如图 5-11 所示，其基本性能参数和引脚功能如表 5-43 和表 5-44 所示。

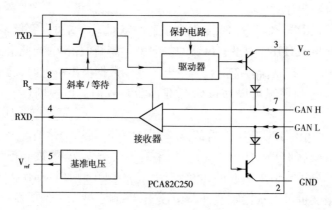

图 5-11　82C250 的功能框图

82C250 基本性能参数　　　　　　表5-43

符号	参数	条件	最小值	典型值	最大值	单位
V_{CC}	电源电压		4.5	—	5.5	V
I_{CC}	电源电流	显性位，$V_1=1V$	—	—	70	mA
		隐性位，$V_1=4V$	—	—	14	mA
		待机模式	—	100	170	μA
V_{CAN}	CANH，CNAL 脚直流电压	$0<V_{CC}<5.5V$	-8		18	V
ΔV	差动总线电压	$V_1=1V$	1.5		3.0	V
$V_{diff}(r)$	差动输入电压（隐性值）	非待机模式	-1.0		0.4	V
$V_{diff}(d)$	差动输入电压（显性值）	非待机模式	1.0		5.0	V
γ^d	传播延迟	高速模式			50	ns
T_{amb}	工作环境温度		-40	—	125	℃

82C250 引脚功能　　　　　　表5-44

标记	引脚	功能描述	标记	引脚	功能描述
TXD	1	发送数据输入	V_{ref}	5	参考电压输出
GND	2	搭铁	CAN L	6	低电平 CAN 电压输入/输出
V_{CC}	3	电源	CAN H	7	高电平 CAN 电压输入/输出
RXD	4	接收数据输入	R_S	8	斜率电阻输入

3. 82C250 功能描述

82C250 驱动电路内部具有限流电路，可防止发送输出级对电源、负载短路或搭铁。虽然短路出现时功耗增加，但是可以避免输出级损坏。若结温超过 160℃，则两个发送器输出端极限电流将减小，由于发送器是功耗的主要部分，因而限制了芯片的温升。器件的其他部分将继续工作。82C250 采用双线差分驱动，有助于抑制汽车在恶劣电气环境下的瞬变干扰。

引脚 8（R_S）用于选定 82C250 的工作模式。有三种不同的工作模式可供选择：高速、斜率控制和待机模式，如表 5-45 所示。

引脚 R_S 的用法　　　　　　表5-45

在 R_S 管脚上强制条件	模式	在 R_S 管脚上得到的电压或电流
$V_{RS}>0.75V_{CC}$	待机	$-I_{HS}<10\mu A$
$10\mu A<-I_{RS}<200\mu A$	斜率控制	$0.4V_{CC}<V_{RS}<0.6V_{CC}$
$V_{RS}<0.3V_{CC}$	高速	$-I_{RS}<500\mu A$

在高速工作模式下，发送器输出级晶体管将以最快的速度开、闭。在这种模式下，不采取任何措施限制上升和下降的斜率。建议使用屏蔽电缆以避免射频干扰 RFI 问题。把管脚 8 搭铁可选择高速模式。

斜率控制模式允许使用非屏蔽双绞线或平行线作为总线。为降低射频干扰 RFI，应限制上升和下降的斜率。上升和下降的斜率可通过由管脚 8 接搭铁的连接电阻进行控制。斜率正比于管脚 8 的电流输出。

如果向管脚8加高电平,则电路进入低电流待机模式。在这种模式下,发送器被关闭,而接收器转至低电流。若在总线上检测到显性位(差动总线电压>0.9V),RXD将变为低电平。单片机应通过将收发器切换至正常工作状态(通过管脚8),对此信号作出响应。由于在待机方式下接收器是慢速的,因此当位速率很高时,第一个报文将丢失。82C250真值表如表5-46所示。

CAN 驱动器真值表 表 5-46

$V_{CC}(V)$	TXD	CAN H	CAN L	总线状态	RXD
4.5~5.5	0	高	低	显性	0
4.5~5.5	1(或悬空)	悬空	悬空	隐性	1[①]
4.5~5.5	X[①]	若 $V_{RS}>0.75V_{CC}$ 则悬空	若 $V_{RS}>0.75V_{CC}$ 则悬空	悬空	1[②]
0~4.5	悬空	悬空	悬空	悬空	X[②]

注:①X=任意值。
②如果其他总线节点正在发送一个显性位,那么RXD是逻辑0。

利用82C250还可以方便地在CAN控制器与驱动器之间建立光电隔离,以实现总线上各节点之间的电气隔离。

二、CAN 总线驱动器 TJA1050

1. 总述

TJA1050是Philips公司生产的,是82C250高速CAN收发器的后继产品。该器件提供了CAN控制器与物理总线之间的接口以及对CAN总线的差动发送和接收功能。TJA1050在以下两方面作了重要的改进:一是CAN H和CAN L的理想配合,使电磁辐射减到更低;二是在有不上电节点时,性能有所改进。

TJA1050的主要特征如下:

(1)与"ISO11898"标准完全兼容。
(2)速度高(达1Mb/s)。
(3)低电磁辐射(EME)。
(4)具有带宽输入范围的差动接收器,可抗电磁干扰(EMI)。
(5)没有上电的节点不会对总线造成干扰。
(6)发送数据(UD)控制超时功能。
(7)发送禁能时的待机模式。
(8)在暂态时自动对总线引脚进行保护。
(9)输入级与3.3V装置兼容。
(10)热保护。
(11)对电源的防短路功能。
(12)可以连接至少110个节点。

2. TJA1050 功能框图

TJA1050功能框图如图5-12所示,其各引脚功能如表5-47所示。

单元五 汽车网络的CAN-BUS协议格式及应用

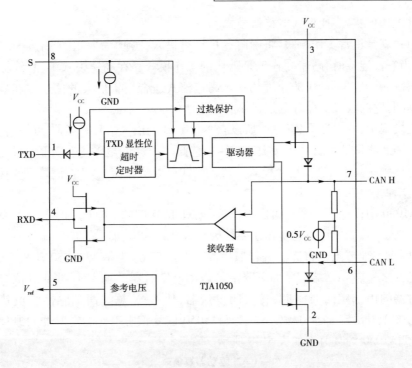

图 5-12 TJA1050 引脚功能

TJA1050 引脚功能 表 5-47

标 记	引 脚	功能描述
TXD	1	发送数据输入,从 CAN 总线控制器中输入发送到总线上的数据
GND	2	搭铁
V_{CC}	3	电源
RXD	4	接收数据输入,将从总线上接收的数据发送给 CAN 总线控制器
V_{ref}	5	参考电压输出
CAN L	6	低电平 CAN 电压输入/输出
CAN H	7	高电平 CAN 电压输入/输出
S	8	选择进入高速模式还是待机模式

3. 功能描述

TJA1050 是 CAN 协议控制器和物理总线之间的接口。它最初是应用在波特率范围在 60kb/s~1Mb/s 的高速自动化应用中。TJA1050 可以为总线提供不同的发送性能,为 CAN 控制器提供不同的接收性能。而且它与 ISO11898 标准完全兼容。TJA1050 具有与 82C250 相同的电流限制电路,保护发送器的输出级,使由正或负电源电压意外造成的短路不会对 TJA1050 造成损坏(此时的功率消耗增加)。其过热保护措施与 82C250 也大致相同,当与发送器的连接点的温度超过大约 165℃时,会断开与发送器的连接。因为发送器消耗了大部分的功率,因而限制了芯片的温升,器件的其他功能仍然继续工作。当引脚 TXD 变高(电平),发送器由关闭状态复位。当总线短路时,尤其需要温度保护电路。

在汽车通电的瞬间,引脚 CAN H 和 CAN L 也受到保护(根据 ISO7637)。通过引脚 S 可以选择两种工作模式:高速模式或待机模式。

高速模式就是正常工作模式,将引脚 S 搭铁可进入这种模式。由于引脚 S 有内部下拉功能,所以当它没连接时,高速模式也是默认的工作模式。在高速模式中,总线输出信号没有固定的斜率,并且以尽量快的速度切换。高速模式适合用于最大的位速率和最大的总线长度,而且此时它的收发器循环延迟最小。

在待机模式中,发送器是禁能的,所以它不管 11D 的输入信号。但器件的其他功能可以继续工作。因此收发器运行在非发送状态中,它此时消耗的电源电流和隐性状态的一样。将 S 引脚连接到 V_{CC} 可以进入这个模式。待机模式可以防止在 CAN 控制器不受控制时对网络通信造成堵塞。

在 TJA1050 中设计了一个超时定时器,用以对 TXD 端的低电位(此时 CAN 总线上为显性位)进行监视。该功能可以避免由于系统硬件或软件故障而造成 TXD 端长时间为低电位时,总线上所有其他节点也将无法进行通信的情况出现,这也是 TJA1050 与 82C250 比较改进较大的地方之一。TXD 端信号的下降沿可启动该定时器。当 TXD 端低电位持续的时间超过了定时器的内部定时时间时,将关闭发送器,使 CAN 总线回到隐性电位状态。而在 TXD 端信号的上升沿定时器将被复位,使 TJA1050 恢复正常工作。定时器的典型定时时间为 $450\mu s$。TJA1050 的真值表如表 5-48 所示。

CAN 驱动器真值表 表 5-48

V_{CC}引脚电压值(V)	TXD 引脚电压值	S 引脚电压值	CAN H 引脚电压值	CAN L 引脚电压值	总线状态	RXD 引脚电压值
4.75~5.25	0	0(或悬空)	高	低	显性	0
4.75~5.25	X	1	$0.5V_{CC}$	$0.5V_{CC}$	隐性	0
4.75~5.25	1(或悬空)	X	$0.5V_{CC}$	$0.5V_{CC}$	隐性	1
<2(未上电)	X	X	$0\sim V_{CC}$	$0\sim V_{CC}$	隐性	X
2~4.75	>2	X	$0\sim V_{CC}$	$0<V_{CAN\ L}<V_{CC}$	隐性	X

注:X = 不考虑。

三、PCA82C250/251

Philips 公司提供的 CAN 总线驱动器种类繁多,各适用于不同的场合,这种情况为实际应用带来了一定的难度。在此对 PCA82C250/251 与 TJA1040、TJA1050 做一个较为详细的比较,同时就它们的升级互用进行一些讨论。

1. 简介

TJA1040 像 TJA1050 和 C250/251 一样,是一个遵从 ISO11898 的高速 CAN 驱动器,可以在汽车和工厂现场控制中使用。

TJA1050 的设计使用最新的 EMC 技术,采用了先进的绝缘硅(Silicon-On-Insu-lator,SOI)技术进行处理。这样,TJA1050 比 C250/251(使用分离终端)的抗电磁干扰性能提高了 20dB。TJA1050 不提供待机模式。特别要注意的是,器件在不上电环境下的无源特性。TJA1040 是以 TJA1050 的设计为基础。由于使用了相同的 SOI 技术,TJA1040 具有和 TJA1050 一样出色的 EMC 特性。与 TJA1050 不同的是,TJA1040 与 C250/251 一样有待机模式,可以通过总线远程唤醒。

这样,TJA1040可以认为是C250/251在功能上的后继者。TJA1040还具有和C250/251一样的收发器引脚和功能,所以TJA1040可以与C250/251兼容,并简单地替代C250/251。特别是TJA1040还首次提供在不上电环境下理想的无源特性。

TJA1040比C250/251有以下改进:

(1)如果不上电,在总线上完全无源(如果V_{CC}关闭,总线上看不到)。

(2)在待机模式时,电流消耗非常低(最大15μA)。

(3)改良的电磁辐射(EME)性能。

(4)改良的电磁抗干扰(EMI)性能。

(5)"SPLIT"引脚(代替"V_{ref}"引脚),对总线的DC稳压很有效。

TJA1040可以向下兼容C250/251,并且可以在很多已有的C250/251应用中使用,而硬件和软件不需要做任何修改。

2. C250/251、TJA1050和TJA1040之间的区别

表5-49从应用的角度列出了C250/251、TJA1050和TJA1040之间的区别。

表5-49 C250/251、TJA1050和TJA1040之间的主要区别

特征	PCA82C250	PCA82C251	TJA1050	TJA1040
电压范围(V)	4.5~5.5	4.5~5.5	4.75~5.25	4.75~5.25
总线引脚(6、7)的最大DC电压(V)	-8~18	-36~36	-27~40	-27~40
循环延迟(TXD→RXD)(ns)	($R_s=0\Omega$)190 ($R_s=24\Omega$)320	($R_s=0\Omega$)190	250	255
有远程唤醒的待机模式(μA)	<170	<275	不支持	<15
斜率控制	可变	可变	EMC优化	EMC优化
没上电的无源特征 ($V_{CC}=0$时的总线引脚漏电流)(μA)	<1000 ($V_{CAN\ H/L}=7V$)	<2000 ($V_{CAN\ H/L}=7V$)	0 ($V_{CAN\ H/L}=5V$)	0 ($V_{CAN\ H/L}=7V$)
共模电压的DC稳定性	无	无	无	有

3. 引脚

图5-13显示了C250/251、TJA1050和TJA1040的引脚。除了两个重新命名的引脚外,这3个总线驱动器相同。

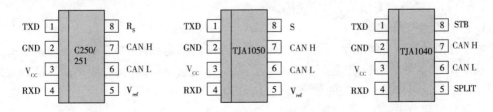

图5-13 C250/251、TJA1050和TJA1040的引脚

(1)模式控制引脚(引脚8)。收发器的引脚8是用于控制收发器的工作模式,这个引脚

在TJA1040上的助记符是"STB",是指待机模式;在C250/251上的助记符是"R_s",是指斜率控制电阻;在TJA1050上的助记符是"S",是指静音模式。虽然它们有不同的助记符,但模式控制是相同的,也就是说,普通模式或高速模式是通过在引脚8置低电平进入。如果将这个引脚置高电平,收发器会进入待机(C250/251,TJA1040)或静音模式(TJA1050)。

(2)参考电压引脚(引脚5)。总线驱动器的引脚5提供了一个$V_{CC}/2$的输出电压。C250/251和TJA1050引脚5的助记符是"V_{ref}"。它是为了给前面CAN控制器的模拟比较器提供一个参考电压,使比较器能够准确地读出总线上的位流信号。现在的CAN控制器通常有一个RXD信号的数字式输入,引脚V_{ref}使用得越来越少。

TJA1040引脚5的助记符是"SPLIT"。这个引脚提供了$V_{CC}/2$的电压。这个电源相关的低阻抗(典型值600Ω)可以将共模电压稳定到额定的$V_{CC}/2$。所以引脚SPLIT要被连接到分离终端的中间分接头。这样,即使由于未上电节点造成从总线到GND有很大的漏电流,共模电压仍能够维持在接近额定值的$V_{CC}/2$。

四、工作模式

如前面所述,收发器的工作模式是由引脚8控制的。表5-50显示了相关工作模式以及提供的功能和引脚8相应的设置。

工作模式和引脚8相应的设置　　　　　　　　表5-50

工作模式	工作模式所提供的特征	引脚8的信号电平		
		TJA1040	C250/251	TJA1050
正常(高速)	发送功能 接收功能	低	低或悬空	低或悬空
待机	减少电流 远程唤醒 "Babbling Idiot"保护	高或悬空	高	—
斜率控制	可变斜率	—	通过$10k < R_s < 180k$ 连接GND	—
静音	"Babbling Idiot"保护 "只听"特征	—	—	高

下面的内容对不同的工作模式和所提供的功能进行简短的描述,可以发现TJA1040基本上提供了和C250/251相同的功能。由于TJA1050和TJA1040的CAN信号都有良好的对称性,所以不需要一个专门的斜率控制模式。

1. 正常高速模式

对于这里的所有总线驱动器而言,正常(高速)模式都是相同的,它用于正常的CAN通信。从TXD输入的数字位流,被转换成相应的模拟总线信号。同时,总线驱动器监控总线,将模拟的总线信号转换成相应的数字位流,从RSD输出。

2. 待机模式

C250/251和TJA1040提供了一个专用的待机模式。在这种模式中,电流消耗减到最低(如TJA1040最大$<15\mu A$,C250最大$<170\mu A$)。专用的低功耗总线驱动器确保了通过总线

进行远程唤醒的功能。在待机模式中 TJA1040 和 C250/251 发送器不管 TXD 上的信号,完全禁能,这样 TJA1040 和 C250/251 提供了与 Babbling Idiot 节点一致的静音功能。TJA1040 和 C250/251 在这个模式下最大的区别是总线的偏压。C250/251 将总线偏压维持在 $V_{CC}/2$ 上,而 TJA1040 将总线拉到 GND。那么,TJA1040 在低功耗工作环境下的电流消耗会非常低。

3. 斜率控制模式

只有 C250/251 提供斜率控制模式,它通过在 R_s 引脚和 GND 电平之间连接电阻来调整斜率。由于 TJA1050 和 TJA1040 有优良的对称性,所以不需要斜率控制,它们都有一个固定的斜率,调整可以优化 EMC 性能和减少循环延迟。即使使用这个固定的斜率,TJA1050 和 TJA1040 的抗电磁干扰性也比 C250/251 提高 20dB,这样 TJA1050 和 TJA1040 就有摆脱共模扼流的可能性。

4. 静音模式

TJA1050 提供了一个专用的静音模式。这个模式中发送器完全禁能,这样就保证了没有信号能够从 TXD 发送到总线上。像 TJA1040 在待机模式一样,这个静音模式可以建立一个"Babbling Idiot"保护。静音模式中,接收器保持激活的状态,因此可以执行"只听"功能。

五、互操作性

由于 C250/251、TJA1050 和 TJA1040、TJA1041 都符合 ISO11898 标准,就保证了在正常模式下的互操作性。还有一个问题就是,在低功耗模式工作时,它们有不同的总线偏压,这要更详细地考虑。表 5-51 显示了在不同工作模式和不上电情况下的总线偏压。当有不同的总线偏压时,系统会得到一个稳定的偏压补偿电流。补偿电流的大小由共模输入阻抗决定。图 5-14 显示了包含 TJA1040 和 C250 节点总线处于隐性状态的补偿电路。由于共模输入阻抗很大,当一部分网络工作在低功耗模式而其他节点已经开始通信时,CAN 的通信不会受到影响,而且降低辐射的性能非常好。

不同工作模式的总线偏压　　　　表 5-51

条件	C250/251		TJA1050		TJA1040	
	模式	总线偏压	模式	总线偏压	模式	总线偏压
低(引脚8)	正常	$V_{CC}/2$	正常	$V_{CC}/2$	正常	$V_{CC}/2$
高(引脚8)	待机	$V_{CC}/2$	静音	$V_{CC}/2$	待机	GND
悬空(引脚8)	正常	$V_{CC}/2$	正常	$V_{CC}/2$	待机	GND
不上电	—	GND	—	GND	—	悬空

下面的公式计算了 TJA1040 和 C250 节点混合系统的整个偏压补偿电流。

$$I_{\text{comp,max}} = \frac{V_{CC}/2}{R_{\text{CM,min}(250)}/2n_{C250}\ R_{\text{CM,min}(TJA1040)}/2n_{TJA1040}}$$

式中：n_{C250}——上电的 C250 节点数目；

　　　$n_{TJA1040}$——处于待机/睡眠模式的 TJA1040 节点数目；

　　$R_{\text{CM,min}(C250)}$——C250 在引脚 CAN H/L 上最小的共模输入阻抗,取 $5k\Omega$；

　$R_{\text{CM,min}(TJA1040)}$——TJA1040 在引脚 CAN H/L 上最小的共模输入阻抗,取 $15k\Omega$。

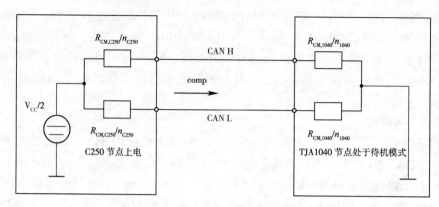

图 5-14 TJA1040 节点处于待机模式、C250 节点上电（普通或待机模式）混合系统等效电路

1. TJA1040 和 C250/C251/TJA1050 混合使用

表 5-52 显示了导致不同的总线偏压和补偿电流的情况。当 TJA1040 节点处于正常（高速）模式，而其他 C250/C251/TJA1050 节点没有上电时，会产生补偿电流；当 TJA1040 处于待机模式，而其他 C250/C251/TJA1050 节点处于任何保持上电状态的工作模式时，也会产生补偿电流。尽管有补偿电流，处于待机模式的 TJA1040 还是比处于待机模式的 C250/C251 节电。

导致总线偏压补偿电流的情况　　　　　表 5-52

TJA1040 \ C250/251/TJA1050	所有模式	不上电
正常（高速）	—	×
待机	×	—
不上电	—	—

注：×为偏压补偿电流；—为没有偏压补偿电流。

当这个混合系统中 C250/C251/TJA1050 节点处于不上电状态，而 TJA1040 节点处于待机模式时，就会使用这个最低的电流消耗。

2. TJA1040 和 TJA1041 节点混合使用

表 5-53 显示了 TJA1040 和 TJA1041 节点的混合系统。该混合系统不希望出现有不同总线偏压的情况。在低功耗模式中，TJA1040 和 TJA1041 对 GND 都显示成一个"弱"终端。因此，当所有节点都处于待机或睡眠模式时总线掉电，不会出现偏压补偿电流。在正常 CAN 工作状态，当所有节点都处于正常（高速）或有诊断功能的 Pwon 只听模式，总线会正确地偏压到 $V_{CC}/2$，不会出现偏压补偿电流。

TJA1040 和 TJA1041 工作模式的结合　　　　　表 5-53

TJA1040 \ TJA1041	普通/高速	Pwon/只听	待机	睡眠	不上电
普通/高速	—	—	×	×	×
待机	×	×	—	—	—
不上电	—	—	—	—	—

注：×为偏压补偿电流；—为没有偏压补偿电流。

六、总线长度及节点数的确定

在 CAN 总线系统的实际应用中,经常会遇到要估算一个网络的最大总线长度和节点数的情况。下面分析当采用 PCA82C250 作为总线驱动器时,影响网络的最大总线长度和节点数的相关因素以及估算的方法。采用其他驱动器,则也可以参照该方法进行估算。

由 CAN 总线所构成的网络,其最大总线长度主要由三个方面的因素所决定:一是互联总线节点的回路延时(由 CAN 总线控制器和驱动器等引入)和总线线路延时;二是由于各节点振荡器频率的相对误差而导致的位时钟周期的偏差;三是由于总线电缆串联等效电阻和总线节点的输入电阻而导致的信号幅度的下降。

传输延迟时间对总线长度的影响主要是由于 CAN 总线的特点(非破坏性总线仲裁和帧内应答)所决定的。例如在每帧报文的应答场(ACK 场),要求接收报文正确的节点在应答间隙将发送节点的隐性电平拉为显性电平,作为对发送节点的应答。由于这些过程必须在一个位时间内完成,所以总线线路延时以及其他延时之和必须小于 1/2 个位时钟周期。非破坏性总线仲裁和帧内应答本来是 CAN 总线区别于其他现场总线最显著的优点之一,在这里却成了一个缺点。缺点主要表现在,其限制了 CAN 总线速度进一步提高的可能性,当需要更高的速度时则无法满足要求。表 5-54 是最大总线长度与位速率之间的关系,也体现了这种缺点。关于前两种因素对总线长度的影响,不在此讨论,下面仅对总线电缆电阻对总线长度的影响做一个分析。

最大总线长度与位速率之间的关系　　　　表 5-54

位速率(kb/s)	总线长度(m)	位速率(kb/s)	总线长度(m)
1000	30	125	500
500	100	65.5	1000
250	250		

在静态条件下,总线节点的差动输入电压由流过该节点差动输入电阻的电流所决定。如图 5-15 所示,节点的差动输入电压主要取决于以下因素:发送节点的差动输出电压 $V_{\text{diff.out}}$,总线电缆的电阻 $R_W = \rho \times L$ 和接收节点的差动输入电阻 R_{diff}。当发送节点在总线的一端,而接收节点在总线的另一端时为最坏情况。

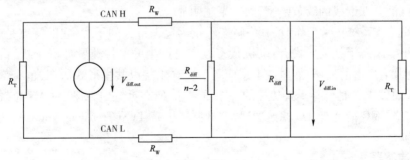

图 5-15　网络分布等效电阻图

当差动输入电压小于 0.5V 或 0.4V 时,接收节点检测为隐性位;当差动输入电压大于 0.9V 或 1.0V 时,接收节点检测为显性位。因此,为了正确地检测到显性位,接收节点必须能接收到一定的差动输入电压,这个电压取决于接收显性位的阀值电压 V_{TH} 和用户定义的安全区电压。

最大总线长度除了与终端电阻、节点数等有关外,还与总线电缆单位长度的电阻率成反比。由于不同类型电缆的电阻率不同,所以其最大总线长度也有很大差别。若差动系数 K_{SM} 为 0.2,在最坏情况下,可得出总线电缆电阻 R_w 必须小于 15Ω。正常情况下($V_{\text{diff.out}}$ 为 2V,V_{TH} 为 0.9V,R_{diff} 为 50kΩ,R_T 为 120Ω),在差动系数 K_{SM} 为 0.2 时,总线电缆电阻 R_w 小于 45Ω 即可。表 5-55 列出了几种不同类型的电缆和节点数条件下在最坏情况下计算得到的最大总线长度的情况。

不同类型的电缆和节点数条件下的最大总线长度　　　　表 5-55

电缆类型	最大总线长度(m)(K_{SM}=0.2)		
	$N=32$	$N=64$	$N=100$
Device Net™(细缆)	200	170	150
Device Net™(粗缆)	800	690	600
0.5mm² (或 AWG20)	360	310	270
0.75mm² (或 AWG18)	550	470	410

上面所讲的是总线电缆电阻与总线长度之间的关系,那么网络中所能连接的最大节点数又与什么因素有关呢? 一个网络中所能连接的最大节点数主要取决于 CAN 驱动器所能驱动的最小负载电阻 $R_{L.\min}$。CAN 驱动器 PCA82C250 提供的负载驱动能力为 $R_{L.\min}=45Ω$。

影响节点数多少的因素除了 PCA82C250 的驱动能力以外,还与总线长度有密切关系。只有总线长度在合适的范围内时,才有可能达到上面的最大节点数,从表 5-55 中也可以看出这一点。

七、干扰滤波

CAN 总线电缆具有很强的干扰辐射和干扰接收能力。电场在电缆中感应出共模电压,而磁场在电缆中既可以感应出共模电压,也可以感应出差模电压。通过屏蔽可以将电磁场的感应干扰降低到最小,而使用双绞线则进一步抑制了磁场感应的差模电压。双绞线的两根线之间具有很小的回路面积,而且双绞线的每两个相邻回路上感应出的电流具有相反的方向,相互抵消。双绞线的绞节越密,则效果越明显。

在 CAN 总线系统正常工作时,其中瞬态干扰为危害最大的干扰,它的特点是时间短、幅值大、功率小。瞬态干扰的形式有:电机状态改变时产生的电快速脉冲群干扰、雷电或大功率开关在电缆上产生的浪涌、静电放电感应等。传导干扰以共模形式居多,也有部分为差模干扰。CAN 总线电缆是传导干扰传播的一个重要途径,在系统中为保证 CAN 总线通信的可靠性而使用的 EMC 措施有:LC 滤波器、瞬态抑制二极管 TVS(Transient Voltage Suppressor)、光电隔离等。

1. LC 滤波器

在电路板的电缆入口处安装 LC 滤波器可以滤除 CAN 总线电缆中传导的各种高频干扰信号。LC 滤波器的电容并联在 CAN 通信信号线和信号地线之间,滤除高频差模干扰的电容,也称为旁路电容。电感串联在信号线上,扼制共模干扰电流。使用共模扼流圈则可以避免电感在流过较大电流时发生饱和,导致电感量下降。所有的信号线都要安装滤波器,否则整体性能会大大下降。

LC 滤波器中电感量和电容量的选择对滤波器的效果影响很大,如果电容量和电感量选择过小,则效果不明显,如果选择过大,会使工频信号衰减,引起信号失真。在应用中,CAN 总线最高波特率为 1Mb/s,所以电容器的电容值选用 1000pF,电感选用 $10\mu H$ 的铁氧体磁珠。

2. 瞬态抑制二极管 TVS

瞬态抑制二极管并联在信号线和信号地线之间,用来保护电缆受到雷击或静电放电时产生的浪涌高压。当 TVS 上的电压超过一定的幅度时,器件迅速导通,从而将浪涌能量泄放掉,并将电压的幅度限制在一定的范围内。

3. 光电隔离

光电隔离是解决传导干扰问题的理想方法,它具有良好的电绝缘能力和抗干扰能力。选择光耦合器件时需要考虑两个参数:传输延时(Propagation Delay)和共模抑制 CMR(Common Mode Rejection),在传输延时满足数据通信波特率的情况下尽量选择共模抑制能力高的型号。衡量光电耦合器共模抑制能力的方法为:输出保持高(低)时可承受的最大共模电压上升(下降)率 CMH(CML)。

八、CAN 线波形测量实训

CAN 目前有两种,CAN H 通信速率为 125Kb/s～1Mb/s,CAN L 通信速率最高可达 125kb/s。高速 CAN 的两条网线中只要有一条网线出现短路或断路,则整个网络失效。而低速 CAN 的两条网线出现同样的问题时,还可用剩下的另一条完好网线进行数据传输(即单线功能)。

高速 CAN - BUS 主要应用在一些要求高实时性的系统中,如驱动系统、电子制动系统等。

低速 CAN - BUS 主要应用在一些对实时性要求不高的系统中,如舒适系统、灯光系统等。

在使用示波器对 CAN 线波形测量时,首先要找到 CAN 总线的接口,然后测出 CAN 总线的波特率。

1. CAN 数据总线波形测量

双通道模式 CAN 数据总线波形必须采用带有双通道示波器进行测量,示波器在测量时应设置好。合理设置电压/单位值,一般设为 2V/格,合理设置时间/单位值,尽可设的小一些,设好零线位置。汽车示波器连接示意图如图 5-16 所示。

图 5-17 中所示的是一个真实的高速 CAN - BUS 数据波形变化图,两个电平之间的叠加信号表示 2.5V 的隐性电压。CAN - High 线上的显性电压约为 3.5V,CAN - Low 线约为 1.5V。在高速 CAN 中,只要有一条总线线路出现短路、断路或两线互相短路,则整个总线都失效所有节点都无法通信。

2. 测量波特率的步骤

(1)将示波器的两个接口(接地和探头)分别接在 CAN 总线的两条线(CAN H 和 CAN L)上,这里需要注意如果 CAN 线上需要接一个 120Ω 的负载电阻(图 5-18),否则波形是不规整方波,接上负载之后才是规整的方波。

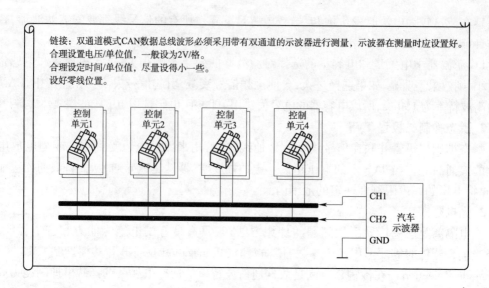

图5-16 汽车示波器连接示意图

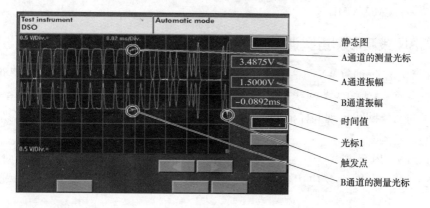

图5-17 CAN-BUS数据波形变化图

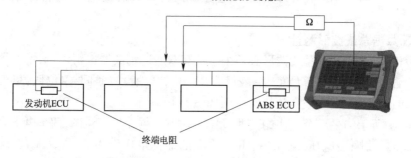

图5-18 终端电阻检测电路

此时如果CAN线上有数据,则会在示波器上显示出方波,如图5-19所示。(这里使用示波器的RUN/STOP按钮捕捉波形)

(2)但是此时因为示波器显示的数据太多还无法读取单个脉冲的周期,所以需要调节示波器的X轴的每格所代表的周期(调节SEC/DIV旋钮),然后使用RUN/STOP按钮重新捕捉波形得到图5-20所示的波形。

单元五 汽车网络的CAN-BUS协议格式及应用

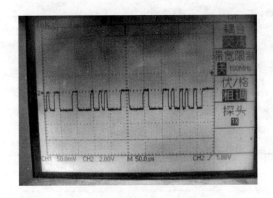

图5-19 示波器上显示方形波图

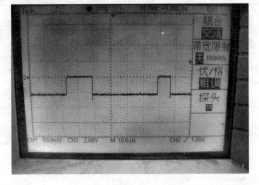

图5-20 重新捕捉的波形

3. 波特率测量结果

最后将图5-20中宽度较小的脉冲再次放大（调节SEC/DIV）直到图5-21所示，这时每格代表1μs，可以看到这个脉冲跨度为8μs，所以最终得到该CAN总线的波特率为1s/8μs=125k。

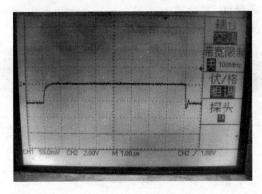

图5-21 宽度较小的脉冲再次放大

单元六　汽车车载网络系统

 知识目标

(1) 了解各系车型中的总线布局特点。
(2) 初步了解总线在汽车上应用的发展过程。
(3) 重点掌握大众迈腾、通用汽车公司雪佛莱科鲁兹、丰田卡罗拉车型的总线拓扑特点。
(4) 掌握各控制单元在车上的位置。
(5) 掌握主要控制单元的功能。

 技能目标

(1) 能够正确区分不同时期的汽车总线拓扑架构。
(2) 能正确识别诊断总线、驱动总线、舒适总线、娱乐信息总线、仪表总线和扩展总线。

课题一　大众车系数据总线应用

大众公司首次使用在 1997 年 PASSAT 车型上的舒适总线的数据总线速率为 62.5kb/s；1998 年在 GOLF 和 PASSAT 车型上使用的 CAN 驱动总线速率已提升到 500kb/s；2000 年 CAN 网关 K 线用在 GOLF 和 PASSAT 车型上，同年大众集团内 100kb/s 的 CAN 舒适总线已成为某些车型的标准配置，例如：SKODA Fabia 车型上的网关 CAN 驱动总线及 CAN 舒适总线。其总线架构见图 6-1。

大众旗下车型较多，本课题介绍几种大众不同时期的总线类型及控制单元的功能及其在车上的安装位置。

一、较早期的 CAN 总线(01/2002)代表车型：Golf/Bora

较早期的 PQ34 平台 CAN 总线系统分为三路 CAN 总线，分别是：

单元六 汽车车载网络系统

1. CAN 驱动总线

CAN 驱动总线属高速总线,传输速率 500kb/s,可基本满足发动机单元、变速器控制单元、制动控制单元、组合仪表、安全气囊等控制单元间的数据实时传输要求。

2. CAN 娱乐信息总线

CAN 娱乐信息总线属低速总线,传输速率 100kb/s,用于对时间要求不高处,如收音机、导航、DSP(数字功放)等。

3. CAN 舒适总线

CAN 舒适总线属低速总线,传输速率 100kb/s,用于对时间要求不高的地方,如空调、倒车报警、胎压远监测、座椅记忆、舒适控制单元及车门控制单元等。

仪表模块集成网关功能,诊断线为 K 线。

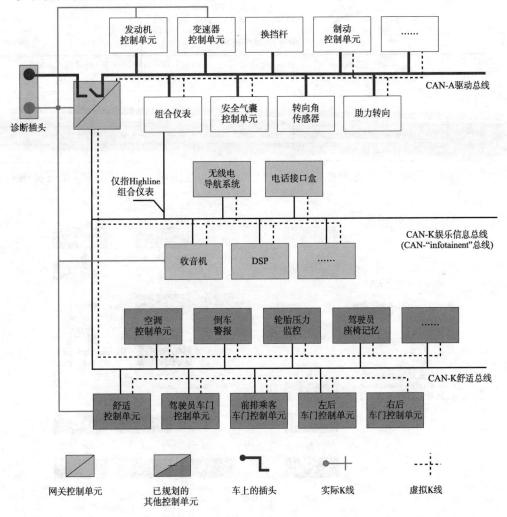

图 6-1 总线架构示意图

二、基于 PQ35 平台的 CAN 总线

大众公司基于 PQ35 平台的 CAN 总线系统设定了 5 个不同的区域,分别为动力(驱动)

系统、舒适系统、信息系统、仪表系统和诊断系统,5个局域网如图6-2所示,局域网的传输速率见表6-1。其中在CAN总线系统下还存在LIN总线系统,其传输速率为19.2kb/s,整个CAN总线最大可承载1000b/s。

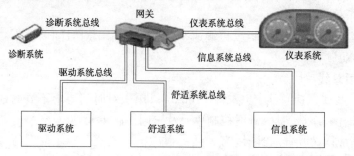

图6-2 基于PQ35平台的CAN总线区域划分

局域网的传输速率　　　　　　　　　　　　　表6-1

序号	局域网总线	电源供电线(线号)	传输速(kb/s)
1	动力系统总线	15	500
2	舒适系统总线	30	100
3	信息系统总线	30	100
4	诊断系统总线	30	500
5	仪表系统总线	15	100

PQ35平台下的网络示意图见图6-3。PQ35网络示意图中的标识所对应单元或部件名称一览见表6-2。

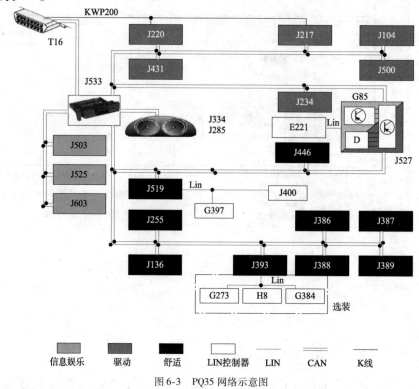

图6-3 PQ35网络示意图

PQ35 网络示意图中的标识所对应单元或部件名称一览表　　表6-2

标识	对应单元或部件名称	标识	对应单元或部件名称
D	起动控制钥匙	J387	前排乘员侧车门控制单元
E221	转向盘操作单元	J388	左后车门控制单元
G85	转向角传感器	J389	右后车门控制单元
G273	内部监控传感器	J393	舒适系统中央控制单元
G384	车辆侧倾传感器	J400	刮水器电机控制单元
G397	雨水与光线识别传感器	J431	前照灯照程调节控制单
H8	报警喇叭	J446	驻车辅助控制单元
J104	ABS 控制单元	J500	转向助力控制单元
J136	带记忆功能的座椅调节单元	J503	带显示单元的收音机和导航系统控制单元
J217	自动变速器控制单元		
J220	发动机控制单元	J519	车载电网控制单元
J234	安全气囊控制单元	J525	数字式组合音响控制单元
J255	Climatronic 自动空调控制单元	J527	转向柱电子装置控制单元
J285	带显示单元的组合仪表控制单元	J533	数据总线诊断接口
J334	防盗锁止系统控制单元	J603	指南针控制单元
J386	驾驶员侧车门控制单元	T16	诊断接口 16 芯插头连接

三、基于 PQ46 平台的 CAN 总线

基于 PQ46 平台下的 CAN 总线系统与 PQ35 平台的总线系统总体架构相似，但是控制单元比 PQ35 平台多，还增加了一些子总线系统，基于 PQ46 平台下的 CAN 网络系统见图 6-4。PQ46 平台网络示意图中的标识所对应单元或部件名称一览见表 6-3。

PQ46 平台网络示意图中的标识所对应单元或部件名称一览表　　表6-3

标识	对应单元或部件名称	标识	对应单元或部件名称
E221	转向盘操作单元	J492	四轮驱动控制单元
E415	进入及起动许可开关	J500	转向助力控制单元
G85	转向角传感器	J503	带显示单元的收音机和导航系统控制单元
G273	车内监控传感器		
G384	车辆侧倾传感器	J519	车载电网控制单元
G397	雨水与光线识别传感器	J521	带记忆功能的前排乘员座椅调节控制单元
G419	ESP 传感器单元		
H12	报警喇叭	J525	数字式组合音响控制单元
J104	ABS 控制单元	J527	转向柱电子装置控制单元
J136	带记忆功能的座椅调节和转向柱调节控制单元	J533	数据总线诊断接口
		J540	电子机械式驻车制动器控制单元
J428	自适应巡航系统控制单元	J583	NO_x 传感器的控制单元
J446	驻车辅助控制单元	J587	换挡杆传感装置控制单元

续上表

标识	对应单元或部件名称	标识	对应单元或部件名称
J217	自动变速器控制单元	J412	移动电话电子操作装置控制单元
J234	安全气囊控制单元	J604	空气辅助加热装置的控制单元
J255	Climatronic 自动空调控制单元	J605	汽车行李舱盖控制单元
J285	带显示单元的组合仪表控制单元	J623	发动机控制单元
J345	挂车识别控制单元	J667	左侧前照灯功率模块
J364	辅助加热装置控制单元	J668	右侧前照灯功率模块
J386	驾驶员侧车门控制单元	J738	电话操作单元控制单元
J387	前排乘员侧车门控制单元	J745	转弯灯和前照灯照明距离调节控制单元
J388	左后车门控制单元		
J389	右后车门控制单元	J788	驱动 CAN 总线断路继电器
J393	舒适系统中央控制单元	R	收音机
J400	刮水器电机控制单元	T16	诊断接口 16 芯插头连接

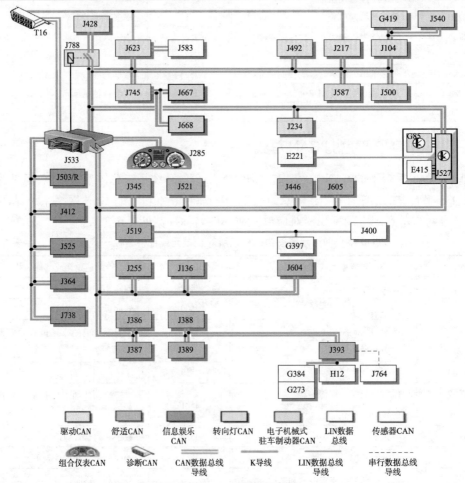

图 6-4　PQ46 平台网络示意图

1. 子总线系统

(1) LIN 数据总线网络：是一个局部系统，该系统通过数据传输率为 1~20kb/s 的单线连接来传输数据。传输率被存储在主控制单元的软件中。数据交换可以在一个主控制单元和最多 16 个副控制单元之间进行数据通信。各副控制单元之间通信是通过主控制单元进行的,主控制单元是 CAN 总线上的一个节点,也可在 CAN 数据总线上进行通信,LIN 数据总线见图 6-5。标识对应单元或部件名称见表 6-4。

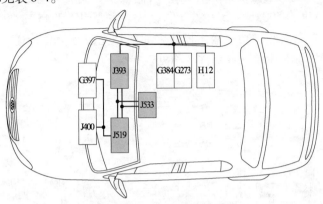

图 6-5　LIN 数据总线

标识对应单元或部件名称　　　　　　　　　　　　　　　　　　　　　表 6-4

标识	对应单元或部件名称	标识	对应单元或部件名称
G273	车内监控传感器	J393	舒适系统中央控制单元
G384	车辆侧倾传感器	J400	刮水器电机控制单元
G397	雨水与光线识别传感器	J519	车载电网控制单元
H12	报警喇叭	J533	数据总线诊断接口

J519 车载电网控制单元为 G397 雨水与光线识别传感器和 J393 舒适系统中央控制单元的 LIN 主控制单元;J393 舒适系统中央控制单元为 G384 车辆侧倾传感器、G273 车内监控传感器和 H12 警报喇叭的 LIN 主控制单元

(2)电子机械式驻车制动器 CAN 数据总线(图 6-6):其数据传输速度为 500kb/s,没有单线工作,在其中一根 CAN 导线发生故障时无法进行数据传输。电子机械式驻车制动器 CAN 数据总线标识对应单元或部件名称见表 6-5。

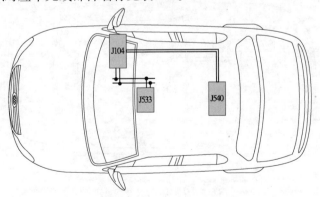

图 6-6　电子机械式驻车制动器 CAN 数据总线

标识对应单元或部件名称　　　　　　　　　　　　　　　　　　　　　表 6-5

标识	对应单元或部件名称	标识	对应单元或部件名称
J104	ABS 控制单元	J540	电子机械式驻车制动器控制单元
J533	数据总线诊断接口		

J104ABS 控制单元为驱动总线上的单元,由于与 J540 电子机械式驻车制动器控制单元数据传输率和数据传输量要求较高,因此附加了一路"子 CAN 数据总线系统"。

(3)转弯灯(Advanced-Frontlighting-System,高级前照灯照明系统)CAN 数据总线(图6-7):其数据传输速度为 500kb/s,无单线工作模式。主要用于 J745 转弯灯和前照灯照明距离调节控制单元和左右前照灯功率输出模块之间的灯光控制信息传递。转向灯 CAN 数据总线中的控制单元标识对应单元或部件名称见表6-6。

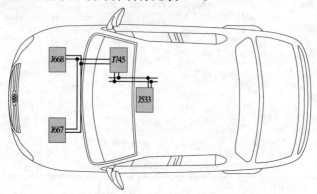

图6-7 转向灯 CAN 数据总线中的控制单元

标识对应单元或部件名称   表6-6

标识	对应单元或部件名称	标识	对应单元或部件名称
J533	数据总线诊断接口	J668	右侧前照灯功率输出模块
J667	左侧前照灯功率输出模块	J745	转弯灯和前照灯照明距离调节控制单元

(4)传感器 CAN 数据总线(图6-8)。传感器 CAN 数据总线的数据传输类似于转弯灯数据总线,主要用于在发动机控制单元和 NO_x 传感器控制单元之间传输数据。传感器 CNA 数据总线标识对应单元或部件名称见表6-7。

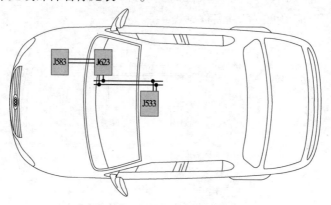

图6-8 传感器 CAN 数据总线

标识对应单元或部件名称   表6-7

标识	对应单元或部件名称	标识	对应单元或部件名称
J533	数据总线诊断接口	J623	发动机控制单元
J583	NOx 传感器控制单元		

(5)串行数据总线(图6-9)。串行数据总线通过单线连接在电子转向柱锁止(ELV)控制单元和舒适系统中央控制单元之间,传输速率为9800kb/s。与LIN数据总线系统相比,使用串行数据总线系统提高了防盗保护性能。串行数据总线标识所对应单元或部件一览表6-8。

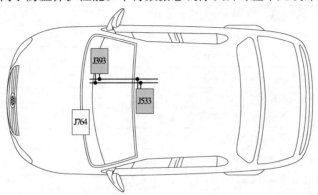

图6-9 串行数据总线

标识所对应单元或部件名称一览表　　　　　　表6-8

标识	对应单元或部件名称	标识	对应单元或部件名称
J533	数据总线诊断接口	J764	ELV控制单元
J393	舒适系统中央控制单元		

2. 各总线控制单元安装位置

(1)驱动总线控制单元安装位置。参与驱动CAN总线数据通信的控制单元及其安装位置见图6-10。驱动总线数据传输速度是500kb/s,无单线传输模式。驱动数据总线CAN单元安装位置说明一览见表6-9。

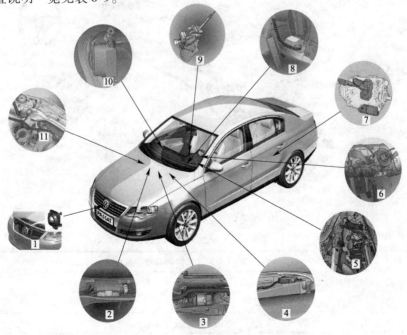

图6-10 驱动数据总线CAN单元安装位置

驱动数据总线 CAN 单元安装位置说明一览表　　　　表 6-9

标识	对应单元或部件名称及安装位置
1	自适应巡航系统控制单元 J428,在徽标后面
2	发动机控制单元 J623,在排水槽盖板下
3	转向助力控制单元 J500,在转向器上,靠近前围板
4	自动变速箱控制单元 J217,在左前轮罩中
5	数据总线诊断接口 J533,仪表板左下部
6	转向柱电子装置控制单元 J527,在转向柱开关下方
7	四轮驱动控制单元 J492,在 Haldex 离合器上,后桥前方
8	安全气囊控制单元在中控台前下部
9	换挡杆传感器控制单元 J587,在中控台前下部
10	前照灯照明距离调节控制单元 J431,位于杂物箱右侧
11	ABS 控制单元 J104 发动机舱内右侧前围板上

（2）舒适总线各单元安装位置。参与舒适 CAN 数据总线数据通信的控制单元及其安装位置见图 6-11。舒适总线数据传输速度是 100kb/s,可单线工作。舒适数据总线 CAN 单元安装位置说明一览见表 6-10。

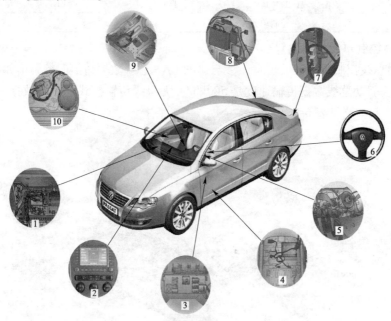

图 6-11 舒适数据总线 CAN 单元安装位置

舒适数据总线 CAN 单元安装位置说明一览表　　　　表 6-10

标识	对应单元或部件名称及安装位置
1	舒适系统中央控制单元 J393,在仪表板右下方
2	Climatronic 自动空调控制单元 J255,在仪表板中部
3	车载电网控制单元 J519,在仪表板下方的继电器支架上
4	带记忆功能的座椅调整和转向柱调整控制单元 J136,在驾驶员座椅下方

续上表

标识	对应单元或部件名称及安装位置
5	转向柱电子装置控制单元 J527,在转向柱上
6	多功能转向盘控制单元 J453,在转向盘中
7	挂车识别控制单元 J345,左后部侧围板内
8	驻车辅助控制单元 J446,右后部侧围板内
9	带记忆功能的前排乘员座椅调节控制单元 J521,在前排乘员座椅下方
10	车门控制单元 J386、J387、J388、J389,在车门内

（3）信息娱乐和组合仪表数据总线 CAN 单元安装位置。参与信息娱乐和组合仪表 CAN 数据总线通信的控制单元及其安装部位见图 6-12。该总线数据传输速度是 100kb/s,可单线工作。组合仪表和诊断 CAN 数据总线数据传输速度是 500kb/s,无法单线工作模式。信息娱乐和组合仪表数据总线 CAN 单元安装位置说明一览见表 6-11。

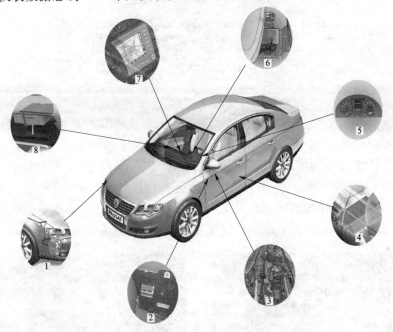

图 6-12 信息娱乐和组合仪表数据总线 CAN 单元安装位置

信息娱乐和组合仪表数据总线 CAN 单元安装位置说明一览表　　　表 6-11

标识	对应单元或部件名称及安装位置
1	辅助加热装置控制单元 J364,在右前轮罩内
2	诊断接口 T16 在驾驶员侧仪表板左下方
3	数据总线诊断接口 J533,在驾驶员侧的脚坑内、踏板附近
4	数字式组合音响控制单元 J525 在驾驶员座椅下方
5	带显示单元的组合仪表控制单元 J285
6	移动电话电子操作装置控制单元 J412 在前排乘员座椅下方
7	带有显示单元的收音机和导航系统控制单元 J503,在仪表板中
8	CD 转换盒 R41,在杂物箱中

3. CAN 总线附属装置及总线上主要控制单元的功能

（1）电控箱（图6-13）。电控箱（E-BOX）在发动机舱右前部，内部安装了所有保护或控制发动机舱内电气组件的熔断丝和继电器，因此取消了进出车厢内部的布线，同时简化故障查询，更好地保护用电器，避免了熔断丝的重复布线。

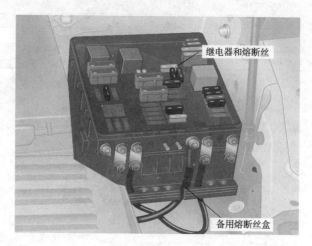

图6-13 电控箱

除了用于发动机舱内元件的熔断丝外，还有给总线端15供电继电器J329；给总线端50供电继电器J682；预热塞继电器J52；Motronic供电继电器J271；供电继电器J317；备用熔断丝盒内含有发电机、电动机械助力转向装置、散热器风扇和ABS控制单元的熔断丝。

（2）继电器支架和熔断丝盒。继电器支架和车载电网控制单元位于仪表板的左下方，如图6-14所示，在带有座椅加热装置的汽车中，继电器支座中还装有加热元件微型断路器（热敏熔断丝）。图6-15所示为车载电网控制单元上的附加的继电器支座。

图6-14 继电器支架

图6-15 车载电网控制单元上的继电器支座

左熔断丝盒在仪表板左侧盖板之后，右侧熔断丝盒在仪表板右侧盖板之后，如图6-16、图6-17所示。

（3）车载电网控制单元J519。车载电网控制单元在仪表板左下方并与继电器支架构成一个单元，如图6-15所示。以迈腾为例，有高端和中端两个不同型号的车载电网控制单元，高端型号适用于带有前雾灯和（或）双氙气灯及其他个性化装备的车型；中端型号适用于所有车型。车载电网控制单元接通并控制以下功能:用电负荷管理、供电端子控制、发电机励磁控制、外部灯光的控制及灯光故障检测、内部灯光的控制、后风窗加热控制、舒适灯光控制、转向信号控制、燃油泵预工作控制、刮水器电机控制。

图 6-16 左侧熔断丝盒

图 6-17 右侧熔断丝盒

①用电负载(电能)管理。电能管理的目的是为了确保蓄电池有足够的电能使发动机顺利起动和正常运转。控制单元 J519 根据发动机转速、蓄电池电压和发电机 DFM 信号(01-08-53)的相关数据进行评估,在保证安全行驶的前提下,适当地关闭舒适功能的用电设备。电能管模式见表 6-12。

电能管理模式　　　　　　　　　　　　　　　表 6-12

管理模式 1	管理模式 2	管理模式 3
15 号线接通并且发电机处于工作状态	15 号线接通并且发电机处于停机状态	15 号线断开并发电处于停机状态
如果蓄电池电压低于 12.7V,则控制单元要求发动机的怠速提升。 如果蓄电池的电压低于 12.2V,以下的用电器将被关闭: (1)座椅加热; (2)后风窗加热; (3)后视镜加热; (4)转向盘加热; (5)脚坑照明; (6)门内把手照明; (7)全自动空调耗能降低或空调关闭; (8)信息娱乐系统关闭并有关闭警示	如果蓄电池的电压低于 12.2V,以下的用电器将被关闭: (1)空调耗能降低或空调关闭; (2)脚坑照明; (3)门内把手照明; (4)上/下车灯; (5)离家功能; (6)信息娱乐系统关闭	如果蓄电池电压低于 11.8V,以下的用电器将被关闭: (1)车内灯; (2)脚坑照明; (3)门内把手照明; (4)上/下车灯; (5)离家功能; (6)信息娱乐系统关闭
	备注:(1)这三种管理模式的不同之处在于,用电器被关闭的次序不同; (2)在第三种模式中,一些用电器将会被立即关闭; (3)如果关闭的条件取消,用电器将会被重新激活; (4)如果用电器因为电能管理的原因被关闭,则 J519 中有故障存储	

注:DFM 是连接发动机电脑的发电现场管理监控线,传递的是占空比信号,发动机根据此信号监控发电机电压,如果电压降低,发动机电脑控制发动机提高转速从而提高发电量。

②灯光的控制及灯光故障监测(图 6-18、图 6-19)。J519 控制功能电路图中的标识所对应单元或部件名称一览见表 6-13。

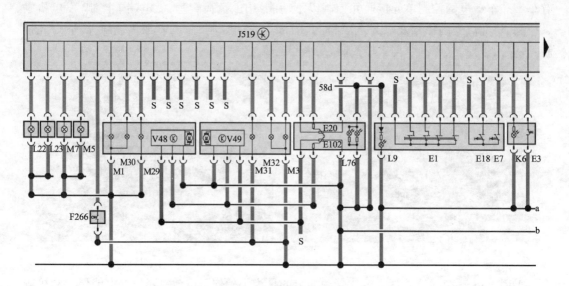

图 6-18 J519 控制功能电路图 1

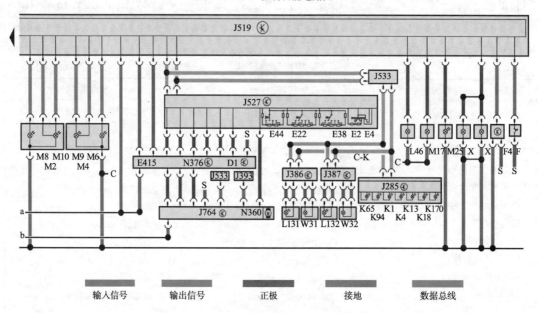

输入信号　　　输出信号　　　正极　　　接地　　　数据总线

图 6-19 J519 控制功能电路图 2

J519 控制功能电路图中的标识所对应单元或部件名称一览表　　表 6-13

标识	对应单元或部件名称	标识	对应单元或部件名称
D1	防盗锁止系统读取单元	E7	前雾灯开关
E1	车灯开关	E18	后雾灯开关
E2	转向信号灯开关	E20	开关和仪表照明调节器
E3	报警灯开关	E22	间歇运行模式车窗玻璃刮水器开关
E4	手动防炫目功能和光信号喇叭	E34	后车窗玻璃刮水器开关

续上表

标识	对应单元或部件名称	标识	对应单元或部件名称
E38	车窗玻璃刮水器间歇运行调节器	L131	车外后视镜中转向信号灯灯泡驾驶员侧
E44	车窗玻璃清洗泵开关（自动清洗装置和大灯清洗装置）	L132	车外后视镜中转向信号灯灯泡副驾驶员侧
E102	照明距离调节调节器	M1	左停车灯灯泡
E415	进入及起动许可开关	M2	右尾灯灯泡
F	制动灯开关	M3	右停车灯灯泡
F4	倒车灯开关	M4	左尾灯灯泡
F266	发动机舱盖接触开关	M5	左前转向信号灯灯泡
J285	组合仪表中控制单元	M6	左后转向信号灯灯泡
J386	驾驶员侧车门控制单元	M7	右前转向信号灯灯泡
J387	前排乘客侧车门控制单元	M8	右后转向信号灯灯泡
J393	舒适系统中央控制单元	M9	左制动灯灯泡
J519	车载电网控制单元	M10	右制动灯灯泡
J527	转向柱电子装置控制单元	M17	右倒车灯灯泡
J533	数据总线诊断接口	M25	高位制动灯灯泡
J764	ELV 控制单元	M29	左近光灯灯泡
K1	远光灯指示灯	M30	左远光灯灯泡
K4	停车灯的指示灯	M31	右近光灯灯泡
K6	闪烁报警装置指示灯	M32	右远光灯灯泡
K13	后雾灯指示灯	N360	转向柱锁作动器
K18	挂车运行指示灯	N376	点火钥匙防拔出锁
K65	左转向信号灯指示灯	S	熔断丝
K94	右转向信号灯指示灯	V48	左照明距调节伺服电机
K170	灯泡故障指示灯	V49	右照明距离调节伺服电机
L9	车灯开关照明灯	W31	左前登车照明灯
L22	左前雾灯灯泡	W32	右前登车照明灯
L23	右前雾灯灯泡	X	牌照灯
L46	左后雾灯灯泡		
L76	按钮照明灯		

灯光应急及舒适灯光控制有如下功能：

A. 灯光控制：当驾驶员操作车灯开关、前后雾灯开关时，J519 收到正常信号后控制相应的灯光点亮，当驾驶员操作转向信号灯、远光灯和远光灯开关时，信号将通过转向柱电子装置控制单元 J527 和舒适/便利功能 CAN 总线发送至 J519，再控制相应灯光点亮，这些信号也会通过总线送至相应单元，如仪表显示转向信号。

B. 转向信号灯控制：快速点动按压转向信号灯开关 E2 一次，将激活转向信号闪烁三个周期。再次按下开关，将增加转向信号继续闪烁三个周期。这种功能被称为高速公路转向信号。

C. 监控车灯开关位置：车载电网控制单元直接对车灯开关信号进行分析。车灯开关 E1 由蓄电池直接供电，因此，它会在每个位置上都向车载电网控制单元发送一条确定的可信度信号，车载电网控制单元根据收到的信号识别点火开关是否接通，当确定的信号可信度因某一故障，比如电缆断开等发生了改变，这些信号则认为是不可信的，车载电网控制单元会起动紧急车灯控制。

D. 灯光应急控制：在点火开关打开状态下，如果 J519 检测到车灯开关一个错误的信号，则灯光控制进入应急状态，此时驻车灯和近光灯自动点亮。

E. 黄昏功能控制：如果将前照灯开关 E1 设定在"自动挡"，雨量和光强传感器会自动检测外界光强信号。例如，当车辆经过隧道时，传感器会将信号传递给 J519，J519 点亮行车灯。

F. 高速公路功能控制：如果将前照灯开关 E1 设定在"自动挡"，当车速超过 140km/h 10s 钟以上时，高速公路功能会激活行车灯。当车速降到 65km/h 的时间超过 150s 以上时，行车灯会自动关闭。

G. 下雨灯光功能控制：如果将前照灯开关 E1 设定在"自动挡"，当前刮水器臂被激活时间超过 5s 时，下雨功能会点亮行车灯。当刮水器臂停止工作时间超过 255s 时，行车灯自动关闭。

H. 回家功能控制：当灯光开关处于"AUTO"/"前照灯"挡时，驾驶员拔出钥匙，离开汽车后，汽车照明（近光灯和驻车灯）在设置的时间内保持照明功能。

I. 离家功能控制：如果用无线遥控器开锁，则在选定时间通过汽车上的照明装置照亮汽车周围环境，但是当打开点火开关后，离家功能将被取消。

J. 灯泡监控：灯泡功能将被持续监控。这种监控无论灯泡处于关闭状态（冷监控，见图 6-20）或接通状态（热监控，见图 6-21）都在进行。车灯故障冷监控模式：在 15 线接通后（灯开关没有打开），500ms 进行 4 次检测。车灯故障热监控模式：灯光开关打开后，将一直对使用中的灯泡进行监控，检测是否有过载、短路或断路现象发生。在这两种检测模式下，一旦检测到故障，控制单元会存储故障记忆，同时组合仪表上会出现故障警报灯，并且会有相应的故障提示信息。

图 6-20　冷监控模式　　　　图 6-21　热监控模式

K. 后尾灯光强度控制：后尾灯光由 J519 通过占空比控制灯光亮度，如图 6-22 所示，在不开后尾灯时，J519 不向后尾灯供电，当驻车灯需要点亮时，以占空比方式向尾灯供电，当踩下制动踏板时，J519 收到制动信号时，以蓄电池电压向后尾灯供电（无单独制动灯车型）。当制动灯或转向灯出现故障时，可由尾灯亮度调节方式应急运行：制动灯故障时，尾灯亮度调高 10% 打开；转向灯出现故障时，尾灯亮度调高 15% 打开（有单独制动灯车型）。

（4）燃油泵预工作控制。在打开驾驶员车门时，车载电网控制单元向通过燃油泵预工作继电器控制燃油泵工作，预置燃油压力便于起动，在发动机起动之后，由发动机控制单元通过燃油泵继电器控制燃油泵的供电，如图 6-23 所示。

单元六 汽车车载网络系统

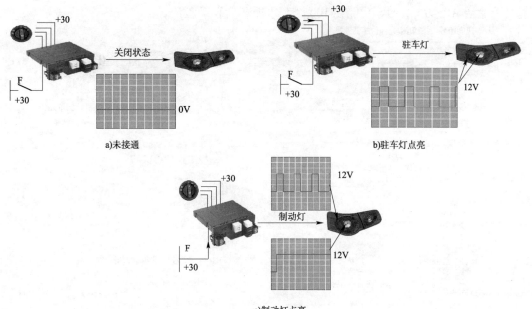

图 6-22 后尾灯光强度控制

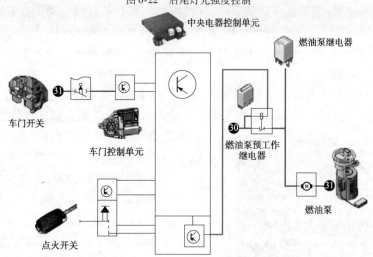

图 6-23 燃油泵预工作控制

(5) 刮水器电机控制 (图 6-24)。

刮水器控制功能特点包括:交替静止位置、服务和冬季位置、根据车速回调刮水器挡位、根据车速调节刮水间歇周期等级、点动刮水挡位 2、预清洗、"清洗—刮水功能"后的再刮水、刮水器防阻控制、停止位置隐在机舱盖内、刮水通过雨滴光强传感器进行调节、发动机舱盖控制和带控制单元的后窗玻璃刮水器控制。

APS 功能就是交替变化停留位置(图 6-25)。为了防止刮水片永久变形,每当第二次关闭时,刮水器会重新向上行驶一小段距离,此时改变了刮水片的位置。此外,当多次关闭点火开关后,将再次回到最初静止位置。所以在更换刮水器臂时,APS 必须关闭并且刮水器电机必须达到其最低位置。为了能实现这个目标,必须退出 APS 功能。关闭 APS 功能后,不能马上激活APS功能,APS功能在100个刮水循环后自动激活。

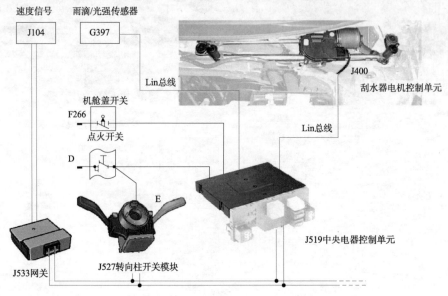

图6-24 刮水器控制示意图

服务或冬季位置:关闭点火开关20s之内,将刮水器开关打到点动挡位置(Tip),这时刮水器将运动到最顶端位置并保持停止不动,在此位置时,可以更换刮水器片,同时在冬季还可以将刮水器臂抬起,防止结冰。重新打开点火开关后,如果再次拨动刮水器开关或车速大于2km/h时,刮水器将自动复位。

根据车速回调刮水器挡位:当车速降低到4km/h以下,刮水器速度会从当前选中的挡位上减小一级。当车速提高到8km/h以上时,刮水器速度会重新调节到选中的挡位上。

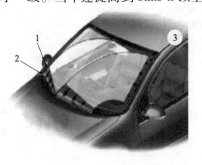

图6-25 APS交替停留位置(Alternate parking position)
1-扩展反向驱动位置;2-扩展的停车位置;3-服务的位置

点动刮水挡位2:当操作"点动刮水"功能2s以上,刮水器直接接入第二挡。

刮水器防阻控制:当刮水器在摆动过程中遇到障碍物或冻结在风窗玻璃上时,刮水器控制单元会进行5次尝试推动,如果失败,刮水器停在此位置不动。清除障碍后,需再次拨动刮水器开关,系统才会继续工作

发动机舱盖控制:在车辆停止时,打开发动机舱盖后,刮水器的功能将被禁止工作;车速在2~16km/h时,打开发动机舱盖后,刮水器功能同样被禁止,但当再次拨动刮水器开关后,刮水器功能将被激活;当车速大于16km/h时,尽管舱盖被打开,刮水器功能会保持工作状态不受影响。直至车速低于2km/h后,重新被禁止工作。

预清洗:当操作"清洗—刮水功能"且车速小于120km/h时,刮水器会在0.8s左右的预清洗时间后开始刮水。在预清洗时间内仅激活清洗泵。

"清洗—刮水功能"后的再刮水:如果操作"清洗—刮水功能"0.5s或更长时间,则将再进行三次刮水。如果操作时间较短,则补充刮水两次。

(6)数据总线诊断接口 J533。数据总线的诊断接口位于仪表板左下方,加速踏板的上方,见图 6-26。J533 作为网关接口连接了各路总线,不同总线中的信息通过 J533 进行了数据交换,因此传输了庞大的数据量。早期的网络系统网关功能集成在组合仪表或车载电网控制单元中。

数据总线诊断接口 J533 承担了动力传动系统上的延时功能以及数据总线系统睡眠和唤醒模式的控制逻辑功能。

动力传动系统 CAN 总线中的某些控制单元需要在"总线端 15 关闭"后仍然进行数据交换,所以会向 CAN 数据总线上发送一条控制延迟时间的信息。J533 负责电控单元在内部把总线端 30 切换到总线端 15 上,从而可以继续通信。比如,这样可以让转向辅助控制单元 J500 与其他控制单元通信。延迟时间可以在几秒到 15min。延迟时间与要发送的数据有关。延迟结束时,数据总线诊断接口发出睡眠指令。

当舒适/便利功能和信息娱乐系统 CAN 总线上的所有控制单元都发送了睡眠就绪信息后,舒适/便利功能和信息娱乐系统 CAN 总线会进入睡眠状态。此时,低信号的电平电压为 12V,高信号的电平电压为 0V。此外,当必须激活数据总线,如车门开锁时,会发出唤醒信号。数据总线诊断接口 J533 监控着睡眠逻辑值。如果动力传动系统 CAN 总线未进入睡眠模式,舒适/便利功能 CAN 总线和信息娱乐系统 CAN 总线也不会进入睡眠模式。如果舒适/便利功能 CAN 总线未进入睡眠模式,信息娱乐系统 CAN 总线也不会进入睡眠模式。如图 6-27 所示为数据总线系统的睡眠和唤醒模式。

图 6-26 安装位置

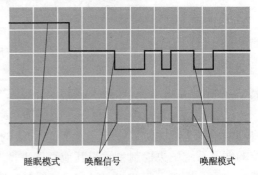

图 6-27 数据总线系统的睡眠和唤醒模式

运输模式:在长时间运输和长时间停车时,汽车蓄电池会一直在以稳定的小电流持续放电,为了尽可能减少耗电量,可以在 J533 中激活运输模式。激活的运输模式会在组合仪表 J285 的控制单元中显示。

在运输模式被激活时,汽车可以起动,行驶性能不会受到影响。但是,中控锁、车窗升降器、收音机、多功能转向盘、无线遥控器、车内监控装置、驻车、暖风装置、遥控起动接收器、车身倾斜传感器、车门的"保存指示灯"、30s 接通时间之后车内灯、座椅记忆功能、空调器等舒适和信息娱乐用电器被关闭。

关闭运输模式:运输模式仅可以用 VAS 诊断测试仪通过汽车自诊断功能(通信中继)来关闭。行驶 50km 之后会自动关闭。

激活运输模式:运输模式仅可以用 VAS 诊断测试仪通过汽车自诊断功能(通信中继)来开启。只有在最初 150km 之内,才可以激活运输模式。

(7)组合仪表的控制单元J285。组合仪表控制单元J285的主要功能是向驾驶员提供车量的基本信息,如发动机转速、车速、燃油量、冷却液温度等,在发动机等出现故障时,也能提示驾驶员。组合仪表控制单元通过数据总线诊断接口J533和组合仪表CAN数据总线得到显示信息和不同控制单元指示灯的信息。此外,还有一些外部传感器信号通过硬线到达组合仪表控制单元,如F1机油压力开关、F9驻车制动控制开关、F34制动液液位警告信号触点、G17车外温度传感器、G32冷却液不足显示传感器、G33车窗玻璃清洗液液位传感器、G34制动摩擦片磨损传感器、G266机油油位和机油温度传感器、J538燃油泵控制单元等。

(8)舒适系统中央控制单元J393。安装位置:舒适系统中央控制单元位于仪表板下方、杂物箱后面的右后部,如图6-28所示。

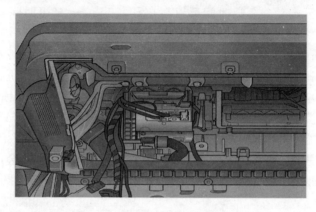

图6-28 舒适系统中央控制单元J393

舒适系统中央控制单元接通并且控制中控锁的控制、后车门控制单元的控制、油箱盖解锁的控制、后行李舱盖开锁的控制、防盗报警装置通过LIN总线的控制、轮胎压力检查的控制、防盗锁止系统的控制、进入和起动许可系统的控制。

(9)防盗锁止系统(WFS)Ⅳ。防盗锁止系统Ⅳ不是控制单元,而是一种功能。它包括将控制单元全部的防盗特征存入Wolfsburg的中央数据库FAZIT中、内部集成了防盗锁止系统的舒适系统中央控制单元与其他组件进行通信、将各个控制单元之间的数据通信加密。

中央数据库FAZIT:Wolfsburg大众汽车的中央数据库FAZIT是防盗锁止系统的重要组成部分。FAZIT表示"车辆信息和中央识别工具"。该数据库存有所有控制单元的防盗数据,该数据是集成在防盗锁止系统中的。如果没有连接到FAZIT的在线连接,则无法调节控制单元。中央数据库在德国大众总部。

WFS组件包括舒适系统中央控制单元J393、电子转向柱锁止控制单元(ELV)J764、进入及起动许可开关(E415)、发动机控制单元J623,如图6-29所示。WFS组件图中的标识所对应单元或部件名称一览见表6-14。

WFS组件图中的标识所对应单元或部件名称一览表　　表6-14

标识	对应单元或部件名称	标识	对应单元或部件名称
E415	进入及起动许可开关	J623	发动机控制单元
J393	舒适系统中央控制单元	J764	电子转向柱锁止装置控制单元
J527	转向柱电子装置控制单元		

单元六 汽车车载网络系统

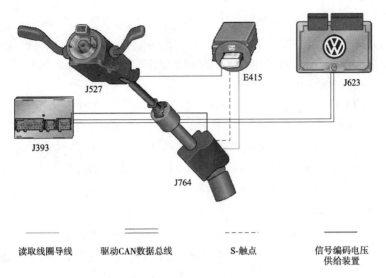

读取线圈导线　　驱动CAN数据总线　　S-触点　　信号编码电压供给装置

图 6-29　WFS 组件

（10）无钥匙进入和起动（图 6-30）。无钥匙进入和起动功能图中的标识所对应单元或部件名称一览见表 6-15。

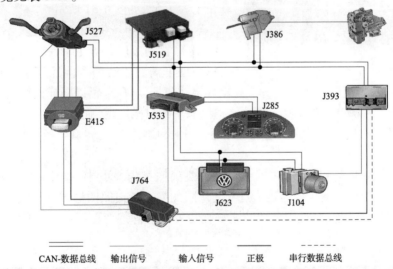

CAN-数据总线　　输出信号　　输入信号　　正极　　串行数据总线

图 6-30　无钥匙进入和起动功能图

无钥匙进入和起动功能图中的标识所对应单元或部件名称一览表　　表 6-15

标识	对应单元或部件名称	标识	对应单元或部件名称
E415	进入及起动许可开关	J519	车载电网控制单元
J104	ABS 控制单元	J527	转向柱电子装置控制单元
J285	组合仪表中的控制单元	J533	数据诊断接口
J386	驾驶员侧车门控制单元	J623	发动机控制单元
J393	舒适系统中央控制单元	J764	ELV 控制单元

无钥匙进入系统，也称智能钥匙系统，是由发射器、遥控中央锁控制模块、驾驶授权系统控制模块三个接收器及相关线束组成的控制系统组成。这种智能钥匙能发射出红外线信

号,既可打开一个或两个车门、行李舱和燃油加注孔盖,也可以操纵汽车的车窗和天窗,更先进的智能钥匙则像一张信用卡,当驾驶员触到门把手时,中央锁控制系统便开始工作,并发射一种无线查询信号,智能钥匙卡作出正确反应后,车锁使自动打开。只有当中央处理器感知钥匙卡在汽车内时,发动机才会起动。

这种系统采用 RFID(无线射频识别)技术,通常情况下,当车主走近车辆大约 1m 以内距离时,门锁就会自动打开并解除防盗或按压门把手上的解锁;当离开车辆时,门锁会自动锁上并进入防盗状态或闭锁按键闭锁。当车主进入车内时,车内检测系统会马上识别智能卡,这时只需轻轻按动起动按钮(或旋钮),就可以正常起动车辆,整个过程,车钥匙无须拿出。汽车智能无钥匙进入系统简称 PKE(Passiv Ekeyless Enter)。

4. 舒适和安全电子装置

(1)转向灯系统(Advanced-Frontlighting-System,高级前灯照明系统)。

①动态转向灯:动态转向灯在转向行驶时根据转向角度自我调整,从而保证在所有行驶情况下都会有最佳的路面照明。在动态弯道照明灯中,一个集成式电机使近光灯灯泡模块水平摆动。弯道内侧的摆动角度为约 15°,弯道外侧的摆动角度为 7.5°,如图 6-31 所示。

车速低于 10km/h 时灯泡模块不摆动,超过 10km/h 时摆动角度基本上取决于转弯半径。因此可以满足车辆静止时两个前照灯不允许摆动的法律规定,同时可以在车辆以同样的转向角度从静止加速时,前照灯随之逐渐摆动。

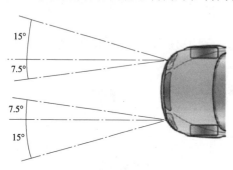

图 6-31 动态转向灯照射角度

接通条件为总线端 15 接通、近光灯接通、车速≥10km/h、有转弯半径、向前行驶;关闭条件为不满足任一条件。

②静态弯道照明灯:静态弯道照明灯功能是前照灯内集成了一个附加的反射器,如图 6-32、图 6-33 中给出了使用普通近光灯与使用附加静态弯道照明灯转弯时路面照明情况的对比。在此可以清楚地看出,因照明效果好而更安全。静态弯道照明灯只能与近光灯一起工作。

图 6-32 静态弯道照明灯对比

图 6-33 静态弯道照明灯对比

接通条件为总线端 15 接通、近光灯接通、车速≤50km/h、弯道(急弯,例如转弯时)。关闭条件为不满足任一条件。

实现弯道照明灯功能所涉及的控制单元有 G85 转向角传感器、J104ABS 控制单元、J197 水平高度调节控制单元、J220Motronic 控制单元、J285 组合仪表内的控制单元、J519 车载电网控制单元、J527 转向柱电子装置控制单元、J533 数据总线诊断接口、J667 左侧前照灯功率输出模块、J668 右侧前照灯功率输出模块、J745 弯道照明灯和前照灯照明距离调节控制单元。

前照灯照明距离调节控制单元 J431 与左侧和右侧前照灯功率输出模块 J667 和 J668 之间通过一个 500k 波特 CAN(车灯 CAN 数据总线)进行数据交换。这个车灯 CAN 数据总线是一个独立的 CAN 数据总线,未连接到 500k 波特传动系统 CAN 数据总线。车灯 CAN 数据总线也不经过数据总线诊断接口 J533。

转向角、转向盘速度、车轮速度、行驶方向、偏航角速度、近光灯接通作为计算弯道照明灯功能的输入参数,这些参数以 CAN 信息的形式提供给前照灯照明距离调节控制单元 J431。

(2)驻车辅助装置。以 8 声道超声波技术为基础,在移动车辆和停车时,驻车辅助装置给驾驶员提供帮助。驻车辅助控制单元 J446 被安装在行李舱中右后部,如图 6-34 所示。

可以通过操作按钮或挂倒车挡来激活驻车辅助装置,再一次操作按钮或在行驶速度超过 15km/h 时,驻车辅助装置会自动关闭。在激活驻车辅助装置时,按钮中的 LED 黄色点亮。如果 LED 闪烁,则表示识别出故障。

驻车辅助装置传感器安装于后部保险杠中、前部保险杠中以及散热器格栅中。信息传递如图 6-35 所示,主要信号流如下:

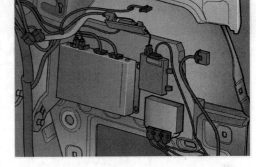

图 6-34 驻车辅助控制单元 J446

①车轮速度从 J104 经过 J533 到 J446。
②选挡杆位置从 J217 经过 J533 到 J446。
③行驶速度从 J285 经过 J533 到 J446。
④挂车识别从 J345 到 J446,在已识别出的挂车中,只有前部传感器处于工作状态。
⑤端子 15 打开,并且倒车灯打开,从 J519 到 J446。
⑥已识别出故障从 J446 到 J533。
⑦E266 已操作。
⑧后驻车辅助装置传感器信号。
⑨前驻车辅助装置传感器信号。
⑩控制 H15。
⑪控制 H22。

驻车辅助信息传递示意图中的标识所对应单元或部件名称一览见表 6-16。

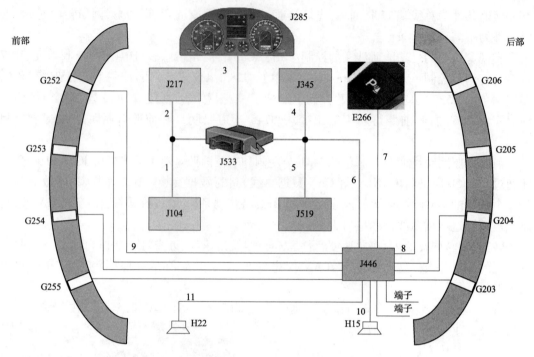

图 6-35 驻车辅助信息传递示意图

驻车辅助信息传递示意图中的标识所对应单元或部件名称一览表　　表 6-16

标识	对应单元或部件名称	标识	对应单元或部件名称
E266	驻车辅助装置按钮	H15	后驻车辅助报警蜂鸣器
G203	左后驻车辅助传感器	H22	前驻车辅助报警蜂鸣器
G204	左后中部驻车辅助传感器	J104	ABS/ESP 控制单元
G205	右后中部驻车辅助传感器	J217	自动变速器控制单元
G206	右后驻车辅助传感器	J285	组合仪表控制单元
G252	右前驻车辅助传感器	J345	挂车识别控制单元
G253	右前中部驻车辅助传感器	J446	驻车辅助控制单元
G254	左前中部驻车辅助传感器	J519	车载电网控制单元
G255	左前驻车辅助传感器	J533	数据总线诊断接口

课题二　奥迪数据总线系统应用

奥迪是一个国际高品质汽车开发商和制造商。现为大众汽车公司的子公司,总部设在德国的英戈尔施塔特。奥迪旗下的主要产品有 A1 系列、A2 系列、A3 系列、A4 系列、A5 系列、A6 系列、A8 系列、Q7(SUV)、R 系、敞篷车及运动车系列等。A 系统车型又根据级别分为 A、B、C、D 级轿车,如 A4 车型为 B 级车,底盘代码 1972—1978 年为 B1,1978—1986 年为 B2、1986—1991 为 B3、1991—1994 为 B4、1994—2000 年为 B5,2000—2004 年为 B6、2004—2007 年为 B7、2007 年以后为 B8(A4 在 1972—1994 年车型代码为 Audi 80,1994 年后改为

A4)。A6 为 C 级车,现在已发展为 C7 底盘。本文主要以奥迪 A6'05(C6)和 A6'11(C7)简单介绍奥迪车的车载网络系统。

一、A6'05(C6)车载网络简介

A6'05(C6)控制单元安装位置见图 6-36,总线拓扑结构图总图见图 6-37、图 6-38。控制单元安装位置中的标识所对应单元或部件名称一览见表 6-17。

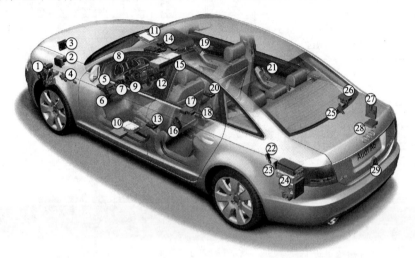

图 6-36 A6'05 控制单元安装位置

控制单元安装位置中的标识所对应单元或部件名称一览表　　表 6-17

标识	对应单元或部件名称	标识	对应单元或部件名称
1	辅助加热控制单元 J364	14	水平调节控制单元 J197; 前照灯照程调节控制单元 J431; 轮胎压力监控控制单元 J502; 供电控制单元 2J520; 前部信息系统显示和操纵控制单元 J523; 数据总线诊断接口 J533; 无钥匙式起动授权天线读入单元 J723
2	带 EDS 的 ABS 控制单元 J104		
3	车距调节控制单元 J428		
4	左前轮轮胎压力监控发射元件 G431,在车轮翼子板内		
5	供电控制单元 J519		
6	驾驶员车门控制单元 J386		
7	使用和起动授权控制单元 J518	15	CD 换碟机 R41
8	组合仪表内控制单元 J285		CD 播放机 R92
9	转向柱电气控制单元 J527	16	左后车门控制单元 J388
10	电话、Telematik 控制单元 J526 电话发送和接收器 R36	17	安全气囊控制单元 J234
		18	车身转动速率传感器 G202
		19	前排乘客车门控制单元 J387
11	发动机控制单元 J623	20	前排乘客带记忆功能的座椅调节控制单元 J521
12	全自动空调控制单元 J255		
13	有记忆功能的座椅调节/转向柱调节控制单元 J136	21	右后车门控制单元 J389
		22	左后轮轮胎压力监控发射元件 G433,在车轮翼子板内

续上表

标识	对应单元或部件名称	标识	对应单元或部件名称
23	驻车加热无线电接收器 R64	25	右后轮轮胎压力监控发射元件 G434,在车轮翼子板内
24	带有 CD 播放机的导航控制单元 J401;语音输入控制单元 J507; 数字音响包控制单元 J525; 收音机 R; TV 调谐器 R78; 数字收音机 R147	26	停车辅助系统控制单元 J446; 挂车识别控制单元 J345
		27	舒适系统中央控制单元 J393
		28	电动驻车/驻车制动器控制单元 J540
		29	电能管理控制单元 J644

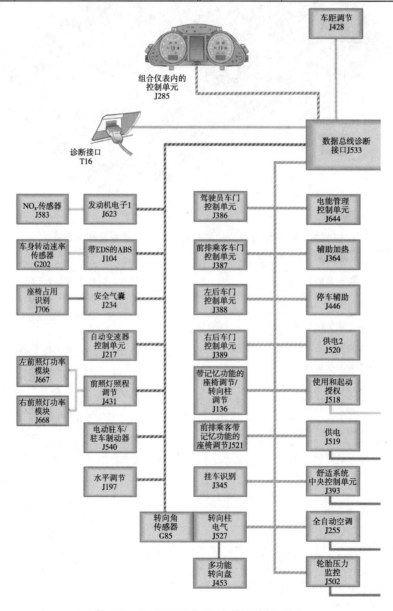

图 6-37　A6'05(C6)总线拓扑结构图分解图 1

单元六　汽车车载网络系统

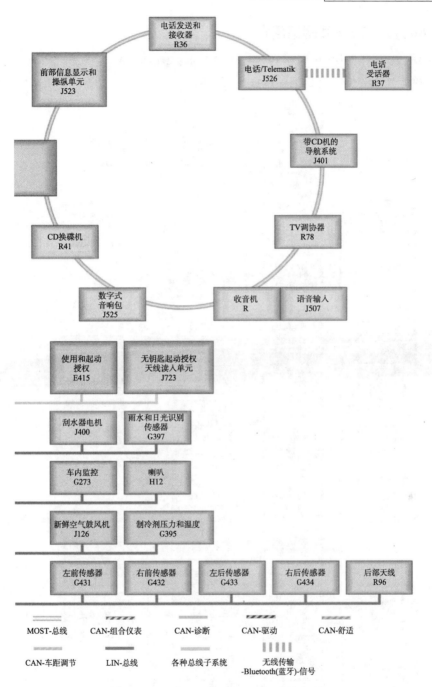

图6-38　A6'05(C6)总线拓扑结构图分解图2

奥迪A6'05网络系统使用了CAN、LIN(21.2Mb/s)、MOST(21.2Mb/s)和Bluetooth™(1Mb/s)。CAN总线又分为组合仪表CAN(500kb/s)、诊断CAN(500kb/s)、驱动CAN(500kb/s)、舒适CAN(100kb/s)、车距调节CAN(100kb/s)及各子CAN网络。MOST用于娱乐信息系统信息交换。Bluetooth™用于电话Telematik控制单元J526与电话发送和接收器R36之间的信息交换,各控制单元之间连接详见总线拓扑结构图。

157

二、A6'11(C7)车载网络简介

AudiA6'11 拓扑结构图(图6-39、图6-40)是指车辆配备齐了所有装备时的情况,图上有几个控制单元是选装的或者是某些国家所特有的。

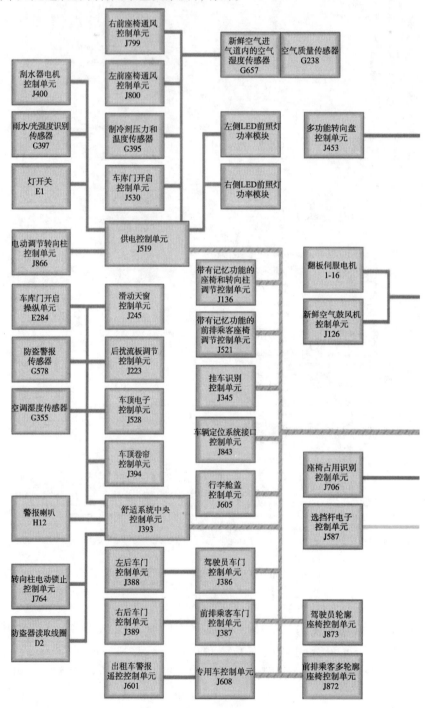

图6-39　A6'11(C7)网络拓扑图1

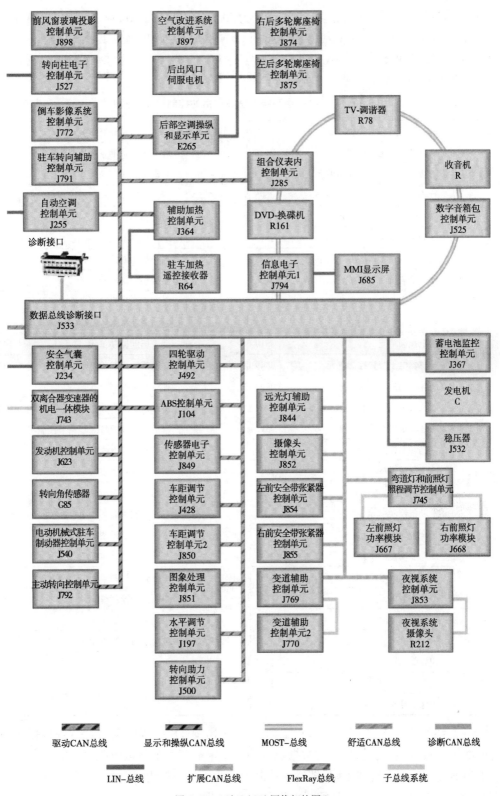

图 6-40 A6'11(C7)网络拓扑图 2

奥迪 A6'11(C7)网络系统使用了 CAN(均为 500kb/s)、LIN(20kb/s)、FlexRay(10Mb/s) 和 MOST(21.2Mb/s)总线。CAN 总线分别为驱动 CAN 总线、显示和操纵 CAN 总线、舒适 CAN 总线、诊断 CAN 总线和扩展 CAN 总线。

各总线包括的控制单元见表 6-18。

奥迪 A6'11(C7)网络系统各总线包括的控制单元一览表　　　表 6-18

总线名称	包括的控制单元	标识	总线名称	包括的控制单元	标识
舒适 CAN 总线	驾驶员座椅记忆控制单元	J136	显示操作 CAN 总线（续）	驻车转向辅助系统控制单元	J791
	前排乘客座椅记忆控制单元	J521		自动空调控制单元	J255
	行李舱盖控制单元	J605		后部空调操纵和显示控制单元	E265
	驻车转向辅助控制单元	J791		辅助加热控制单元	J364
	驾驶员多轮廓座椅控制单元	J873		ABS 控制单元	J104
	前排乘客多轮廓座椅控制单元	J872	扩展 CAN 总线	远光灯辅助控制单元	J844
	驾驶员侧车门控制单元	J386		摄像头控制单元	J852
	前排乘客侧车门控制单元	J387		左前安全带张紧器控制单元	J854
	舒适系统中央控制单元	J393		左前安全带张紧器控制单元	J855
	供电控制单元	J519		变道辅助控制单元	J769
	传感器电子装置控制单元	J849		变道辅助控制单元 2	J770
驱动 CAN 总线	四轮驱动控制单元	J492		夜视系统控制单元	J853
	双离合变速器控制单元	J743		夜视系统摄像头	R212
	舒适系统中央控制单元	J393		弯道灯和前照灯照程调节控制单元	J745
	主动转向控制单元	J792		左前照灯功率模块	J667
	电子机械式驻车制动器控制单元	J540		右前照灯功率模块	J668
	转向角传感器	G85	FlexRay 总线上	四轮驱动控制单元	J492
	发动机控制单元	J623		ABS 控制单元	J104
	安全气囊控制单元	J234		传感器电子控制单元	J849
	四轮驱动控制单元	J492		车距调节控制单元	J428
	摄像头控制单元	J852		车距调节控制单元 2	J850
	ABS 控制单元	J104		图像处理控制单元	J851
显示操作 CAN 总线	平视系统控制单元	J898		水平调节控制单元	J197
	转向柱电子控制单元	J527		转向助力控制单元	J500
	四轮驱动控制单元	J492			
	倒车影像系统控制单元	J772			
	摄像头控制单元	J852			

CAN 总线组成—终端电阻。CAN 总线中的终端电阻,用于吸收信号运行到数据导线端部时的能量,防止信号反射,最初的数据总线的两个末端有两个终端电阻,相比之下,大众集团旗下奥迪使用的是分配式电阻,即每个控制单元内部的终端电阻,分配式电阻网络示意图如图 6-41 所示。图 6-42 为非分配式电阻网络示意图。

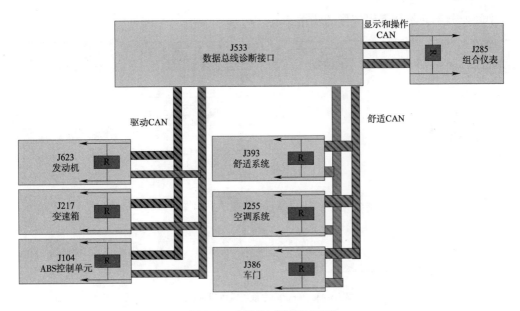

图 6-41 分配式电阻网络示意图

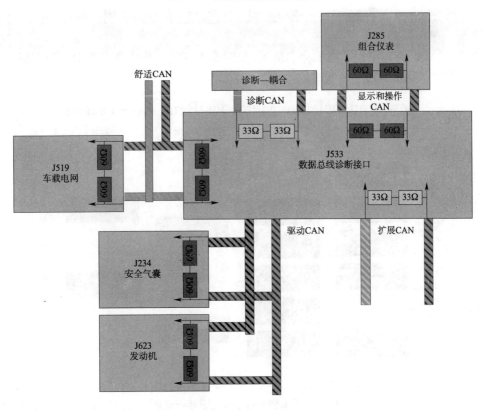

图 6-42 非分配式电阻网络示意图

FlexRay 总线终端电阻(图 6-43)特点：

中间控制单元有四个总线接口,有两个 1.3kΩ 的串联电阻。

末端控制单元有两个总线接口,有两个 47Ω 的串联电阻。

中间控制单元不会阻碍信号的传送。

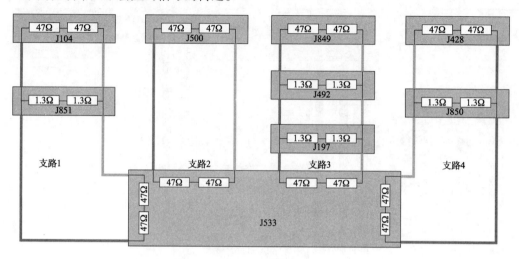

图6-43 FlexRay总线终端电阻示意图

课题三 奔驰数据总线系统应用

从2014年起奔驰启用了新的命名体系，如图6-44所示，其核心车型中各级车型表示见表6-19，奔驰不同车型使用的底盘编号见表6-20。

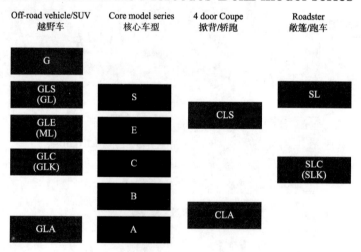

图6-44 从2014年起奔驰车型命名体系

奔驰核心车型中各级车型表示一览表　　　　表6-19

车型	A	B	C	E	S
各级表示	紧凑级	MPV（多功能车）	中型车	行政级车	豪华车

不同车型使用的底盘编号也不同，见表6-20。

奔驰不同车型使用的底盘编号一览表　　　表6-20

车型	A	B	C	E	S
底盘编号	W169/C169	W245(2005~X) W246	W203(2000~2006) W204(2007~X)	W210(1995~2002) W211(2002~2009) W212(2009~X)	W220(1998~2004) W221(2005~2011) 222(2012~X)

奔驰总线分为三种不同的总线系统,分别是:CAN Bus Systems(CAN总线系统)、Special Bus Systems(专用总线系统)和Optical Bus Systems(专用总线系统)。

CAN Bus Systems(CAN总线系统)所包含的总线见表6-21。

CAN总线系统中包含的总线　　　表6-21

总线名称	控制器区域网络(CAN)系统	传输速率(kb/s)	导线颜色	总线阻值(Ω)
Telematics CAN	远程信息处理控制器区域网络(CAN A)	125	黑,黑白	60
Interior CAN	车内控制器区域网络(CAN B)	125	棕,棕红	60
Drive Train CAN	传动系统控制器区域网络(CAN C)	500	蓝,蓝白	60
Diagnostic CAN	诊断控制器区域网络(CAN D)	500	灰,灰白	60
Chassis CAN	底盘控制器区域网络(CAN E)	500	绿,绿白	60
Central CAN	中央控制器区域网络(CAN F)	500	黄,黄白	60
Front End CAN	前端控制器区域网络(CAN G)	500	绿,绿白	60
Vehicle Dynamics CAN	车辆动态控制器区域网络(CAN H)	500	紫,紫白	60
Drive Train Sensor CAN	传动系统传感器控制器区域网络(CAN I)	500	蓝,蓝白	60
Sensor CAN(Optional)	传感器控制器区域网络(CAN S)	500	紫,紫白	60

注:双色为CAN H,单色为CAN L。

Sspecial Bus Systems(专用总线系统):在电视调谐器和驾驶室管理及数据系统 COMAND 之间 LIN Bus;在电动车窗开关和车门控制单元之间 LIN Bus。

Optical Bus Systems(光学总线系统—专用总线系统):D^2B(Digital Data Bus)、MOST(Media Oriented System Transport)。

S级的W220总线只用了CAN网络,具体可分为车内控制器区域网络(CAN B)和传动系统控制器区域网络(CAN C),而W221总线用的了CAN和MOST网络,CAN又可分为9个CAN区域网络,222的总线用到了CAN、FlexRay、MOST和Ethernet,其中CAN网络又分为12个CAN区域网络。本文以S级的W221和222为主,介绍奔驰总线的应用。

一、W221总线介绍

1. 部件位置(图6-45)

W221整车网络部件位置图中的标识所对应单元或部件名称见表6-22。

图 6-45　W221 整车网络部件位置图

W221 整车网络部件位置图中的标识所对应单元或部件名称一览表　表 6-22

标识	对应单元或部件名称
A1	仪表盘
A2/69	数字音响系统处理器(装配高级音响系统/代码(811))
A6n1	辅助加热器(STH)控制单元装配辅助加热器/代码(228))
A9/5	电动空调压缩机(车型 221.095/195)
A13	电动驻车制动器控制单元
A40/3	驾驶室管理及数据系统(COMAND)控制单元
A40/4	DVD 播放器(装配后排娱乐系统/代码(864))
A40/5	左后显示屏(装配后排娱乐系统/代码(864))
A40/6	右后显示屏(装配后排娱乐系统/代码(864))
A40/8	驾驶室管理及数据系统(COMAND)显示屏(不带分屏视图(SPLITVIEW)/代码(867))
A40/9	前部中央操作单元
A40/10	分屏视图(SPLITVIEW)显示屏
A40/11	多功能摄像头(装配主动式路线偏离警告系统/代码(238)、自动车道识别/代码(476),速度限制辅助系统/代码(513)或智能前照灯控制/代码(608))
A76	左前双向安全带紧急拉紧器
A76/1	右前双向安全带紧急拉紧器
A80	直接选挡(DIRECT SELECT)智能伺服模块
A86/1b2	前保险杠,内部左侧雷达传感器(装配增强型限距控制系统/代码(233)或主动式盲点辅助功能/代码(237))
A86/1b3	前保险杠,内部右侧雷达传感器(装配增强型限距控制系统/代码(233)或主动式盲点辅助功能/代码(237))

续上表

标识	对应单元或部件名称
A86/2b1	后保险杠,外部右侧雷达传感器(装配盲点辅助功能/代码(234)或主动式盲点辅助功能/代码(237))
A86/2b4	后保险杠,外部左侧雷达传感器(装配盲点辅助功能/代码(234)或主动式盲点辅助功能/代码(237))
A89	限距控制系统(DTR)控制单元(装配限距控制系统(DTR)/代码(219)或增强型限距控制系统/代码(233)、主动式盲点辅助功能/代码(237)或自动智能巡航控制加强型照明灯/代码(239))
A90/1	组合式电视调谐器(模拟/数字)(适用于数字/模拟电视调谐器/代码(863))
A91/1	电液动力转向(适用于车型221.003/026/057/073/074/082/083/094/103/126/157/173/174/182/183/194,适用于车型221.054/056/080/084/086/087/154/156/180/184/186/187,2009年6月1日以后,适用于车型221.070/170,自2009年6月1日至2010年8月31日,不带主动悬挂控制(ABC)/代码(487),适用于车型221.070/170,2010年9月1日以后,适用于车型221.071/171,2009年6月1日以后,不带主动悬架控制(ABC)/代码(487)车型221.095/195,车型216.373/394)
A98	全景式滑动天窗控制模块(车型221.1,装配带车顶滑动天窗的全景玻璃天窗/代码(413))
B24/15	横摆率,横向和纵向加速度传感器
E1n1	氙气前照灯控制单元
E2n1	氙气前照灯控制单元
M40	多仿形座椅气动泵(装配左前/右前多仿形座椅/代码(409))
M40/1	动态座椅操作单元气动泵(装配左/右动态多仿形座椅/代码(432))
N2/7	防护装置控制单元
N3/9	共轨喷射系统柴油机(CDI)控制单元(柴油发动机,装配发动机629,位于左侧,装配发动机642,位于右侧,装配发动机651,位于中央)
N3/10	电控多端顺序燃油喷注和点火系统(ME-SFI)(ME)控制单元(汽油发动机,装配发动机157、272、273、278,位于中央,装配发动机156、275、276,位于左侧)
N10/1	带熔断丝和继电器模块的前信号采集及促动控制模组(SAM)控制单元
N10/2	带熔断丝和继电器模块的后信号采集及促动控制模组(SAM)控制单元
N15/3	电子自动变速器控制(EGS)控制单元(装配变速器722.6)
N22/1	自动空调(KLA)控制单元
N22/4	后排空调控制单(装配后排空调系统/代码(582))
N25/6	后排座椅控制单元(装配带电动可调式外侧座椅的后排长座椅(外侧座椅和外侧头枕具有预防性安全系统定位功能)/代码(223)或装配带座椅加热器和座椅通风的后部头枕/代码(402)或装配后排座椅的左/右电动座椅加热器/代码(872))
N26/9	特种车辆多功能控制单元(MSS)(装配租赁汽车电气装备/代码(965))
N26/14	特种车辆多功能控制单元(SVMCU(MSS))(车型221.1,装配顶级保护/代码(Z07),灭火系统/代码(Z21),
N28/1	挂车识别控制单元(装配挂车挂钩/代码(550))
N30/6	再生制动系统控制单元(车型221.095/195)
N32/1	左前座椅控制单元
N32/2	右前座椅控制单元
N32/15	左前多仿形靠背控制单元(装配左前/右前多仿形座椅/代码(409))

续上表

标识	对应单元或部件名称
N32/16	右前多仿形靠背控制单元(装配左前/右前多仿形座椅/代码(409))
N32/19	左前座椅动态控制单元(装配左/右动态多仿形座椅/代码(432))
N32/20	左后多仿形靠背控制单元(装配后排多仿形座椅/代码(406))
N32/21	右后多仿形靠背控制单元(装配后排多仿形座椅/代码(406))
N32/22	右前座椅动态控制单元(装配左/右动态多仿形座椅/代码(432))
N37/5	左侧NO_x传感器控制单元(装配发动机276.9,装配分层充气模式的发动机)
N37/7	柴油微粒滤清器下游的NO_x传感器控制单元(装配发动机642.862/868和BlueTEC(选择性催化还原(SCR))柴油尾气处理装置/代码(U42))
N37/8	选择性催化还原(SCR)催化转化器下游的NO_x传感器控制单元(装配发动机642.862/868和BlueTEC(选择性催化还原(SCR))柴油尾气处理装置/代码(U42))
N62/2	视频和雷达传感器系统控制单元(装配增强型限距控制系统/代码(233),2010年9月1日以后,主动式盲点辅助功能/代码(237)或主动式路线偏离警告系统/代码(238))
N66/2	后视摄像头控制单元(装配后视摄像头/代码(218)和日本版/代码(498))
N69/1	左前车门控制模组
N69/2	右前车门控制模组(DCM)
N69/3	左后车门控制模组(DCM)
N69/4	右后车门控制模组(DCM)
N69/5	无钥匙起动控制单元(装配无钥匙起动/代码(889))
N70	车顶控制板控制单元
N72/1	车顶控制板控制单元
N47-5	电控车辆稳定行驶系统(ESP)控制单元(车型221.095/195除外)
N51	带自适应减振系统(ADS)控制单元的空气悬架(AIRmatic)(不带主动悬架控制(ABC)/代码(487),不带顶级保护/代码(Z07))
N51/2	主动悬架控制(ABC)控制单元(装配主动悬架控制(ABC)/代码
N62	驻车定位系统(PTS)控制单元(装配驻车定位系统/代码(220)或高级驻车辅助系统/代码(230))
N62/1	雷达传感器控制单元(SGR)(装配增强型限距控制系统/代码(233),截止到2010年8月31日,装配盲点辅助功能/代码(234),装配自动智能巡航控制加强型照明灯/代码(239))
N72/2	后部控制板(HBF)控制单元(装配后排多仿形座椅/代码(406)或后排娱乐系统/代码(864))
N73	电子点火开关(EZS)控制单元
N80	转向柱模块
N82/2	蓄电池管理系统控制单元(车型221.095/195)
N83/1	直流/直流(DC/DC)转换器控制单元(车型221.095/195)
N87/3	数字音频广播控制单元(装配数字式收音机/代码(537))
N87/5	卫星数字广播(SDAR)控制单元(装配SIRIUS卫星收音机/代码(536))
N87/8	高清调谐器控制单元(装配高清(HD)收音机/代码(517))
N88	轮胎压力监测器(TPM(RDK))控制单元(装配轮胎压力监测器(高级)/代码(475),施耐德公司)

续上表

标识	对应单元或部件名称
N89	齿轮油辅助泵控制单元(车型221.095/195,车型221.074/174)
N93	中央网关控制单元
N93/1	音频调谐器控制单元
N101	夜视辅助系统控制单元(装配夜视辅助系统/代码(610))
N110	重量传感系统(WSS)控制单元(美国版/代码(494))
N118	燃油泵控制单元
N118/5	AdBlue控制单元(装配发动机642.862/868,装配BlueTEC(选择性催化还原(SCR))柴油尾气处理装置/代码(U42))
N121	行李舱控制(TLC)(HDS)控制单元(装配行李舱遥控关闭,RTC(HDFS)/代码(881))
N123/4	紧急呼叫系统控制单元(装配自动紧急电话求助系统/代码(359))
N125/1	媒体接口控制单元(装配媒体接口/代码(518))
N129/1	电力电子控制单元(车型221.095/195)
Y3/8n4	完全集成式变速器控制单元(VGS)(装配变速器722.9)

2. 整车网络(GVN)框图与功能(图6-46~图6-48)。

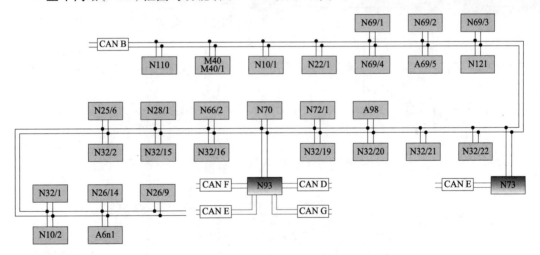

图6-46 整车网络(GVN)框图1

车辆电子设备通过两个网络实现联网功能,这两个网络分别是控制器区域网络(CAN)及多媒体传输系统(MOST)数据总线系统,CAN网又分成了CAN A、CAN B、CAN C、CAN D、CAN E、CAN F、CAN G、CAN H、CAN I、CAN S,各网络的功能如下:

(1)远程信息处理控制器区域网络(CAN A)。用于在连接的音频部件之间进行数据交换,使用远程信息处理控制器区域网络的控制单元见图6-47整车网络(GVN)框图2中CAN A部分。

A40/3(驾驶室管理及数据系统(COMAND)控制单元)是CAN A与其他总线系统之间的数据交换接口。

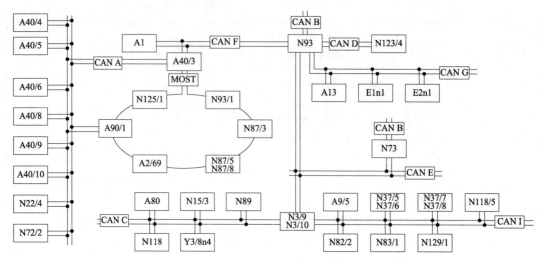

图 6-47 整车网络(GVN)框图 2

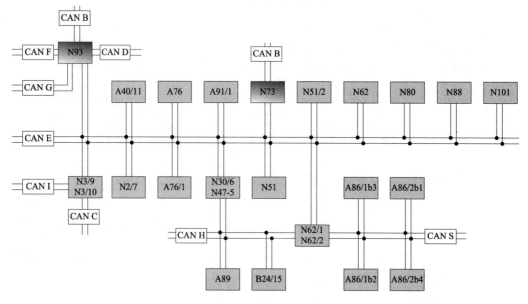

图 6-48 整车网络(GVN)框图 3

(2) 车内控制器区域网络(CAN B)。用于在连接的车内的诸如空调、座椅控制、天窗等控制单元之间进行数据交换,使用车内控制器区域网络的控制单元见图 6-46 整车网络(GVN)框图 1 中的 CAN B 部分。

N93(中央网关控制单元)是车内控制器区域网络(CAN)与其他总线系统之间的数据交换接口。

(3) 传动系统控制器区域网络(CAN C)。用于在连接的发动机、变速器等控制单元之间进行数据交换,使用传动系统控制器区域网络的控制单元见图 6-46 整车网络(GVN)框图 1 中的 CAN C 部分。

N3/9(共轨喷射系统柴油机(CDI)控制单元)或 N3/10(电控多端顺序燃料喷注/点火系统(ME-SFI)控制单元)构成了传动系统控制器区域网络(CAN)与其他总线系统之间的数据

交换接口。

（4）诊断控制器区域网络（CAN D）。用于在外部诊断检测仪与车辆中的控制单元之间进行数据交换，使用诊断控制器区域网络的控制单元 N93（中央网关控制单元）和 N123/4（紧急呼叫系统控制单元）。

N93（中央网关控制单元）是诊断控制器区域网络（CAN）与其他总线系统之间的数据交换接口。

（5）底盘控制器区域网络（CAN E）。用于在各系统连接的多功能摄像头、电液动力转向方动悬架等控制单元之间进行数据交换，使用底盘控制器区域网络的控制单元见图 6-48 整车网络（GVN）框图 3 中的 CAN E 部分。

N3/9（共轨喷射系统柴油机（CDI）控制单元）或 N3/10（电控多端顺序燃料喷注/点火系统（ME-SFI（ME））控制单元）、N30/6（再生制动系统控制单元）、N47-5（电控车辆稳定行驶系统（ESP）控制单元）、N93（中央网关控制单元）是底盘控制器区域网络（CAN）与其他总线系统之间的数据交换接口。

（6）中央控制器区域网络（CAN F）。主要负责 COMAND（通信 CAN, MOST）和中央网关之间的数据传输，使用中央控制器区域网络的控制单元有 A1（仪表盘）、A40/3（驾驶室管理及数据系统（COMAND）控制单元）和 N93（中央网关控制单元）。

A40/3（驾驶室管理及数据系统（COMAND）控制单元）和 N93（中央网关控制单元）是中央控制器区域网络与其他总线系统之间的数据交换接口。

（7）前端控制器区域网络（CAN G）。主要负责氙气前照灯控制模块，电子驻车制动控制电脑和中央网管之间的数据传输，使用前端控制器区域网络的控制单元有 E1n1（左前氙气前照灯控制单元）、E2n1（右前氙气前照灯控制单元）、A13（电动驻车制动器控制单元）和 N93（中央网关控制单元）。

N93（中央网关控制单元）是前端控制器区域网络与其他总线系统之间的数据交换接口。

（8）车辆动态控制器区域网络（CAN H）。主要负责行驶安全系统的数据传输，使用车辆动态控制器区域网络的控制单元有 A89（限距控制系统（DTR）控制单元）、B24/15（横摆率、横向和纵向加速度传感器）、N62/1（雷达传感器控制单元（SGR））、N62/2（视频和雷达传感器系统控制单元）、N30/6（再生制动系统控制单元）、N47-5（电控车辆稳定行驶系统（ESP）控制单元）等控制单元。

N30/6（再生制动系统控制单元）、N47-5（电控车辆稳定行驶系统（ESP）控制单元）、N62/1（雷达传感器控制单元（SGR））、N62/2（视频和雷达传感器系统控制单元）是车辆动态控制器区域网络与其他总线系统之间的数据交换接口。

（9）传动系统传感器控制器区域网络（CAN I），主要负责 A9/5（电动制冷压缩机）、N37/8（选择性催化还原（SCR）催化转换器下游的 NO_x 传感器控制单元）、N3/10（电控多端顺序燃料喷注/点火系统（ME-SFI）[ME]）、N3/9（控制单元或共轨喷射系统柴油机（CDI））、N82/2（蓄电池管理系统控制单元）、N37/7（柴油微粒滤清器下游的 NO_x 传感器控制单元）、N118/5（AdBlue 控制单元）等控制单元的数据传输。

N3/10（电控多端顺序燃料喷注/点火系统（ME-SFI）[ME]）、N3/9（控制单元或共轨喷射系统柴油机（CDI））是传动系统传感器控制器区域网络与其他总线系统之间的数据交换接口。

(10) 传感器控制器区域网络(CAN S)。主要负责 A86/1b1、A86/1b2、A86/1b3、A86/1b4(前保险杠,内、外部左、右侧雷达传感器)、A86/2b1、A86/2b2、A86/2b3、A86/2b4(后保险杠,内、外部左、右侧雷达传感器)N62/1(雷达传感器控制单元(SGR))、N62/2(视频和雷达传感器系统控制单元)之间的数据传递。

N62/1(雷达传感器控制单元(SGR))、N62/2(视频和雷达传感器系统控制单元)是传感器控制器区域网络与其他总线系统之间的数据交换接口。

(11) 多媒体传输系统(MOST)。MOST 是一种光纤网络系统。它通过光纤电缆将数据发送到所连接的信息系统,导航系统和通信系统部件。多媒体传输系统(MOST)的传输速率为 22Mb/s。用多媒体传输系统(MOST)的控制单元见图 6-47 整车网络(GVN)框图 2 中的 MOST 部分。

A40/3(驾驶室管理及数据系统(COMAND)控制单元)是多媒体传输系统(MOST)与其他总线系统之间的数据交换接口。

3. 整车网络(GVN)供电与电压分配器插座(图 6-49)。

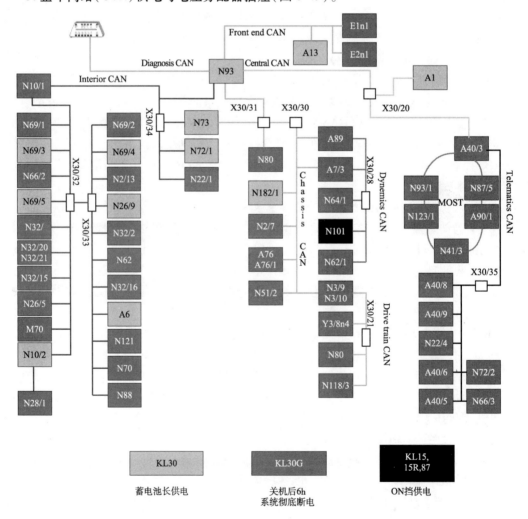

图 6-49 整车网络(GVN)供电与电压分配器插座

图 6-49 中,浅灰色的控制单元表示由蓄电池长供电,灰色的控制单元表示关机 6h 后系统彻底断电,黑色的控制单元表示由点火开关 ON 挡供电。

在 W221 网络中还有 9 个电压分配器插座,见表 6-23。电压分配器插座的位置布局见图 6-50。

W221 网络电压分配器插座　　　　　表 6-23

标识	对应分配器插座名称
X30/20	中央控制器区域网络(CAN)电压分配器插座
X30/21	传动系统控制器区域网络(CAN)电压分配器插座
X30/28	车辆动态控制器区域网络(CAN)电压分配器插座
X30/30	底盘控制器区域网络(CAN)/车架地板总成(FFS)[RBA]电压分配器插座
X30/31	底盘控制器区域网络(CAN)/驾驶室电压分配器插座
X30/32	左侧车内控制器区域网络(CAN)/车架地板总成(FFS)[RBA]电压分配器插座
X30/33	右侧车内控制器区域网络(CAN)/车架地板总成(FFS)[RBA]电压分配器插座
X30/34	车内控制器区域网络(CAN)/驾驶室电压分配器插座
X30/35	远程信息处理控制器区域网络(CAN)电压分配器插座

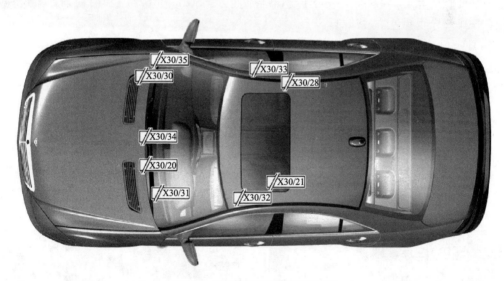

图 6-50　电压分配器插座的位置布局

(1)中央控制器区域网络(CAN)电压分配器插座 X30/20(其在车上位置见图 6-51)。仪表盘(A1)、驾驶室管理及数据系统(COMAND)控制单元(A40/3)和中央网关控制单元(N93)连接了中央控制器区域网络(CAN)电压分配器插座,位于制动踏板上方,CAN 线颜色为黄、黄/白。

(2)传动系统控制器区域网络(CAN)电压分配器插座 X30/21(其在车上位置见图 6-52)。传动系统控制器区域网络(CAN)电压分配器插座位于驾驶员座椅下后方,连接了直接选挡(DIRECT SELECT)智能伺服模块(A80)、柴油共轨喷射(CDI)控制单元(N3/9)(装配柴油发动机)、电控多端顺序燃油喷注和点火系统(ME-SFI)[ME]控制单元(N3/10)(装配汽油发动机)、电子变速器控制控制系统(ETC)[EGS]控制单元(N15/3)(装配变速器 722.6)、燃油泵控制单元(N118)、搭铁(左前座椅横梁(W18))、完全集成式变速器控制(VGS)控制单元(Y3/8n4)(装配变速器电压分配器插座722.9),导线颜色为蓝、蓝/白。

图 6-51　插座 X30/20、X30/31、X30/34 在车上的位置　　图 6-52　插座 X30/21、X30/32 在车上的位置

(3)车辆动态控制器区域网络(CAN)电压分配器插座 X30/28(其在车上位置见图 6-53)。车辆动态控制器区域网络(CAN)电压分配器插座位于前排乘客座椅下后方,连接着限距控制系统(DTR)控制单元(A89)、横摆率、横向和纵向加速度传感器(B24/15)、电控车辆稳定行驶系统(ESP)控制单元(N47-5)、雷达传感器控制单元(SGR)(N62/1)和夜视辅助系统控制单元(N101),导线颜色紫、紫/白。

(4)底盘控制器区域网络(CAN)车架地板总成(FFS)[RBA]电压分配器插座 X30/30(其在车上位置见图 6-54)。底盘控制器区域网络(CAN)车架地板总成(FFS)[RBA]电压分配器插座位于前乘客侧的脚坑下方,连接着多功能摄像头(A40/11)、左前双向安全带紧急拉紧器(A76)、右前双向安全带紧急拉紧器(A76/1)、电液动力转向(A91/1)、防护装置控制单元(N2/7)、电控多端顺序燃油喷注和点火系统(ME-SFI)[ME]控制单元、柴油共轨喷射(CDI)控制单元、电控车辆稳定行驶系统(ESP)控制单元、带自动减振适应系统(ADS)控制单元的空气悬架系统(AIRMATIC)(N51)、主动悬架控制系统(ABC)控制单元(N51/2)、驻车定位系统(PTS)控制单元(N62)、雷达传感器控制单元(SGR)、轮胎压力监测器(TPM)控制单元(N88),导线颜色绿、绿白。

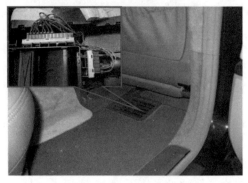 

图 6-53　插座 X30/28、X30/33 在车上的位置　　图 6-54　插座 X30/30、X30/35 在车上的位置

其他电压分配器插座分别也在以上四个位置,相应的连接控制单元及颜色在此不一一介绍,结合前述内容,读者可自行了解。

二、222 总线介绍

1. 部件位置（图 6-55）

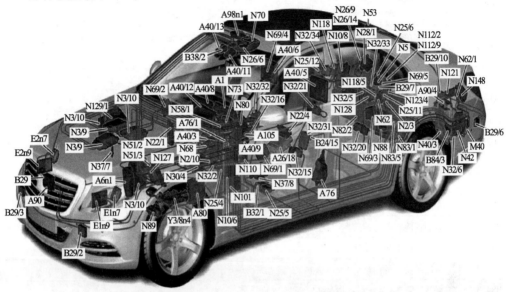

图 6-55　222 整车网络部件位置图

222 整车网络部件位置图中的标识所对应单元或部件名称一览表，见表 6-24。

222 整车网络部件位置图中的标识所对应单元或部件名称一览表　表 6-24

标识	对应单元或部件名称
A1	仪表盘
A6n1	辅助加热器控制单元（装配辅助加热器/代码 228）
A26/18	后排娱乐系统控制单元（装配后排娱乐系统/代码 864）
A40/3	驾驶室管理及数据系统（COMAND）控制单元
A40/5	左后显示屏（装配后排娱乐系统/代码 864）
A40/6	右后显示屏（装配后排娱乐系统/代码 864）
A40/8	音频/驾驶室管理及数据系统（COMAND）显示屏
A40/9	音频/驾驶室管理及数据系统（COMAND）控制板
A40/11	平面探测多功能摄像头（装配交通标志辅助系统/代码 513，夜视辅助系统/代码 610 或自适应远光灯辅助系统/代码 608 或自适应远光灯辅助系统增强版/代码 628，驾驶辅助组件/代码 P20 除外）
A40/12	平视显示屏（装配平视显示屏/代码 463）
A40/13	立体探测多功能摄像头（装配主动车身控制（ABC）/代码 487，交通标志识别系统/代码 513，夜视辅助系统/代码 610 或自适应远光灯辅助系统/代码 608 或自适应远光灯辅助系统增强版/代码 628 和驾驶辅助组件/代码 P20）
A76	左前双向安全带紧急拉紧器
A76/1	右前双向安全带紧急拉紧器
A80	直接选挡（DIRECT SELECT）智能伺服模块

续上表

标识	对应单元或部件名称
A90	碰撞预防辅助系统(COLLISION PREVENTIONASSIST)控制单元(装配碰撞预防辅助系统(COLLISION PREVENTIONASSIST)/代码258)
A90/4	调谐器单元(装配SIRIUS卫星广播/代码536或数字音频广播(DAB)/代码537或电视调谐器/代码865)
A98n1	全景式滑动天窗控制单元(装配全景式滑动天窗/代码413)
A105	Touchpad(装配Touchpad/代码448)
B24/15	横摆率,横向和纵向加速度传感器
B29	前部远程雷达传感器(装配驾驶辅助组件/代码P20)
B29/2	左前保险杠雷达传感器(装配驾驶辅助组件/代码P20)
B29/3	右前保险杠雷达传感器(装配驾驶辅助组件/代码P20)
B29/6	左后保险杠雷达传感器(装配驾驶辅助组件/代码P20)
B29/7	右后保险杠雷达传感器(装配驾驶辅助组件/代码P20)
B29/10	后排中间保险杠雷达传感器(装配驾驶辅助组件/代码P20)
B38/2	带附加功能的雨量/光线传感器
B84/3	后视摄像头(装配后视摄像头/代码218)
E1n7	左前发光二极管(LED)外车灯促动模块(装配右舵驾驶车辆动态SA ELED前照灯/代码640或动态左舵驾驶车辆发光二极管(LED)前照灯/代码641或动态右舵驾驶车辆发光二极管(LED)前照灯/代码642)
E1n9	左侧前照灯控制单元
E2n7	右前发光二极管(LED)外车灯促动模块(装配SAE动态右舵驾驶车辆发光二极管(LED)前照灯/代码640,或左舵驾驶车辆动态发LED前照灯/代码641,或动态右舵驾驶车辆发光二极管(LED)前照灯/代码642)
E2n9	右侧前照灯控制单元
M40	多仿形座椅气动泵(装配左/右动态多仿形座椅/代码432或后排多仿形座椅/代码406)
N2/3	主动式安全带锁扣控制单元(装配后排预防性安全系统(PRE-SAFE)/代码305)
N2/10	辅助防护装置控制单元
N3/9	共轨喷射系统柴油机(CDI)控制单元(柴油发动机,装配发动机642时位于中央、装配发动机651时位于右侧)
N3/10	电控多端顺序燃料喷注/点火系统(ME-SFI[ME])控制单元(汽油发动机,装配发动机157、276.8、278时位于中央;装配发动机276.9时位于左侧;装配发动机277、279时位于右侧)
N5	扶手加热器控制单元(装配前排扶手加热器/代码906或后排扶手加热器/代码907)
N10/6	前信号采集及促动控制模组(SAM)控制单元
N10/8	后信号采集及促动控制模组(SAM)控制单元
N22/1	智能气候控制控制单元
N22/4	后排空调系统操作单元(装配后排空调系统/代码582)
N25/4	前排乘客座椅加热器控制单元(装配左/右动态多仿形座椅/代码432)

续上表

标识	对应单元或部件名称
N25/5	驾驶员座椅加热器控制单元(装配左/右动态多仿形座椅/代码432)
N25/6	后排座椅加热器控制单元(装配后排座椅加热器/代码872)
N25/11	左后座椅加热器控制单元(装配后排座椅舒适型组件/代码P43)
N25/12	右后座椅加热器控制单元(装配后排座椅舒适型组件/代码P43)
N26/6	防盗警报系统(ATA[EDW])/防拖车保护系统/车内保护系统控制单元(装配内部监控/代码882)
N26/9	特种车辆多功能控制单元(装配租用车辆电气预装备/代码965,最高保护/代码Z07除外)
N26/14	特种车辆多功能控制单元(SVMCU[MSS])(装配最高保护/代码Z07,租用车辆电气预装备/代码965除外)
N28/1	挂车识别控制单元(装配挂车挂钩/代码550)
N30/4	电控车辆稳定行驶系统控制单元
N32/1	驾驶员座椅控制单元
N32/2	前排乘客座椅控制单元
N32/5	右后座椅控制单元(装配电动调节式后排长座椅/代码223)
N32/6	左后座椅控制单元(装配电动调节式后排长座椅/代码223)
N32/15	左前多仿形座椅控制单元(装配左/右动态多仿形座椅/代码432)
N32/16	右前多仿形座椅控制单元(装配左/右动态多仿形座椅/代码432)
N32/20	左后多仿形座椅控制单元(装配后排多仿形座椅/代码406)
N32/21	右后多仿形座椅控制单元(装配后排多仿形座椅/代码406)
N32/31	左前座椅按摩功能控制单元(装配左/右动态多仿形座椅/代码432)
N32/32	右前座椅按摩功能控制单元(装配左/右动态多仿形座椅/代码432)
N32/33	左后座椅按摩功能控制单元(装配后排座椅舒适型组件/代码P43)
N32/34	右后座椅按摩功能控制单元(装配后排座椅舒适型组件/代码P43)
N37/7	柴油微粒滤清器下游的氮氧化物(NO_x)传感器控制单元(装配BlueTEC(选择性催化还原(SCR))柴油机排气处理装置/代码U77))
N37/8	选择性催化还原(SCR)催化转换器下游的氮氧化物(NO_x)传感器控制单元(装配BlueTEC(选择性催化还原(SCR))柴油机排气处理装置/代码U77))
N40/3	音响系统放大器控制单元(装配音响系统/代码810或高级音响系统/代码811)
N42	摄像头盖控制单元(装配后视摄像头/代码218或360°摄像头/代码501)
N51/2	主动车身控制控制单元(装配主动车身控制(ABC)/代码487)
N51/3	空气悬架系统(AIRmatic)控制单元(主动车身控制(ABC)/代码487除外)
N53	可调光全景式天窗控制单元(装配带可调光天窗的全景式天窗/代码398)
N58/1	智能气候控制操作单元
N62	驻车系统控制单元(装配带驻车定位系统(PARKTRONIC)的主动式驻车辅助系统/代码235或装配360°摄像头/代码501)
N62/1	雷达传感器控制单元(装配驾驶辅助组件/代码P20)

续上表

标识	对应单元或部件名称
N68	电动动力转向机构控制单元
N69/1	左前车门控制单元
N69/2	右前车门控制单元
N69/3	左后车门控制单元
N69/4	右后车门控制单元
N69/5	无钥匙起动(KEYLESS-GO)控制单元
N70	车顶控制板控制单元
N73	电子点火开关控制单元
N80	转向柱模块控制单元
N82/2	蓄电池管理系统控制单元(车型 222.004/104/057/157/163)
N83/1	直流/直流转换器控制单元(车型 222.163)
N83/5	充电器(车型 222.163)
N88	轮胎压力监测器控制单元(装配轮胎压力监测器/代码 475,Schrader 公司)
N89	变速器油辅助变速器油泵控制单元(变速器 722.9)
N101	夜视辅助系统控制单元(装配夜视辅助系统/代码 610)
N110	重量传感系统(WSS)控制单元(装配前排乘客气囊功能自动关闭功能/代码 U10)
N112/2	车载智能信息服务通信模块(装配泛欧 Ecall 紧急呼叫系统/代码 350 或实时交通信息/代码 B54)
N112/9	HERMES 控制单元(装配 HERMES UMTS/代码 360 或 HERMES LTE/代码 362)
N118	燃油泵控制单元
N118/5	AdBlue 雾状尿素水溶液控制单元(采用 BlueTEC(选择性催化还原(SCR))柴油机排气处理技术/代码 U77)
N121	行李舱盖控制(KDS)控制单元(装配行李舱盖遥控关闭/代码 881)
N123/4	紧急呼叫系统控制单元(装配紧急呼叫/救援系统/代码 348)
N127	传动系统控制单元
N128	电动驻车制动器控制单元
N129/1	电力电子控制单元(车型 222.004/057/104/157)
N148	360°摄像头控制单元(装配 360°摄像头/代码 501)
Y3/8n4	完全集成式变速器控制系统控制单元

2. 整车网络(GVN)框图与功能(图 6-56、图 6-57)

车辆电子设备通过以下数据总线系统实现联网:控制器区域网络(CAN)、底盘 FlexRay、多媒体传输系统(MOST)和以太网(Ethernet)。

(1)CAN A 车载智能信息系统控制器区域网络(CAN)。用于在连接的音频设备之间进行数据交换,传输速率为 250kb/s。使用车载智能信息系统控制器区域网络(CAN)的控制单元见图 6-57。

驾驶室管理及数据系统(COMAND)控制单元构成与其他总线系统相连的控制单元之间的数据交换接口。

(2)CAN B 车内控制器区域网络(CAN)。车内控制器区域网络(CAN)的传输速率为 250kb/s。使用车内控制器区域网络(CAN)的控制单元详见图 6-48。电子点火开关控制单元构成了与其他总线系统相连的控制单元之间的数据交换接口。

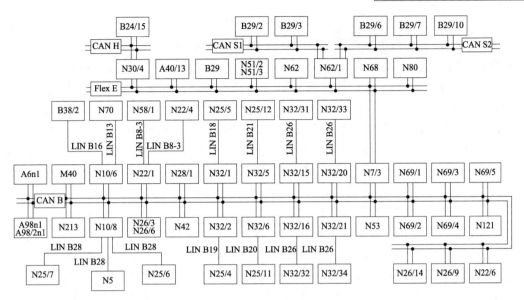

图6-56 222整车网络(GVN)框图1

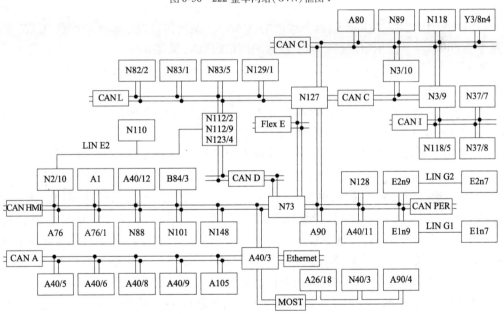

图6-57 222整车网络(GVN)框图2

车内控制器区域网络(CAN)还包括了以下LIN总线连接:LIN B8-3空调操作局域互联网(LIN);LIN B13车顶局域互联网(LIN);LIN B16雨量/光线传感器局域互联网(LIN);LIN B18左侧座椅局域互联网(LIN);LIN B19右侧座椅局域互联网(LIN);LIN B20左后座椅局域互联网(LIN)(在车型222中);LIN B21右后座椅局域互联网(LIN)(在车型222中);LIN B26按摩部件局域互联网(LIN);LIN B28加热器局域互联网(LIN)。

(3)CAN C发动机控制器区域网络(CAN)。发动机控制器区域网络(CAN)的传输速率为500kb/s,共轨喷射系统柴油机(CDI)控制单元或电控多端顺序燃料喷注/点火系统(ME-SFI[ME])控制单元和传动系统控制单元既是与其他总线系统相连的控制单元之间的数据交换接口,又是使用 CAN C 网络的控制单元。

(4) CAN C1 传动系统控制器区域网络(CAN)。传动系统控制器区域网络(CAN)的传输速率为 500kb/s,使用传动系统控制器区域网络(CAN)的控制单元详见图 6-49。

共轨喷射系统柴油机(CDI)控制单元或电控多端顺序燃料喷注/点火系统(ME-SFI[ME])控制单元和传动系统控制单元即是与其他总线系统相连的控制单元之间的数据交换接口。

(5) CAN D 诊断控制器区域网络(CAN)。诊断控制器区域网络(CAN)的传输速率为 500kb/s,用于在外部诊断检测仪与车辆中的控制单元之间进行数据交换。电子点火开关控制单元、车载智能信息服务通信模块(装配通信模块/代码(B54))、紧急呼叫系统控制单元(装配紧急呼叫/救援系统/代码(348))在 CAN D 上。

电子点火开关控制单元构成了与其他总线系统相连的控制单元之间的数据交换接口。

(6) CAN H 车辆动态控制器区域网络(CAN)。车辆动态控制器区域网络(CAN)的传输速率为 500kb/s。使用车辆动态控制器区域网络(CAN)的控制单元有横摆率、横向和纵向加速度传感器和电控车辆稳定行驶系统控制单元。

电控车辆稳定行驶系统控制单元(ESP)构成与其他总线系统相连的控制单元之间的数据交换接口。

(7) CAN HMI 用户接口控制器区域网络(CAN)。用户接口控制器区域网络(CAN)的传输速率为 500kb/s。使用用户接口控制器区域网络(CAN)见图 6-57。

驾驶室管理及数据系统(COMAND)控制单元和电子点火开关控制单元构成与其他总线系统相连的控制单元之间的数据交换接口。

重量传感系统(WSS)控制单元(装配带重量传感系统的前排乘客座椅/代码(U10)通过座椅承载局域互联网(LIN E2)与辅助防护装置控制单元相连。

(8) CAN I 传动系统传感器控制器区域网络(CAN)。传动系统传感器控制器区域网络(CAN)的传输速率为 500kb/s。使用传动系统传感器控制器区域网络(CAN)的控制单元有共轨喷射系统柴油机(CDI)控制单元、柴油微粒滤清器下游的 NO_x 传感器控制单元(适用于 BlueTEC(选择性催化还原(SCR))柴油机排气处理技术/代码(U77))、选择性催化还原(SCR)催化转换器下游的氮氧化物(NO_x)传感器控制单元(适用于 BlueTEC(选择性催化还原(SCR))柴油机排气处理技术/代码(U77))、AdBlue 雾状尿素水溶液控制单元(适用于 BlueTEC(选择性催化还原(SCR))柴油机排气处理技术/代码(U77))。

共轨喷射系统柴油机(CDI)控制单元构成与其他总线系统相连的控制单元之间的数据交换接口。

(9) CAN L 混合动力控制器区域网络(CAN)(在车型 222.004/057/104/157 中)。混合动力控制器区域网络(CAN)的传输速率为 500kb/s。使用混合动力控制器区域网络(CAN)的控制单元有蓄电池管理系统控制单元、车载智能信息服务通信模块(装配通信模块/代码(B54))、传动系统控制单元和电力电子控制单元。

传动系统控制单元和车载智能信息服务通信模块控制单元构成与其他总线系统相连的控制单元之间的数据交换接口。

(10) CAN PER 外围装置控制器区域网络(CAN)。外围装置控制器区域网络(CAN)的传输速率为 500kb/s。使用外围装置控制器区域网络(CAN)的控制单元详见图 6-57。

电子点火开关控制单元和传动系统控制单元构成与其他总线系统相连的控制单元之间的数据交换接口。

左前 LED 外车灯促动模块(在车型 222 中,装配 SAE 动态 LED 前照灯(右舵驾驶)/代码(640)或动态 LED 前照灯(左舵驾驶)/代码(641)或动态 LED 前照灯(右舵驾驶)/代码(642)),车型 217 通过左侧前照灯局域互联网(LIN G1)连接至左侧前照灯控制单元。

右前 LED 外车灯促动模块(在车型 222 中,装配 SAE 动态 LED 前照灯(右舵驾驶)/代码(640)或动态 LED 前照灯(左舵驾驶)/代码(641)或动态 LED 前照灯(右舵驾驶)/代码(642)),车型 217 通过右侧前照灯局域互联网(LIN G2)连接至右侧前照灯控制单元。

(11) CAN S1 雷达控制器区域网络(CAN)1(装配驾驶辅助组件/代码(P20))。雷达控制器区域网络(CAN)1 的传输速率为 500kb/s。使用雷达控制器区域网络(CAN)1 的控制单元有左前保险杠雷达传感器、右前保险杠雷达传感器和雷达传感器控制单元。

雷达传感器控制单元构成与其他总线系统相连的控制单元之间的数据交换接口。

(12) CAN S2 雷达控制器区域网络(CAN)2(装配驾驶辅助组件/代码(P20))。雷达控制器区域网络(CAN)2 的传输速率为 500kb/s。使用雷达控制器区域网络(CAN)1 的控制单元有左后保险杠雷达传感器、右后保险杠雷达传感器、中央后部保险杠雷达传感器和雷达传感器控制单元。

雷达传感器控制单元构成与其他总线系统相连的控制单元之间的数据交换接口。

(13) 底盘 FlexRay。底盘 FlexRay 是一个快速、确定性和容错总线系统,信号不是基于事件而传输,而使在固定的确定时间窗口期间传输,因此总线负载可下降。时间窗口分为静态和动态部分。底盘 FlexRay 包括为提高抗干扰力而传输差动信号的绞合双芯数据线路,各连接的控制单元都能够发送或接收电压脉冲形式的数据,底盘 FlexRay 用于在彼此连接的控制单元之间进行数据交换,传输速率为 10Mb/s。使用底盘 FlexRay 的控制单元详见图 6-56。

电控车辆稳定行驶系统控制单元、雷达传感器控制单元、电子点火开关控制单元和传动系统控制单元构成与其他总线系统相连的控制单元之间的数据交换接口。

(14) 多媒体传输系统(MOST)。多媒体传输系统(MOST)为光纤数据总线系统,它通过光纤电缆将数据发送到所连接的信息系统、导航系统和通信系统部件。多媒体传输系统(MOST)的传输速率为 22Mb/s。

驾驶室管理及数据系统(COMAND)控制单元、后排娱乐系统控制单元(装配后排娱乐系统/代码(864))、调谐器装置(装配 SIRIUS 卫星广播/代码(536)或数字广播/代码(537)或电视调谐器/代码(865))、音响系统放大器控制单元(装配音响系统/代码(810)或高级音响系统/代码(811))使用多媒体传输系统(MOST)。

驾驶室管理及数据系统(COMAND)控制单元构成与其他总线系统相连的控制单元之间的数据交换接口。

(15) 以太网。以太网车辆入口用于将数据传输至驾驶室管理及数据系统(COMAND)控制单元。车辆以太网接入的传输速率为 100Mb/s,100Mb/s 的带宽使得不用单独的 DVD 就可以对数字用户手册、驾驶室管理及数据系统(COMAND)控制单元和多媒体传输系统(MOST)部件进行设置。

3. 电压分配器插座

222 电压分配器插座位置如图 6-58 所示。W221 网络电压分配器插座对应单元或部件名称见表6-25。

图6-58　222电压分配器插座位置

W221网络电压分配器插座对应单元或部件名称　　　表6-25

标识	对应单元或部件名称
X30/20	用户接口控制器区域网络(CAN)(左前膝部保护装置)
X30/21	传动系统控制器区域网络(CAN)(右前脚坑)
X30/27	外围设备控制器区域网络(CAN)(右前脚坑)
X30/32	车内控制器区域网络(CAN)(左后脚坑)
X30/33	车内控制器区域网络(CAN)(右前脚坑)
X30/34	车内控制器区域网络(CAN)(左前膝部保护装置)
X30/35	车载智能信息系统控制器区域网络(CAN)(左前脚坑)
X30/38	传动系统传感器控制器区域网络(CAN)(左前脚坑)
X30/44	混合动力控制器区域网络(CAN)(右前脚坑)

课题四　宝马数据总线系统应用

一、宝马车型介绍

"1系"主要是两厢的旅行车,也有三厢版本的,包括120系列和130系列等车型,厂家内部以底盘区分,分别有E81、E82、E87、E88和F20等类型(E、F表示是不同的平台,最新的平台是G,后面的数字表示产品开发序列号)。

"3系"是都市时尚跑车,有320、325、330和加强型,包括E36、E46、E90、E91、E92、E93、F30、F35。以3系E90为例,包含的车型有316i、318i、318d、320i、320d、320si、323i、325i、325d、325xi、328i、328xi、330d、330i、330xd、330xi、335d、335i、335xi、M3。

"5系"属于商务车,车型比"3系"要大很多,包括E34、E39、E60、E61、F07、F10、F11、F18。

"6系"为跑车类别,路面上很少见,价格基本都在150万元以上,有E63、E64和F12。

"7系"为豪华商务,730、740、745、750和760等,价格从80多万到250万左右,属宝马的旗舰车型,有E38、E65、E66、F01、F02、F04、HYB。

"8系"为2 2跑车,车身编号为E31。

"X系"为SUV类,有X1(E84)、X3(E83、F25)、X5(E53、E70、F15)、X6(E7、E72、

HYB),除 X6 属于跑车兼容 SUV 外,X1、X3、X5 的车型一个比一个大。

"Z 系"为时尚跑车 Z3、Z4 等 Z 系列的车一般都是新款车型的型号是数字递增的,Z3(E36)、Z4(E85、E86、E89)、Z8(E52)。

"M 系"是顶级的跑车,有 M1(E85)、M2(F21)、M3(E46M3、E90M3、E92M3、E93M3)、M5(E60)、M6(E63)。

"MINI 系列"有 R50、R52、R53、R55、R55LCI、R56、R56LC、R57、R57LCI、R60。

二、宝马数据总线应用概览

1. 宝马数据总线系统简析

宝马车中的电子控制单元通过一个网络相互连接,中央网关模块负责将信息从一个总线系统传递至另一个总线系统。该模块在该系统网络中起重要作用。

发动机控制和底盘调节系统——PT-CAN(或 PT-CAN2)和 FlexRay 总线系统与 ZOM 连接。

常用车辆电气系统的控制单元——K-CAN 和 K-CAN2 连接。

对于信息和通信技术范围内的大部分控制单元——在 MOST 用作信息载体使用。

车辆诊断——通过 D-CAN 连接,通过访问以太网进行车辆的编程/设码。

总网络由保障各个控制单元之间通信的不同的总线系统构成。

2. 宝马数据总线系统概述

宝马总线原则上分为两组,一组为主总线系统,一组为子总线系统。主总线系统负责跨系统的数据交换。子总线系统负责系统内的数据交换。主总线系统包含以太网、FlexRay、K-CAN、K-CAN2、MOST、PT-CAN 和 PT-CAN2;子总线系统包括 BSD、D-CAN(诊断 CAN)、LIN 和 Local-CAN。

(1)车身 CAN(K-CAN)。K-CAN 用于部件的低数据传输率通信,通过中央网关模块也可与其他总线系统连接。一些 K-CAN 中的控制单元使用一根 LIN 总线作为子总线,数据传输率为 100kb/s,采用双绞线结构。K-CAN 可在故障情况下作为单线总线运行。

(2)车身 CAN2(K-CAN2)。K-CAN2 用于控制单元的高数据传输率通信,通过中央网关模块也可与其他总线系统连接。一根 LIN 总线作为子总线连接在 K-CAN2 内的所有控制单元上,数据传输率为 500kb/s,采用双绞线结构。

(3)传动系 CAN(PT-CAN)。PT-CAN 将发动机控制与变速器控制以及安全和驾驶员辅助系统范围内的系统相连接,通过连接至各个系统的分支线构成线型结构,数据传输率为 500kb/s,并采用双绞线结构。

(4)动力传动系 CAN2(PT-CAN2)。PT-CAN2 是发动机控制范围内的 PT-CAN 的一个冗余,也用于将信号传送至燃油泵控制,数据传输率为 500kb/s,结构是双导线配以辅助唤醒导线。

(5)以太网。以太网是一种供应商中立的、通过电缆连接的网络技术,使用 TCP/IP(TransmissionControl Protocol/Internet Protocol,传输控制协议/互联网络协议)协议和 UDP(User Datagramm Protocol,用户数据报协议)协议作为传输协议。

(6)FlexRay。每个通道最大数据传输率高达 10Mb/s,FlexRay 明显快于目前在车辆中车身和驱动机构/底盘范围内使用的数据总线。中央网关模块建立不同的总线系统和 FlexRay 之间的连接。根据车辆的装备状态在 ZGM 中有一个或两个各带有四个总线驱动器的星形耦合器。总线驱动器将控制单元的数据通过通信控制器传输至中央网关模块（ZGM）。受到限定的数据传输确保每条信息实时传输给定时控制的部件,实时表示在规定的时间内进行传送。

（7）MOST 总线系统。MOST 是一种用于多媒体应用的数据总线技术。MOST 总线使用光脉冲用于数据传输,其结构为环形结构。环形结构中的数据传输只沿一个方向进行。只有中央网关模块才能实现 MOST 总线和其他总线系统之间的数据交换。车辆信息电脑用作主控制单元,其余总线系统的网关是中央网关模块。

多数情况下车辆的总线系统（主总线系统和子总线系统）通过一个总体概览表示。每个总线系统都分配有一种颜色（与车辆中电缆的颜色相同）。另外,还要考虑总线导线的数量（单线、双线）。以下介绍各个总线系统,F01/F02 用于宝马 7 系,其总线系统较复杂,最具代表性,涵盖了其他较低车系;F30 用于宝马 3 系;F15 用于宝马第三代 X5。

三、F01/F02 总线系统

1. F01/F02 整个总线概览（图 6-59、表 6-26、表 6-27）

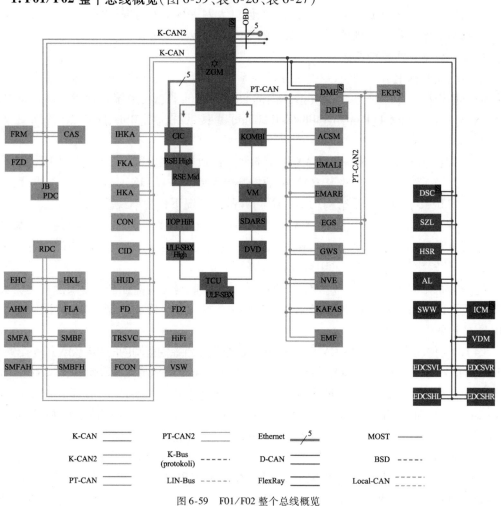

图 6-59　F01/F02 整个总线概览

F01/F02 总线概览中的标识所对应单元或部件名称一览表　　表6-26

标识	对应单元或部件名称	标识	对应单元或部件名称
ACSM	碰撞和安全模块（高级碰撞和安全模块）	FZD	车顶功能中心
		GWS	选挡开关
AHM	挂车模块	HiFi	高保真音响放大器
AL	主动转向系统	HKL	行李舱盖举升装置
CAS	便捷登车及起动系统	HSR	后桥侧偏角控制系统
CIC	车辆信息计算机	HUD	平视显示屏
CID	中央信息显示屏	ICM	集成式底盘管理系统
CON	控制器	IHKA	自动恒温空调
DDE	数字式柴油机电子系统	KAFAS	基于摄像机原理的驾驶员辅助系统
DME	数字式发动机电子系统		
DSC	动态稳定控制系统	PDC	驻车距离监控系统
DVD	DVD换碟机	RDC	轮胎压力监控系统
EDCSHL	左后电子减振器控制系统卫星式控制单元	OBD	诊断插座
		RSE Mid	后座区娱乐系统
EDCSHR	右后电子减振器控制系统卫星式控制单元	RSE High	Professional 后座区娱乐系统
		SDARS	卫星调谐器（美规）
EDCSVL	左前电子减振器控制系统卫星式控制单元	SMBF	前乘客座椅模块
		SMBFH	前乘客侧后部座椅模块
EDCSVR	右前电子减振器控制系统卫星式控制单元	SMFA	驾驶员座椅模块
		SMFAH	驾驶员侧后部座椅模块
EGS	变速器电子控制系统	SWW	换车道警告
EHC	车辆高度电子控制系统	SZL	转向柱开关中心
EKPS	电动燃油泵控制系统	TCU	远程通信系统控制单元
EMALI	左侧电动安全带收卷装置（安全带）	TOP HIFI	顶级高保真音响系统
		TRSVC	倒车摄像机和侧视系统控制单元（顶部后方侧摄像机）
EMARE	右侧电动安全带收卷装置（安全带）	ULF-SBX	接口盒（ULF功能）
EMF	电动机械式驻车制动器	ULF-SBXHigh	高级接口盒（蓝牙电话技术、语音输入和USB/音频接口）
FCON	后座区控制器		
FD	后座区显示屏	VDM	垂直动态管理系统（电子减振器控制系统的中央控制单元）
FD2	后座区显示屏2		
FKA	后座区暖风和空调系统	VM	视频模块
FLA	远光灯辅助系统	VSW	视频开关
FRM	脚部空间模块	ZGM	中央网关模块

总线概览缩写图例中的标识所对应单元或部件名称一览表 表6-27

标识	对应单元或部件名称	标识	对应单元或部件名称
BSD	位串行数据接口	LIN	局域互联网
D-CAN	诊断CAN	Local-CAN	局域CAN总线(在F01/F02中用于环境传感器)
Ethernet	快速数据协议		
FlexRay	FlexRay总线系统	MOST	多媒体传输系统
K-CAN	车身CAN	PT-CAN	动力传动系CAN
K-CAN2	快速车身CAN(500kB)	PT-CAN2	动力传动系CAN2
✦	星形连接器—中央网关模块内FlexRay接口的分配器	WUP	唤醒导线
		S	启动节点:负责FlexRay总线系统启动和同步的控制单元

2. 系统组件

F01/F02的整个网络由不同总线系统组成,这些系统可确保各控制单元之间的通信。以VDM为例,车轮高度状态由VDM控制单元通过车辆高度传感器测量。自动前照灯照明距离调节装置也可以利用该信息调整前照灯照明距离。该信息由VDM通过相应的总线系统(VDM-FlexRay-ZGM-K-CAN2–FRM)提供给脚部空间模块。

F01/F02的所有总线系统,除以太网外,都曾经应用于其他宝马车型。原则上总线系统分为两组:主总线系统,以太网、FlexRay、K-CAN、K-CAN2、MOST、PT-CAN和PT-CAN2;子总线系统,BSD、D-CAN(诊断CAN)、LIN、局域CAN。

(1)主总线系统。主总线系统负责控制单元之间跨系统的数据交换。其中包括诊断、编程和设码等系统功能。其传输功率见表6-28。

主总线传输速率 表6-28

主总线系统	数据传输率	总线结构
D-CAN(诊断CAN)	500kb/s	线性,双线
以太网	100Mb/s	线性
FlexRay	10Mb/s	混合拓扑结构,双线
K-CAN(车身CAN)	100kb/s	线性,双线,在应急运行模式下可以单线运行
K-CAN2(快速车CAN)	500kb/s	线性,双线
MOST(多媒体传输系统总线)	22.5Mb/s	环形,光缆
PT-CAN(底盘CAN)	500kb/s	线性,双线
PT-CAN2(传动系CAN)	500kb/s	线性,双线

①诊断CAND-CAN(图6-60),其诊断接口安装位置见图6-61。

②车身CANK-CAN。K-CAN采用线性拓扑结构,用于数据传输率较低的部件之间的通信,通过中央网关模块与其他总线系统相连,出现故障时,K-CAN可作为单线总线运行。K-CAN控制单元通过总线来唤醒,无须附加唤醒导线。

③车身CAN2K-CAN2。K-CAN2主要用于数据传输率较高的控制单元之间的通信。

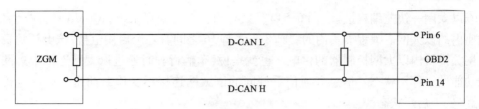

图 6-60 诊断 CAN

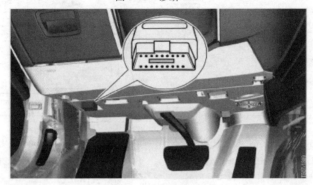

图 6-61 诊断接口安装位置

④动力传动系 CANPT-CAN。PT-CAN 连接发动机管理系统和变速器控制系统,现在还负责安全和驾驶员辅助系统方面各系统间的相互连接。通过总线端 30 供电的控制单元使用一个附加唤醒导线,见图 6-62、表 6-29。终端电阻在组合仪表和电动机械式驻车制动器中。

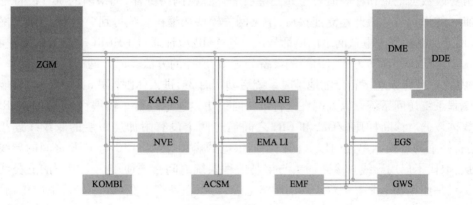

图 6-62 PT-CAN

PT-CAN 中的标识所对应单元或部件名称一览表　　　表 6-29

标识	对应单元或部件名称	标识	对应单元或部件名称
ACSM	碰撞和安全模块	DME	数字式发动机电子系统
EGS	变速器电子控制系统	EMF	电动机械式驻车制动器
EMALI	左侧电动安全带收卷装置	EMARE	右侧电动安全带收卷装置
GWS	选挡开关	KAFAS	基于摄像机原理的驾驶员辅助系统
KOMBI	组合仪表	NVE	夜视系统电子装置

⑤动力传动系 CAN2PT-CAN2(图 6-63)。PT-CAN2 对于发动机管理系统而言是 PT-CAN 的冗余系统,也用于向燃油泵控制系统传输信号。

⑥以太网—快速编程接口(图6-64)。只有插入宝马编程系统(ICOMA)时才会启用诊断插座内的以太网。编程插头内的线脚8与线脚16之间有一个启用电桥,该电桥负责接通中央网关模块内以太网控制器的供电。也就是说,车辆行驶时通过以太网连接中央网关模块的功能处于停用状态。信息和通信系统间的以太网连接不受诊断插座内启用电桥的影响,始终处于启用状态。

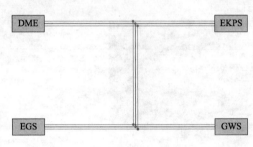

图6-63　PT-CAN2
DME-数字式发动机电子系统;EKPS-电子燃油泵控制系统;EGS-变速器电子控制系统;GWS-选挡开关娱乐系统

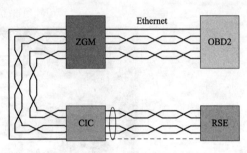

图6-64　以太网
ZGM-中央网关模块;OBD2-诊断插座;CIC-车辆信息计算机;RSE-后座区

以太网的安全性。以太网上的所有设备都有单独分配的识别号,即MAC地址(媒体访问控制)。建立连接时,宝马编程系统通过该地址和VIN(车辆识别号)识别车辆。以此避免第三方更改数据记录和存储值。与办公室内的计算机网络一样,网络内的所有设备都必须拥有唯一的识别号。因此建立连接后,中央网关模块从编程系统得到一个IP地址。网络内的IP地址功能相当于电话网络的电话号码。这个IP地址通过DHCP(动态主机配置协议)来分配。这是一种自动为网络内终端设备分配IP地址的方法。以太网的数据传输率很高:可达100Mb/s,建立连接和分配地址时系统启动用时3s,进入休眠模式时用时1s。只能通过宝马编程系统访问系统。以太网在进行维修时能更迅速地进行车辆编程,在CIC与RSE间传输媒体数据。诊断插座、ZGM和CIC之间通过两个没有附加屏蔽层的双绞线连接。此外,还有一个为各控制单元内以太网控制器供电的启用导线。CIC与RSE之间的导线带有屏蔽层,取代了启用导线。诊断插头与宝马编程系统之间必须使用一个所谓的五类线。这种五类线是使用四个非屏蔽双绞线的网络电缆,可以在频率带宽100MHz范围内传输数据。针对F01/F02所需的传输要求,使用两个双绞线即可满足要求。

⑦FlexRay(图6-65)。F01/F02首次在批量生产车型中通过FlexRay总线系统以跨系统方式实现行驶动态管理系统和发动机管理系统的联网。中央网关模块用于不同总线系统与FlexRay之间的连接。F01/F02FlexRay的物理结构(拓扑结构)见图6-66,标识所对应单元或部件一览见表6-30。

表6-30　F01/F02 FlexRay中的标识所对应单元或部件名称一览表

标识	对应单元或部件名称	标识	对应单元或部件名称
AL	主动转向系统	EDCSVR	右前电子减振器控制系统卫星式控制单元
DME	数字式发动机电子系统		
DSC	动态稳定控制系统	EDCSHL	左后电子减振器控制系统卫星式控制单元

单元六 汽车车载网络系统

续上表

标识	对应单元或部件名称	标识	对应单元或部件名称
EDCSHR	右后电子减振器控制系统卫星式控制单元	ICM	集成式底盘管理系统
		SZL	转向柱开关中心
EDCSVL	左前电子减振器控制系统卫星式控制单元	VDM	垂直动态管理系统
		ZGM	中央网关模块
HSR	后桥侧偏角控制系统		

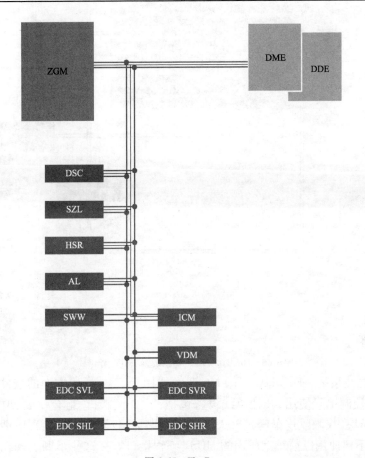

图 6-65 FlexRay

总线系统概览所示的 FlexRay 经过简化处理。图 6-66 展示了实际拓扑结构。根据车辆配置情况,ZGM 带有一个或两个所谓的星形连接器,每个星形连接器都有四个总线驱动器。总线驱动器将控制单元数据通过通信控制器传输给中央网关模块(ZGM)。根据 FlexRay 控制单元的终端形式,总线驱动器通过两种方式与这些控制单元相连。

与大多数总线系统一样,为了避免在导线上反射,FlexRay 上的数据导线两端也使用了终端电阻(作为总线终端)。这些终端电阻的阻值由数据传输速度和导线长度决定。终端电阻位于各控制单元内。如果一个总线驱动器上仅连接一个控制单元(例如 SZL 与总线驱动器 BD0 相连),则总线驱动器和控制单元的接口各有一个终端电阻(图 6-67)。中央网关模块的这种连接方式称为"终止节点终端"。

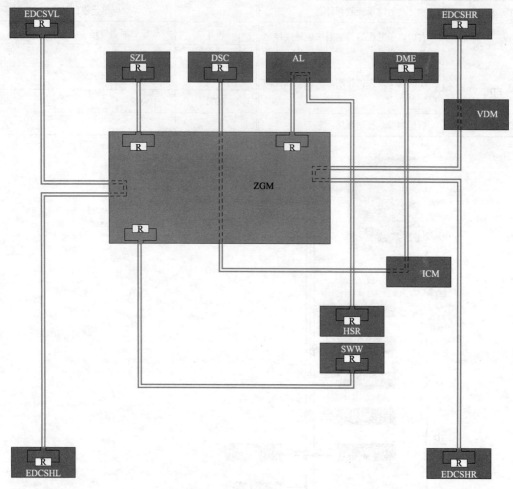

图 6-66　F01/F02 FlexRay 的物理结构(拓扑结构)

⑧MOST 总线系统。F01/F02 上的 MOST 总线用于信息/通信方面的组件。车辆信息计算机作为主控控制单元使用,其他总线设备包括:DVD 换碟机、组合仪表、顶级高保真音响放大器、视频模块(仅限欧规车辆)、SDARS 卫星调谐器(仅限美规车辆)、电话。

F01/F02 不再使用以前车型所用的 MOST 编程接口。在这些车辆上现在通过以太网接口进行编程。

数据在 MOST 总线内始终沿某一方向传送。每个控制单元都可以将数据发送到 MOST 总线上。物理上的光线方向从主控控制单元(车辆信息计算机)经 DVD 换碟机、组合仪表至中央网关模块,再从中央关模块至光缆分配器。所有安装在车辆尾部的控制单元都连接在光缆分配器上。光线从最后一个控制单元处重新返回主控制单元。

使用光缆连接器更便于在行李舱区域内加装

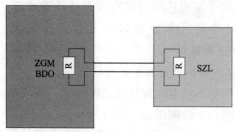

图 6-67　FlexRay 终端电阻

控制单元。F01/F02 的光缆连接器安装在行李舱内左后侧饰板内（图 6-68）。光缆连接器布置在 MOST 总线系统内，车辆前部区域（主控单元、DVD 换碟机）与后部区域（TEL、VM 等）之间。

图 6-68　行李舱内左后侧的光缆连接器

根据车辆配置情况，可能装有一个或两个光缆连接器。一个光缆连接器负责出厂时所装的控制单元，另一个光缆连接器连接选装配置的适配装置。

装有选装配置适配装置时，光缆连接器内光缆端部始终连接在同一排。从而避免光缆端部损坏。

只要进行加装工作，就应按照相关说明重新连接光缆并将其集成在 MOST 总线内。进行编程时，重新在主控控制单元内读入控制单元顺序。

（2）子总线系统。子总线系统负责系统内的数据交换。这些系统用于交换特定系统内数据量相对较少的数据，见表 6-31。

子总线传输速率　　　　　　　　　　　　　　　　表 6-31

子总线系统	数据传输率	总 线 结 构
BSD（位串行数据接口）	9.6kb/s	线性，单线
LIN（局域互联网）	9.6/19.2/20.0kb/s	线性，单线
局域 CAN	500kb/s	线性，双线

①BSD。F01/F02 仍使用位串行数据接口 BSD（因缺少自由接口），发动机管理系统与发电机调节器、机油状态传感器、电动冷却液泵子系统连接。

②K 总线协议。"K 总线（协议）"这个概念在总线概览中用于一系列子总线系统。这些子总线系统的用途非常广泛，共同点是都使用了曾经应用于以前车型的 K 总线协议。该协议用于 ACSM 和 TCU 之间的连接、舒适登车系统和 CAS 总线。

③LIN 总线。LIN 总线首次应用于 E46，用于控制车外后视镜。在 F01/F02 上主要使用 V2.0 以上的型号。F01/F02 可通过 LIN 总线实现不同连接（图 6-69、表 6-32），例如：脚部空间模块至驾驶员车门开关组件的连接、脚部空间模块至车外后视镜之间的连接、车顶功能中心至晴雨/光照/水雾传感器的连接、通过"菊链式"连接（串联信号导线）控制 IHKA 16 个伺服电机。

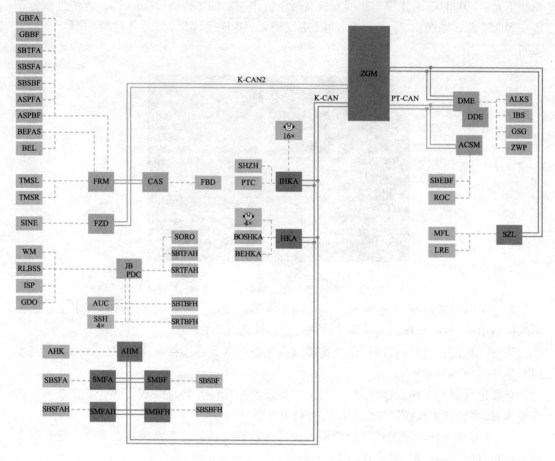

图 6-69 F01/F02LIN

F01/F02LIN 中的标识所对应单元或部件名称一览表　　表 6-32

标识	对应单元或部件名称	标识	对应单元或部件名称
ACSM	碰撞和安全模块	DME	数字式发动机电子系统
AHK	挂车牵引钩	FBD	远程操作服务
AHM	挂车模块	FRM	脚部空间模块
ALKS	主动风门控制	FZD	车顶功能中心
AUC	空气自动循环控制	GBFA	驾驶员安全带延伸装置
BEFAS	驾驶员辅助系统操作单元	GBBF	前乘客安全带延伸装置
BEHKA	后部空调系统操作单元	GDO	车库门遥控器
BEL	车灯操作单元	IBS	智能型蓄电池传感器
BOSHKA	后部空调系统鼓风机功率输出级	IHKA	自动恒温空调
CA	舒适登车系统	ISP	车内后视镜
CAS	便捷登车及起动系统	MFL	多功能转向盘
DDE	数字式柴油机电子系统	RLBSS	晴雨/光照/水雾传感器

续上表

标识	对应单元或部件名称	标识	对应单元或部件名称
ROC	翻车保护装置控制器	SORO	遮阳卷帘
SBEBF	前乘客座椅占用识别装置	SRTBFH	前乘客侧后车门遮阳卷帘
SBSFA	驾驶员车门处座椅调节开关组件	SRTFAH	驾驶员侧后车门遮阳卷帘
SBSBF	前乘客车门处座椅调节开关组件	LRE	转向盘电子装置
SBTBF	前乘客车门开关组件	SZL	转向柱开关中心
SBTBFH	前乘客侧后门开关组件	TAGEFA	驾驶员侧车门外侧拉手电子装置
SBTFA	驾驶员车门开关组件	TMSL	左侧前灯驱动模块
SBTFAH	驾驶员侧后车门开关组件	TMSR	右侧前灯驱动模块
SHZH	驻车暖风装置	TRSVC	全景摄像机(顶部后方侧视摄像机)
SMBF	前乘客座椅模块	WM	刮水器模块
SMBFH	前乘客侧后部座椅模块	ZGM	中央网关模块
SMFA	驾驶员座椅模块	ZWP	辅助水泵
SMFAH	驾驶员侧后部座椅模块		

④局域 CAN(图 6-70)。

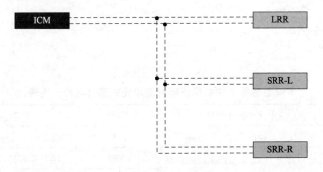

图 6-70 局域 CAN

ICM-集成式底盘管理系统;LRR-远程传感器;SRR-L-左侧近程传感器;SRR-R-右侧近程传感器

局域 CAN 用于将环境传感器较大的数据量传输至 ICM,例如:近程传感器至 ICM。终端电阻位于远程传感器和集成式底盘管理系统控制单元内。

四、F30/35 总线系统

F30/35 采用了 F20 已有的多个集中式控制单元,因此与 F20 类似,F30/35 安装了前部电子模块(FEM)、后部电子模块(REM)两个控制单元。FEM 和 REM 控制装置取代以下曾在 E90 上使用过的控制单元接线盒(JB)、脚部空间模块(FRM)、便捷登车及起动系统(CAS)、舒适登车系统(CA)、驻车距离控制(PDC)。F30 总线概览见图 6-71。F30 总线概览中的标识所对应单元或部件名称一览见表 6-33。

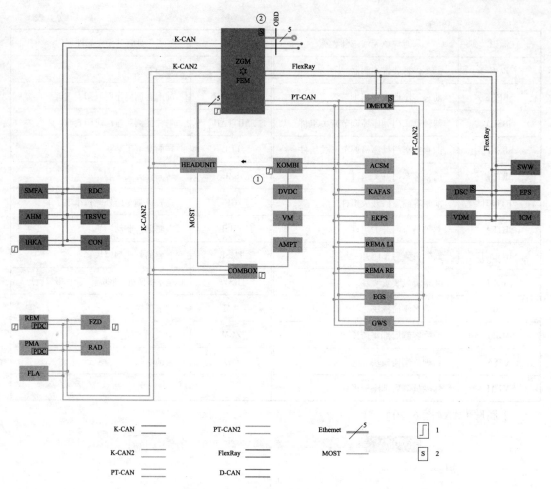

图 6-71 F30 总线概览

F30 总线概览中的标识所对应单元或部件名称一览表 表 6-33

标识	对应单元或部件名称	标识	对应单元或部件名称
1	有唤醒权限的控制单元	DSC	动态稳定性控制系统
2	启动和同步 FlexRay 总线系统的启动节点控制装置	DVDC	DVD 换碟机
		EGS	变速电子器控制系统
ACSM	高级碰撞和安全模块（ACSM）	EKPS	电子燃油泵控制系统
AHM	挂车模块	EPS	电子助力转向系统（电动机械式助力转向系统）
AMPT	高保音响放大器		
COMBOX	Combox（Combox 紧急呼叫、Combox 多媒体）	以太网	用于局域数据网络的有线数据网络技术
CON	控制器	FEM	前部电子模块
D-CAN	诊断控制器区域网	FLA	远光灯辅助系统
DDE	数字式柴油机电子系统	FlexRay	用于汽车的快速预设容错总线系统
DME	数字式发动机电子系统（DME）	FZD	车顶功能中心

续上表

标识	对应单元或部件名称	标识	对应单元或部件名称
GWS	选挡开关	PMA	驻车操作辅助系统
HEADUNIT	主控单元(车辆信息计算机或基本型主控单元)	PT-CAN	动力传动系统控制器区域网络
		PT-CAN2	动力传动系统控制器区域网络2
ICM	集成式底盘管理系统调	RAD	收音机
IHKA	自动恒温空	RDC	胎压控制单元(仅限美国版)
K-CAN	车身控制器区域网络	REM	后部电子模块
K-CAN2	车身控制器区域网络2	SMFA	驾驶员座椅模块
KAFAS	基于摄像机原理的驾驶员辅助系统	SWW	变道警告装置
KOMBI	组合仪表(MOST 仅限与 SA6WA 一起提供)	TRSVC	全景摄像机控制单元
		VM	视频模块
MOST	多媒体传输系统	VDM	垂直动态管理系统
OBD	车载诊断(诊断插座)	ZGM	中央网关模块
PDC	驻车距离监控系统(车辆带有 SA5DP 驻车操作辅助系统时)		

总线系统概览所示的 FlexRay 经过简化处理。实际物理结构(拓扑)参见图 6-72。

在 F30/35 上使用 FlexRay 作为实现行驶动态控制系统与发动机管理系统之间联网的系统总线。在集成于前部电子模块 FEM 的中央网关模块 ZGM 内,装有四个总线驱动器的星形连接器,总线驱动器将控制单元数据通过通信控制器传输给 ZGM。FlexRay 控制单元连接在这些总线驱动器上。为了避免在导线上反射,数据导线两端都使用总线电阻。

车身控制器区域网 2(K-CAN2)以较高的数据传输率(500kb/s)实现控制单元之间的通信。通过中央网关模块 ZGM,K-CAN2 也与其他总线系统相连。

动力传动系统控制器区域网络 2(PT-CAN2)是动力传动系统控制器区域网络(PT-CAN)在发动机和变速器控制范围内的冗余装置。

为了对整车进行快速编程,F30/35 带有一个以太网访问接口。由于以太网数据传输速率很高(100Mb/s),因此取消了连接 MOST 总线系统的编程接口。主控单元也可连接以太网,通过这一连接对 MOST 设备进行编程。

在 F30/35 上,FEM/ZGM 负责在车辆内部将电码发送到总线上,并通过 K-CAN2 传输给主控单元,随后主控单元将其发送到 MOST 上。

CICHigh(Professional 导航系统)的导航数据保存在其硬盘上。通过 OBD2 接口的以太网访问接口和车辆内部 ZGM 与 CIC 间的以太网连接,对这些导航数据进行更新。此外,也可以通过 DVD 驱动器进行更新。车辆带有 CICBasic2(Business 导航系统)时,通过以太网或连接相应 USB 接口的 USB 闪存盘对导航数据进行更新。

连接 OBDⅡ的 D-CAN 用于在经销商机构处由"授权第三方"进行车辆编程。所有控制单元必须能够通过 D-CAN 进行编程,进行 HDD 更新例外。

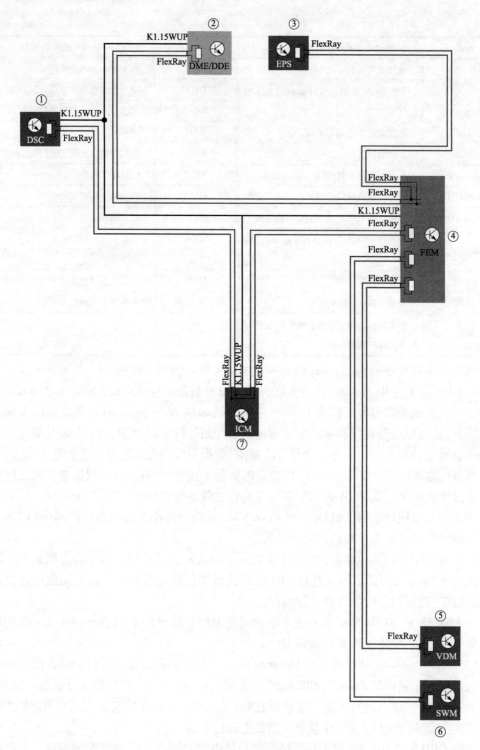

图 6-72　F30FlexRay 系统电路图

①动态稳定控制系统(DSC)；②数字式发动机电子系统(DME)或数字式柴油机电子系统(DDE)；③电子助力转向系统(电动机械助力转向系统)(EPS)；④前部电子模块(FEM)；⑤垂直动态管理系统(VDM)；⑥变道警告装置(SWW)；⑦集成式底盘管理系统(ICM)

五、F15 车载网络

在 F15 上用车身域控制器 BDC 取代了 F30 所用的前部电子模块 FEM 和后部电子模块 REM 控制单元。车身域控制器 BDC 安装在右前 A 柱上,位于脚部空间饰板后,见图 6-73;F15 车身域控制器 BDC 结构,参见图 6-74;F15 总线概览,见图 6-75;F15FlexRay 系统电路图,见图 6-76;BDC 与研发车型系列 E70 和 F15 车辆相关控制单元的功能对比,见表 6-34;F15 总线概览中的标识所对应单元或部件名称一览,见表 6-35。

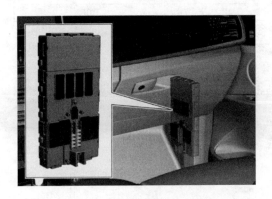

图 6-73 F15 车身域控制器 BDC 安装位置

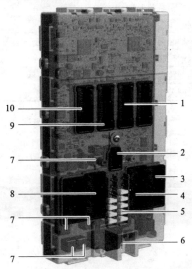

图 6-74 F15 车身域控制器 BDC
1-插头(54 芯);2-插头(12 芯);3-插头(42 芯);4-插头(54 芯);5-熔断丝;6-插头(1 芯,B 供电);7-继电器;8-插头(54 芯);9-插头(54 芯);10-插头(54 芯)

中央网关模块 ZGM 集成在 BDC 内,用于使所有主总线系统相互连接。通过这种星形连接器的连接方式,可综合利用各总线系统提供的信息。ZGM 能够将不同协议和速度转换到其他,总线系统上。ZGM 可通过以太网将编程数据传输到车辆上。在车载网络结构 2020 中,ZGM 以模块形式集成在 BDC 内。它可以说是控制单元内的控制单元,因为 BDC 内 ZGM 的工作方式就像是一个独立的控制单元。

BDC 与研发车型系列 E70 和 F15 车辆相关控制单元的功能对比　　表 6-34

BDC 功能	E70 控制单元	F15 控制单元
空调控制(执行机构、传感器)	IHKA,JB	BDC
刮水和清洗装置	JB	BDC
转向柱开关中心 SZL	JB	BDC
中控锁 ZV	CAS,FRM,JB	BDC
晴雨/光照/水雾传感器	FRM	BDC
车内后视镜	FRM	BDC
车内照明装置	JB,FRM	BDC

续上表

BDC 功能	E70 控制单元	F15 控制单元
车外照明装置	FRM	BDC
前灯照明距离调节装置 LWR	FRM	BDC
电动车窗升降器	JB,FRM	BDC
车外后视镜	FRM	BDC
驾驶员车门开关组件	FRM	BDC
后视镜加热装置	JB,FRM	BDC
舒适登车系统 CA	JB,FRM,CAS,CA	BDC
远程操作服务 FBD	CAS	BDC
电子禁起动防盗锁 EWS	CAS	BDC,DME/DDE
总线端控制	JB,CAS	BDC
智能型蓄电池传感器 IBS	CAS,DME/DDE	BDC,DME/DDE
中央网关模块 ZGM	JB	BDC

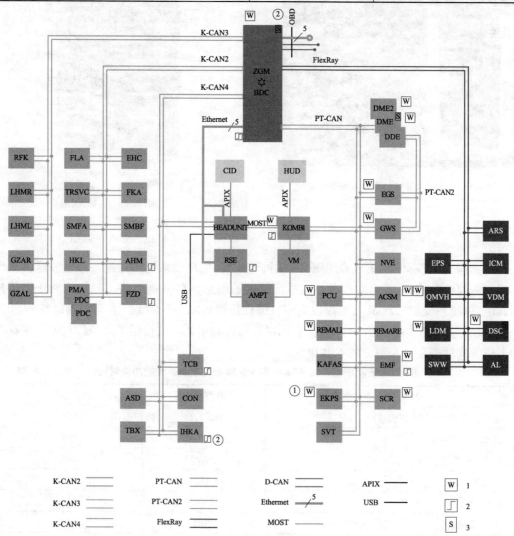

图 6-75 F15 总线概览

单元六 汽车车载网络系统

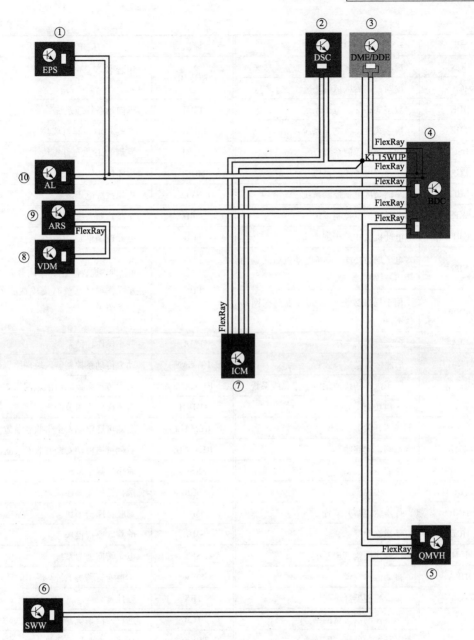

图 6-76 F15 FlexRay 系统电路图

F15 总线概览中的标识所对应单元或部件名称一览表　　　　表 6-35

标识	对应单元或部件名称	标识	对应单元或部件名称
1	带唤醒导线的控制单元	AHM	挂车模块
2	有唤醒权限的控制单元	AMPT	顶级高保真音响放大器
3	用于 FlexRay 总线系统启动和同步的启动节点控制单元	AL	主动转向系统控制单元
		ASD	仿真声效设计系统
ACSM	高级碰撞和安全模块	CID	中央信息显示屏

197

续上表

标识	对应单元或部件名称	标识	对应单元或部件名称
CON	控制器	KOMBI	组合仪表（MOST连接并非标准配置）
D-CAN	诊断控制器区域网络		
DDE	数字式柴油机电子系统	LDM	纵向动态管理系统
DME	数字式发动机电子系统	LHMR	右侧LED主车灯模块
DSC	动态稳定控制系统	LHML	左侧LED主车灯模块
EGS	变速器电子控制系统	MOST	多媒体传输系统总线
EHC	车辆高度电子控制系统	NVE	夜视系统电子装置
EKPS	电子燃油泵控制系统	OBD	车载诊断系统
EMF	电动机械式驻车制动器	PCU	电源控制单元
EPS	电子助力转向系统（电动机械式助力转向系统）	PDC	驻车距离监控系统（车辆带有SA5DP驻车操作辅助系统时集成在驻车操作辅助系统控）
Ethernet	用于局域数据网络的有线数据网络技术		
FLA	远光灯辅助系统	PMA	驻车操作辅助系统
FKA	后座区自动空调装置	PT-CAN	动力传动系控制器区域网络
FlexRay	用于汽车的快速预定容错总线系统	PT-CAN2	动力传动系控制器区域网络2
FZD	车顶功能中心	QMVH	后桥横向力矩分配
GWS	选挡开关	REMALI	左侧可逆电动安全带收卷装置
GZAR	右侧定向照明	REMARE	右侧可逆电动安全带收卷装置
GZAL	左侧定向照明	RSE	后座区娱乐系统
HEADUNIT	高级主控单元	SCR	选择性催化剂还原
HKL	行李舱盖举升装置	SMFA	驾驶员座椅模块
HUD	平视显示屏	SMBF	前乘客座椅模块
ICM	集成式底盘管理系统	SVT	电子转向助力系统
IHKA	自动恒温空调	SWW	车道变更警告系统
K-CAN	车身控制器区域网络	TBX	触控盒
K-CAN2	车身控制器区域网络2	TCB	远程通信系统盒
K-CAN3	车身控制器区域网络3	TRSVC	顶部后侧方视摄像机
K-CAN4	车身控制器区域网络4	VM	视频模块
KAFAS	基于摄像机的驾驶员辅助系统	VDM	垂直动态管理系统

F15所有K-CAN总线的数据传输率均为500kb/s，不再使用数据传输率为100kb/s的K-CAN。为了避免在数据导线上反射，K-CAN2、K-CAN3和K-CAN4的终端电阻安装在车辆尾部的CAN终止器内，终止器在此用作星形连接器，可根据选装配置在车辆尾部将多个控制单元接入K-CAN内。

与很多当前宝马车型一样，在F15上也使用PT-CAN和PT-CAN2两个总线，动力传动系控制器区域网络2(PT-CAN2)是动力传动系控制器区域网络(PT-CAN)在发动机和变速器控制方面的冗余装置。用于 PT-CAN2 的网关位于数字式发动机电子系统 DME 内。所有 PT-CAN 的数据传输率均为 500kb/s 并带有一根附加唤醒导线。

在 F15 上使用数据传输率为 10Mb/s 的 FlexRay 作为实现行驶动态控制系统与发动机管理系统之间联网的系统总线。在车身域控制器 BDC 内装有带三个总线驱动器的星形连接器。FlexRay 控制单元根据其终端电阻连接在这些总线驱动器上,为了避免在导线上反射,FlexRay 上的数据导线两端也使用了终端电阻(作为总线终端)。这些终端电阻的阻值由数据传输速度和导线长度决定,终端电阻位于各控制单元内,在 F15 上终端电阻阻值为 90Ohm(总电阻为 45Ohm)。

F15 FlexRay 系统电路图中的标识所对应单元或部件名称一览见表 6-36。

F15FlexRay 系统电路图中的标识所对应单元或部件名称一览表　　表 6-36

标识	对应单元或部件名称	标识	对应单元或部件名称
1	电子助力转向系统 EPS	6	车道变更警告系统 SWW
2	动态稳定控制系统 DSC	7	集成式底盘管理系统 ICM
3	数字式发动机电子系统 DME 或数字式柴油机电子系统 DDE	8	垂直动态管理系统 VDM
		9	主动侧翻稳定装置 ARS
4	车身域控制器 BDC	10	主动转向系统 AL
5	后桥横向力矩分配 QMVH	K1.15WUP	总线端 15 唤醒

在带有高级主控单元的 F15 上通过以太网接口进行导航系统地图更新。由于以太网数据传输率很高(100Mb/s),因此取消了连接 MOST 总线系统的编程接口。

在 F15 上,BDC 负责在车辆内部将电码发送到总线上并通过 K-CAN4 将电码继续发送至主控单元。随后主控单元将其发送到 MOST 上。

六、K 总线

K 总线用于将普通车辆电气系统、信息和通信系统及安全系统的组件联网,其他具有通信功能并相互交换数据的控制单元也连接到 K 总线上。K 总线是一个双向单线接口。E85 的 K 总线见图 6-77。

由于 K 总线只用一根单独的导线朝两个方向传输数据,因而采用半双工模式传输数据,每次只能进行发送或接收。由于发送装置并不发送系统节拍,因此以异步形式传输数据(图 6-78)。所以发送和接收装置都使用各自的时钟脉冲发生器,通过所传输字符的起始位使发送和接收装置之间同步。

先发送一个起始位,接收装置可通过该起始位与发送装置的节拍保持同步。随后根据所用代码发送 5~8 个数据位,并可能发送一个检验位。最后还有两个停止位,这些停止位用于传输两个字符之间的最小停顿,它们为接收装置创造了接收下面字符的准备时间。在最高值数据位和停止位之间还可插入一个用于确保数据传输的校验位,该校验位负责对所传数据进行简单检查。奇偶性为一个二进制数据值中逻辑 1 电平的数量。如果该数据值的 1 位数量为偶数(0,2,4,…),则该数据值具有偶数奇偶性,数量为奇数时(1,3,5,…)具有奇数奇偶性。可以协调发送和接收装置之间的奇偶校验检查,但无须强制执行。

接收装置对所接收字符的奇偶性进行分析,如果奇偶性与协调结果不符,就会发出传输错误的信号。

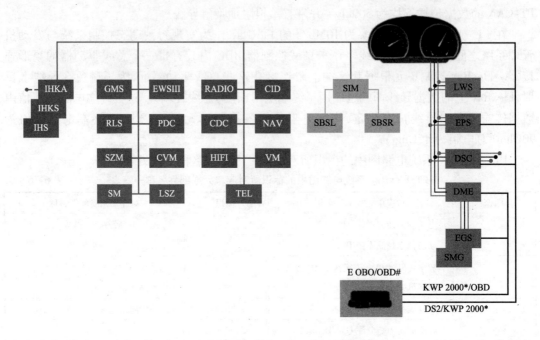

图6-77 E85的K总线

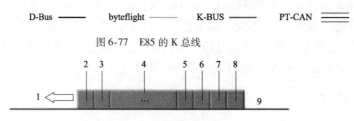

图6-78 K总线的异步数据传输

1-接收装置;2-起始位;3-最低值数位;4-5~8位数据;5-最高值数位;6-检查位;7-停止位;8-停止位;9-信号:自由总线

利用K总线传输信息时,电压电平为0~12V(图6-79)。电压电平由低变高时为逻辑1,由高变低为逻辑0。

七、K-CAN

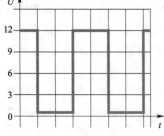

图6-79 K总线的电压电平

K-CAN(车身控制器区域网络)传输车身区域内的信息。在E65/66中,K-CAN又分为K-CAN系统和K-CAN外围设备。K-CAN使用传输速度为100kb/s的双绞铜线,并取代了以前的K总线。优点在于与传统布线方式相比,数据传输速度更高、提高了电磁兼容性(EMV)、改善了应急运行特性。

K-CAN系统内的组件包括基本控制单元、其他控制单元和总线系统,外围设备的组件也包括基本控制单元、其他控制单元和总线系统。K-CAN系统和外围设备单元分类一览见表6-37。E65的K-CAN系统/外围设备见图6-80。

K-CAN 系统和外围设备单元分类一览表　　　　　　表6-37

K-CAN 系统		外围设备	
基本控制单元	其他控制单元	基本控制单元	其他控制单元
车灯开关中心(LSZ)	挂车模块(AHM)	便捷登车及起动系统(CAS)	前乘客侧后车门模块(TMBFTH)
自动恒温空调(IHKA)	中控台操作中心(BZM)		
便捷登车及起动系统(CAS)	后座区中控台操作中心(BZMF)	驾驶员车门模块(TMFAT)	驾驶员侧后车门模块(TMFATH)
中央网关模块(ZGM)	防盗报警装置(DWA)	前乘客车门模块(TMBFT)	驾驶员侧后座椅模块(SMFAH)
控制显示(CD)	底盘集成模块(CIM)		
组合仪表	驻车暖风(SH)	行李舱盖举升装置(HKL)	驾驶员座椅模块(SMFA)
	控制器(CON)		前乘客座椅模块(SMBF)
	车灯模块(LM)		前乘客侧后座椅模块(SMBFH)
	驻车距离监控装置(PDC)		
	轮胎充气压力监控装置(RDC)		
	雨量和光线传感器(RLS)		
	刮水器模块(WIM)		
	滑动/外翻式天窗(SHD)		

K-CAN 是一个多主控总线,连接到该总线上的每个控制单元都可以发送信息,这些控制单元以事件控制方式进行通信,需要传输数据的控制单元在总线未占用时发送其信息。总线占用时,则发送具有最高优先级的信息。由于没有接收地址,每个控制单元都会接收到所发信息,因此,可以在运行期间向系统中添加其他接收站,无须更改软件或硬件。

终端电阻用于确保总线系统内准确的信号流程,这些终端电阻装在总线系统的控制单元内。K-CAN 上的终端电阻值:基本控制单元820Ω,其他控制单元12000Ω。

CAN H 与 CAN L 导线之间的电压差为3V。CAN H 对地电压为4V。CAN L 对地电压为1V。CAN 高位的电压电平由低变高时为逻辑1,电压电平再次变低时为逻辑0,见图6-81。

K-CAN 通过总线唤醒网络上的控制单元,取消了以前的总线端15唤醒导线功能。为了防止故障设备持续干扰总线上的数据通信,CAN 协议包括控制单元监控功能。超过规定的错误率时,就会限制相关控制单元的运行自由,甚至断开该单元与网络的连接。当出现一个 CAN 导线(芯线)断路、对地短路和对供电电压 UB + 短路时,可运行单线模式。

K-CAN 信息以数据帧形式异步(即没有同步脉冲)发送。该数据帧包括数据帧的起始标记、标识符(用于标识信息内容及其优先级)、数据帧的长度、长度不超过8字节的原始信息、识别错误的机制、数据帧的结束标记等信息。其信息格式见图6-82。

信息格式中的标识所对应单元或部件名称一览见表6-38。

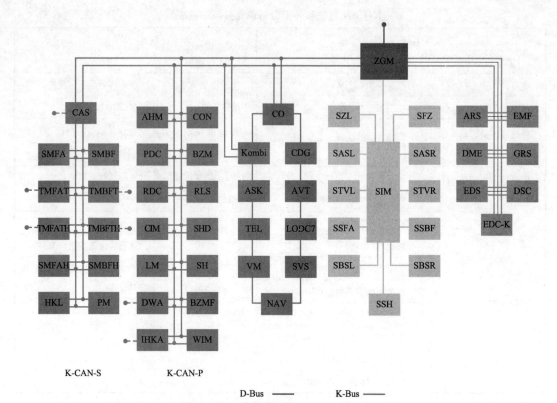

图 6-80 E65 的 K-CAN 系统/外围设备

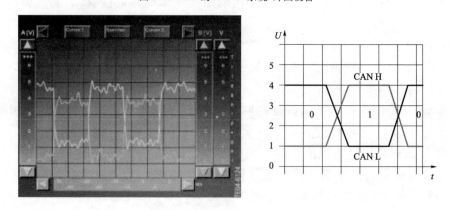

图 6-81 K-CAN(GT-1)的电压电平

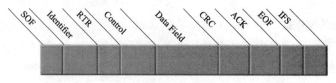

图 6-82 信息格式

信息格式中的标识所对应单元或部件名称一览表　　　　　　　表6-38

索　引	名　称	说　明
SOF	帧起始	表示一个信息格式开始
Identifier	标识符	说明数据类型及其优先级
RTR	远程传输请求	说明该帧是数据帧还是没有数据字节(远程帧)的请求帧
Control	检查区域	说明使用的是标准格式还是扩展格式
DataField	数据区域	0~8字节的数据区域
CRC	循环冗余码校验	说明用于识别比特误差的校验和
ACK	确认	在该区域内确认接收装置是否正确接收
EOF	帧结束	表示一个信息格式结束
IFS	帧间间隔	两个信息之间的最短间隔

八、PT-CAN

PT-CAN 表示动力传动系控制器区域网络，为多主控网络，传输速度为500kb/s，总线设备以并联方式连接，使用了三根导线，第三根导线作为唤醒导线使用，与CAN总线的原有功能无关。E38的传动系管理系统第一次采用了CAN总线，该总线系统用于使数字式发动机电子系统和变速器自适应控制系统之间进行数据交换。E38、E39和E46的CAN总线与从E65开始的PT-CAN相同，CAN系列的另一个总线是F-CAN。数据传输方式与K-CAN相同，信息数据帧形式异步(即没有同步脉冲)发送。下面介绍不同宝马车辆上的PT-CAN。不同宝马车辆上的PT-CAN概览见图6-83，标识所对应单元或部件名称一览见表6-39~表6-41。

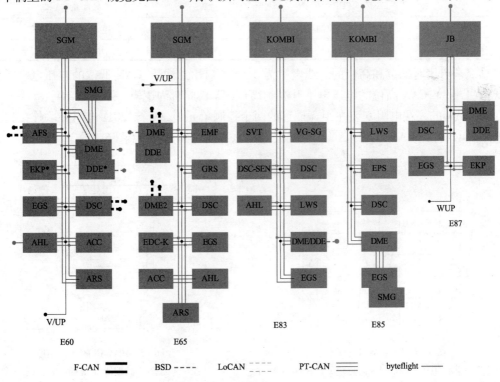

图6-83　不同BMW车辆上的PT-CAN概览

E60 的 PT-CAN 中的标识所对应单元或部件名称一览表　　表 6-39

标识	对应单元或部件名称	标识	对应单元或部件名称
ACC	主动定速巡航控制系统	DSC	动态稳定控制系统
AFS	主动转向系统	EGS	变速器电子控制系统
AHL	自适应弯道照明灯	EKP	电动燃油泵
ARS	主动式侧翻稳定装置	SGM	安全和网关模块
DDE	数字式柴油机电子系统	SMG	手动顺序换挡变速器
DME	数字式发动机电子系统		

E65 的 PT-CAN 中的标识所对应单元或部件名称一览表　　表 6-40

标识	对应单元或部件名称	标识	对应单元或部件名称
ACC	主动定速巡航控制系统	DSC	动态稳定控制系统
AHL	自适应弯道照明灯	EDC-K	连续式减振器电子控制系统
ARS	主动式侧翻稳定装置	EGS	变速器电子控制系统
DDE	数字式柴油机电子系统	EMF	电子驻车制动器
DME	数字式发动机电子系统	GRS	偏转率传感器
DME2	数字式发动机电子系统2	SGM	安全和网关模块

E83 的 PT-CAN 中的标识所对应单元或部件名称一览表　　表 6-41

标识	对应单元或部件名称	标识	对应单元或部件名称
AHL	自适应弯道照明灯	EGS	变速器电子控制系统
DME/DDE	数字式发动机电子系统/数字式柴油机电子系统	KOMBI	组合仪表
		LWS	转向角传感器
DSC	动态稳定控制系统	SVT	电子转向助力系统
DSC-SEN	动态稳定控制系统传感器	VG-SG	分动器控制单元

总线未启用时低位和高位的总线电平为 2.5V。启用总线后，CAN 低位的电压电平降低到低位(1.0V)，CAN 高位的电压电平升高到高位(4V)，此时为逻辑1，见图 6-84。

PT-CAN 的终端电阻安装在距离最远的两个控制单元上，两个 120Ω 电阻并联连接得到总电阻 60Ω，可在 CAN H 和 CAN L 导线之间的总线上测到该电阻（图 6-85）。

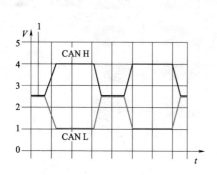

图 6-84　PT-CAN 的电压电平
1-PT-CAN 未启用；CAN H-CAN 高位信号；CAN L-CAN 低位信号；V-伏特(总线电平)；t-时间

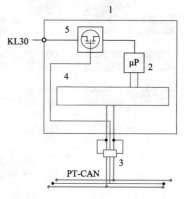

图 6-85　PT-CAN 的终端电阻
1-控制单元；2-微处理器；3-终端电阻；4-发送和接收单元；5-MOS-Fet

九、光缆

宝马车辆上安装有塑料光缆，与玻璃光缆相比，塑料光缆具有纤维横截面更大、对灰尘相对不敏感、更易于使用、不会易破碎、更易于处理，能够剪切、打磨或熔化以及成本低廉。光缆是一根较细的圆柱形塑料纤维，外面包裹着一层较薄的护皮。光缆的结构见图6-86。

光纤的传输原理(图6-87)是由控制单元产生的电信号在一个发送组件内转化为光信号后射入光缆内。纤维内芯用于传导光波，光线以此方式经过光缆，通过一个接收组件，光线再次转化为电信号。

图6-86　光缆的结构　　　　　图6-87　通过光线进行数据传输的原理
1-光纤；2-包层；3-涂敷层　　1-发送二极管；2-护皮；3-纤维内芯；4-接收二极管

宝马车辆研发了两种用于数据传输的光学总线系统：MOST 和 Byteflight。光线长度为650nm（红光），可使用三种不同的颜色区分不同总线系统的光缆：

黄色：Byteflight。

绿色：MOST。

橙色：维修维护线。

进行车辆导线束方面的工作时必须特别小心。与铜电缆不同，光缆损坏时不会立即产生故障，而是在日后使用中用户才能察觉出来。判断信号质量的一个标准就是衰减度，过度衰减可能是由不同原因造成的：弯曲半径小于5cm、弯折、光缆扭结或挤压光缆、光缆缓冲保护层损坏、光缆过度伸长、开口端有污物或油脂、开口端有刮痕、光缆过热。

MOST 系统内的光缆只允许在两个控制单元之间维修一次，Byteflight 系统内的光缆禁止维修。为了将套管正确安装在光缆上，应使用专用卷边钳。

十、Byteflight

Byteflight 协议由宝马联合 Motorola、Elmos 及 Infineon 公司联合开发，主要用于机动车辆中的安全临界应用。该系统应用在 BMW 7 系列汽车中，主要用于安全气囊系统中时间临界（time-critical）数据的传输。另外，还可用于传输车身及底盘电子系统的相关数据。

Byteflight 首次安装在 E65/E66/E67 车辆上，用于与安全相关的组件，例如安全气囊系统。此后，又安装于 E85、E60/E61 和 E63/E64 车辆上。

Byteflight 系统应用于安全系统 ISIS（智能型安全和信息系统）和 ASE（高级安全电子系统）。这两个安全系统负责控制安全气囊、安全带拉紧器和断开安全蓄电池接线柱。

在 E65 新车型和所有 E60 车型中，已将 SIM 和 ZGM 的功能集成在 SGM 内。E60 车门模块承担前车门卫星式传感器的功能。E65 和 E60 对比见表6-42。

E65(旧)和 E60 Byteflight 网络对比表　　　　　表 6-42

E65(旧款)Byteflight	E60 Byterflight
中央网关模块(ZGM) 安全和信息模块(SIM)	安全和网关模块(SGM)
转向柱开关中心(SZL)	转向柱开关中心(SZL)
车辆中心卫星式传感器(SFZ)	车辆中心卫星式传感器(SFZ)
左侧 A 柱卫星式传感器(SASL)	
右侧 A 柱卫星式传感器(SASR)	
左前车门卫星式传感器(STVL)	驾驶员车门模块(TMFA)
右前车门卫星式传感器(STVR)	前乘客车门模块(TMBF)
左侧 B 柱卫星式传感器(SBSL)	左侧 B 柱卫星式传感器(SBSL)
右侧 B 柱卫星式传感器(SBSR)	右侧 B 柱卫星式传感器(SBSR)
驾驶员座椅卫星式传感器(SSFA)	
前乘客座椅卫星式传感器(SSBF)	
后座椅卫星式传感器(SSH)	

下面介绍不同宝马车辆上的 Byteflight(图 6-88、表 6-43 ~ 表 6-46)。在这些系统中,Byteflight 的主控单元是安全和信息模块或安全和网关模块。

如图 6-88 所示,不同车型的 Byteflight 控制单元个数及连接架构不相同。

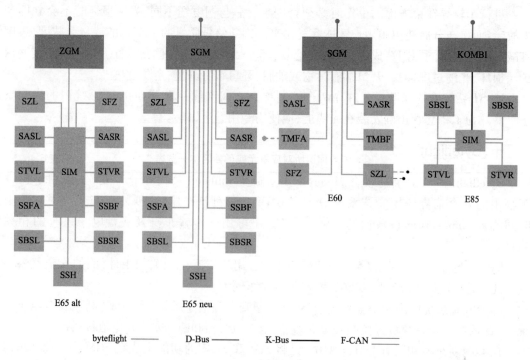

图 6-88　对比不同宝马车辆上的 Byteflight

E65（2001—2004）中的标识所对应单元或部件名称一览表　　　　表 6-43

标识	对应单元或部件名称	标识	对应单元或部件名称
SASL	左侧 A 柱卫星式传感器	SSBF	前乘客座椅卫星式传感器
SASR	右侧 A 柱卫星式传感器	SSFA	驾驶员座椅卫星式传感器
SBSL	左侧 B 柱卫星式传感器	STVL	左前车门卫星式传感器
SBSR	右侧 B 柱卫星式传感器	STVR	右前车门卫星式传感器
SFZ	车辆中心卫星式传感器	SZL	转向柱开关中心
SIM	安全和信息模块	ZGM	中央网关模块
SSH	后座椅卫星式传感器	SFZ	车辆中心卫星式传感器

E65（自 2003/2004 起）中的标识所对应单元或部件名称一览表　　　　表 6-44

标识	对应单元或部件名称	标识	对应单元或部件名称
SASL	左侧 A 柱卫星式传感器	SSH	后座椅卫星式传感器
SASR	右侧 A 柱卫星式传感器	SSBF	前乘客座椅卫星式传感器
SBSL	左侧 B 柱卫星式传感器	SSFA	驾驶员座椅卫星式传感器
SBSR	右侧 B 柱卫星式传感器	STVL	左前车门卫星式传感器
SFZ	车辆中心卫星式传感器	STVR	右前车门卫星式传感器
SGM	安全和网关模块	SZL	转向柱开关中心

E60 中的标识所对应单元或部件名称一览表　　　　表 6-45

标识	对应单元或部件名称	标识	对应单元或部件名称
SASL	左侧 A 柱卫星式传感器	SZL	转向柱开关中心
SASR	右侧 A 柱卫星式传感器	TMFA	驾驶员车门模块
SFZ	车辆中心卫星式传感器	TMBF	前乘客车门模块
SGM	安全和网关模块		

E85 中的标识所对应单元或部件名称一览表　　　　表 6-46

标识	对应单元或部件名称	标识	对应单元或部件名称
KOMBI	组合仪表	SIM	安全和信息模块
SASL	左侧 A 柱卫星式传感器	STVL	左前车门卫星式传感器
SASR	右侧 A 柱卫星式传感器	STVR	右前车门卫星式传感器

　　Byteflight 系统采用星形结构，星形结构网络中的从属控制单元（副控单元）通过一根单独的导线连接到上级控制单元（主控单元）上，该光缆可朝两个方向双向传输数据。控制单元以时间和事件控制方式进行通信，既能以同步，也能以异步方式传输数据。

　　同 CAN 总线一样，数据也通过数据电码传输，除数据字节的数量外，数据电码结构（图 6-89、表 6-47）完全相同，Byteflight 可传输最长为 12 个字节的数据。

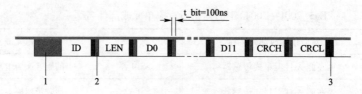

图 6-89 数据电码的结构
1-起始顺序；2-起始位；3-停止位

数据电码的结构中的标识所对应单元或部件名称一览表 表 6-47

索引	名 称	说 明
ID	标识符	决定电码的优先级和数据内容
LEN	长度	包括数据字节的数量（不超过 12 字节）
D0	数据字节 0	起始数据字节
D11	数据字节 11	最大的结束数据字节
CRCH	高位循环冗余码校验	校验和由 ID、LEN 和 15 位数据构成
CRCL	低位循环冗余码校验	校验和由 ID、LEN 和 15 位 DATA 构成

Byteflight 确保重要信息的快速访问时间和次要信息的灵活使用，SIM 或 SGM 发出一个同步脉冲，其他控制单元必须遵守该脉冲，电码优先级见图 6-90。电码优先级中的标识所对应单元或部件名称一览见表 6-48。

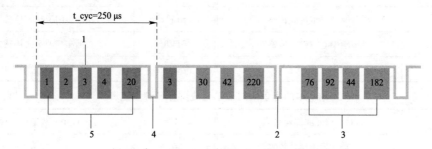

图 6-90 电码优先级

电码优先级中的标识所对应单元或部件名称一览表 表 6-48

索引	名 称	说 明
1	标识符	决定电码优先级
2	报警同步脉冲	报警状态下的同步脉冲
3	低优先级信息	优先级较低的电码
4	正常同步脉冲	正常状态下的同步脉冲
5	高优先级信息	优先级较高的电码
t_cyc	循环时间	一个同步脉冲的循环时间

电码分为优先级较高的电码和优先级较低的电码，通过标识符进行区别。允许范围位于 1~255 之间，其中 1 表示最高优先级。优先级较高的信息如传感器数据，优先级较低的信息如状态信息和诊断信息。

十一、MOST

MOST 是一种专门针对车内使用而开发的、服务于多媒体应用的通信技术。MOST 表示

"多媒体传输系统"。MOST 总线利用光脉冲传输数据。

从 E38 开始起,宝马使用了 MOST 总线,下面介绍不同宝马车辆上的 MOST 系统概览(图 6-91)。

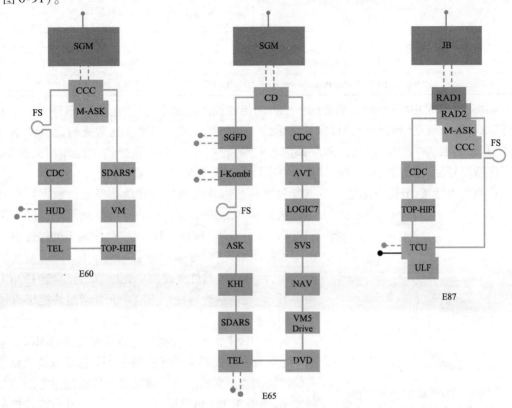

图 6-91 不同宝马车辆上的 MOST 概览

E60、E65、E87 的 MQST 中的标识所对应单元或部件名称一览见表 6-49 ~ 表 6-51。

E60 的 MOST 中的标识所对应单元或部件名称一览表 表 6-49

标识	对应单元或部件名称	标识	对应单元或部件名称
CCC	车辆通信计算机	SGM	安全和网关模块
CDC	CD 换碟机	TEL	电话
HUD	平视显示屏	TOP-HIFI	顶级高保真音响放大器
M-ASK	多功能音频系统控制器	VM	视频模块
SDARS	卫星式数字音频接收器服务		

E65 的 MOST 中的标识所对应单元或部件名称一览表 表 6-50

标识	对应单元或部件名称	标识	对应单元或部件名称
ASK	音频系统控制器	NAV	导航
AVT	天线放大器/调谐器	SDARS	卫星式数字音频接收器服务
CD	控制显示	SGFD	后部显示控制单元
CDC	CD 换碟机	SGM	安全和网关模块
DVD	数字通用光盘	SVS	语音处理系统
Kombi	组合仪表	TEL	电话
LOGIC7	放大器	VM5Drive	视频模块

E87 的 MOST 中的标识所对应单元或部件名称一览表　　表 6-51

标识	对应单元或部件名称	标识	对应单元或部件名称
CCC	车辆通信计算机	RAD2	收音机 2（BMW Professional）
CDC	CD 换碟机		
JB	接线盒	TCU	远程通信系统控制单元
M-ASK	多功能音频系统控制器	TOP-HIFI	顶级高保真音响放大器
RAD1	收音机 1（BMW Audio/Business CD）	ULF	通用充电和免提通话装置

MOST 总线采用环形结构，只能朝一个方向传输数据。允许发送的信息在该环形导线上循环运行，每个节点（控制单元）读取并继续传送。如某一节点需要发送数据时，会将"准备发送"信息转换为"占用"信息。随后添加接收装置地址、一个故障处理代码和相关数据。为了保持信号强度，数据包经过的节点会再次产生相关数据（转发器）。

作为接收装置，分配有地址的节点复制这些数据并以循环形式继续发送。数据再次到达发送装置时，发送装置就会将数据从循环中清除并重新发出"准备发送"信息。具体情况：物理上的光线方向由主控控制单元（例如多功能音频系统控制器）至光缆连接器，再从连接器处至控制单元（例如行李舱内的 CD 换碟机）。光线从最后一个控制单元处通过快速编程插头返回主控单元。

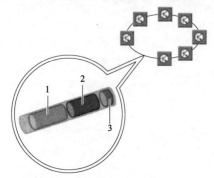

图 6-92　MOST 总线上的数据传输
1-同步数据；2-异步数据；3-控制数据

每个 MOST 控制单元都可以将数据发送到 MOST 总线上。只有主控控制单元能实现 MOST 总线与其他总线系统之间的数据交换。为了满足数据传输应用方面的各种要求，每条 MOST 信息都分为三个部分（图 6-92）：控制数据，例如调节光强度。异步数据，例如导航系统、矢量表示。同步数据，例如音频、TV 和视频信号。

各通道（同步通道、异步通道和控制通道）在媒介上以同步方式传输。在整个环形总线内都可获得相关数据，即以无损方式读取数据（复制）并能够用于不同组件。MOST 总线的结构易于扩展组件，环形总线内各组件的安装位置取决于功能，无需为将来的系统预留位置。某组件失灵时，接收装置和发送装置就会彼此连接在一起，从而保持环形总线的正常功能。只有为控制单元供电时，接收装置和发送装置才会断开，这两个单元与发送和接收系统一起执行所有功能。NetService（网络服务）将数据包分解为各个部分或将各部分集合在一起。接收装置和发送装置是宝马与 Infineon 和 Oasis 共同开发的产品。信息通过波长为 650nm（可见红光）的光脉冲传输，使用 LED 而非激光来产生光线，总线能以光学方式来唤醒，即无需额外的唤醒导线。处于休眠模式时的电流消耗量非常低。

安装在 MOST 总线内的控制单元存储在主控控制单元的一个注册文件内，生产车辆时以及对控制单元编程后进行加装时就会存储这个信息，控制单元及其在 MOST 总线上的顺序存储在这个注册文件内。BMW 诊断系统可以通过该注册文件确定所安装的控制单元及其顺序，MOST 总线的控制单元开始工作时，所有控制单元都向主控控制单元发送其标识符，这样主控控制单元就能识别出 MOST 总线内装有哪些控制单元,如果某个或多个控制单元的注册失败,则诊断时可能会得出相应的故障结论。

十二、Flexray

1999 年,BMW AG 与 Daimler Chrysler AG、半导体制造商 Freescale(以前为 Motorola)、Philips 合作创建了 FlexRay 协会,以开发新型通信技术。后来 Bosch 和 General Motors 也加入了该协会。从 2002 年起 Ford 汽车公司、Mazda、Elmos 和 Siemens VDO 也相继加入该协会。在此期间,世界范围内几乎所有有影响的汽车制造商和供货商都加入了 FlexRay 协会。FlexRay 是一种新型通信系统,目标是在电气与机械电子组件之间实现可靠、实时、高效的数据传输,以确保现在和将来车内创新功能的联网。

F01/F02 首次在批量生产车型中通过 FlexRay 总线系统以跨系统方式实现行驶动态管理系统和发动机管理系统的联网,FlexRay 总线应用及拓扑结构详见 F01/F02 总线介绍。

FlexRay 上的数据导线两端也使用了终端电阻(作为总线终端),如果控制单元上的接口不是物理终止节点(例如总线驱动器 BD2 上的 DSC、ICM 和 DME),则称为 FlexRay 传输和继续传输导线。在这种情况下,每个总线路径端部的两个组件必须以终端电阻终止,形成环路的 FlexRay 见图 6-93。这种连接方式既用于中央网关模块,也用于一些控制单元。但是带有传输和继续传输导线的控制单元还使用一个"非终止节点终端"来获取数据。

FlexRay 总线系统有线性总线拓扑结构、星形总线拓扑结构和混合总线拓扑结构三种拓扑结构和形式安装在车内。

在线性总线拓扑结构中(图 6-94)所有控制单元(例如 SG1~SG3)都通过一个双线总线连接,该总线采用两个铜芯双绞线,CAN 总线也使用这种连接方式。在两根导线上传输相同的信息,但电压电平不同。所传输的差分信号不易受到干扰。线性拓扑结构仅适用于电气数据传输。

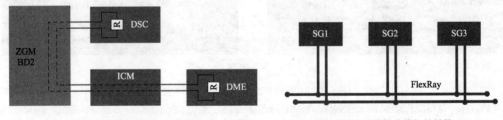

图 6-93　形成环路的 FlexRay　　　　　　图 6-94　线性总线拓扑结构

在星形总线拓扑结构中(图 6-95),卫星式控制单元(控制单元 SG2~SG5)分别通过一个独立的导线与中央主控控制单元(SG1)连接。这种星形拓扑结构既适合于电气数据传输,也适合于光学数据传输。

在混合总线拓扑结构中,一个总线系统内使用不同的拓扑结构,总线系统的一部分采用线性结构,另一部分为星形结构。

F01/F02 使用这种总线拓扑结构。根据车辆配置情况,在中央网关模块内带有一个或两个星形连接器,每个星形连接器都有四个总线驱动器。因此最多可提供 8 个接口。

在容错性系统中,即使某一总线导线断路,也必须确保数据能继续可靠传输,这一点通过在第二个数据通道上进行冗余数据传输来实现(图 6-96)。具有冗余数据传输能力的总线系统使用两个相互独立的通道,每个通道都由一个双线导线组成。一个通道失灵时,该通道应传输的信息可在非故障通道上一起传输。即使具有冗余数据传输能力,也可利用 FlexRay 使用混合拓扑结构。

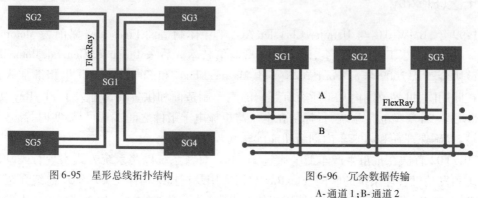

图 6-95　星形总线拓扑结构　　　　　图 6-96　冗余数据传输
A-通道 1;B-通道 2

FlexRay 总线信号必须在规定范围内。图 6-97 给出了总线信号的正常图形和非正常图形。无论在时间轴上还是电压轴上,电信号都不应进入内部区域。FlexRay 总线系统是数据传输率较高且电压电平变化较快的一种总线系统。电压高低(电平)以及电压上升沿和下降沿斜率有严格规定,必须达到规定数值。不得进入所标记的区域(绿色或红色六边形)。因电缆安装不正确、接触电阻等产生的电气故障可能会导致数据传输问题。波形图只能用速度很快的(实验室)示波器显示出来。宝马诊断系统中的示波器不适合显示这种图形。

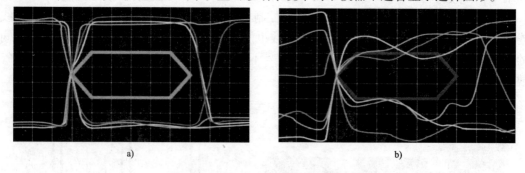

图 6-97　左侧正常波形和右侧不正常波形

FlexRay 总线系统的电压范围(压值以对地测量方式得到):

系统接通——无总线通信 2.5V。

高电平信号——3.1V(电压信号上升 600mV)。

低电平信号——1.9V(电压信号下降 600mV)。

FlexRay 总线系统是一种时间控制式总线系统,它也可以通过事件控制方式进行部分数据传输。在时间控制区域内,时隙分配给确定信息。一个时隙是指一个规定的时间段,该时间段对特定信息(例如转速)开放。这样,在 FlexRay 总线系统内重要的周期性信息以固定的时间间隔传输,因此不会造成 FlexRay 总线过载。对时间要求不高的其他信息则在事件控制区域内传输。

确定性数据传输如图 6-98 所示,确定性传输中的标识所对应单元或部件名称一览见表 6-52。

单元六 汽车车载网络系统

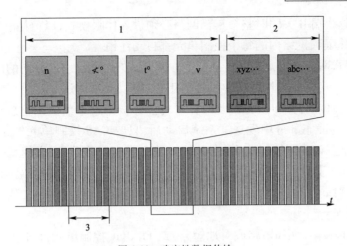

图 6-98 确定性数据传输

确定性数据传输中的标识所对应单元或部件名称一览表 表 6-52

标　　识	对应单元或部件名称
1	循环数据传输的时间控制区域
2	循环数据传输的事件控制区域
3	循环（总循环时间 5ms，其中 3ms 为静态（=时间控制），2ms 为动态（=事件控制））
n	转速
∢°	角度
t°	温度
v	车速
xyz…，abc…	事件控制的信息
t	时间

确定性数据传输用于确保时间控制区域内的每条信息都实时传输，实时表示在规定时间内进行传输。因此不会由于总线系统过载而导致重要总线信息发送延迟。如果由于暂时性总线故障（例如 EMC 故障）导致一条信息丢失，则该信息不会再次发送。在为此规定的下一时隙内将发送当前数值。

虽然可通过总线信号唤醒 FlexRay 控制单元，但大部分 FlexRay 控制单元由 CAS 通过一个附加唤醒导线启用。该唤醒导线的功能与以前 PT-CAN 内的唤醒导线（15WUP）相同，其信号曲线与 PT-CAN 的信号曲线一样。主动转向系统和 VDM 不通过唤醒导线，而是通过总线信号唤醒。随后通过接通供电直接由 VDM 启用四个减振器卫星式控制单元。

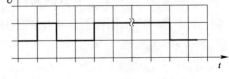

图 6-99 唤醒信号

图 6-99 中展示了车辆开锁和起动时典型的电压曲线。

第一阶段：驾驶员开锁。CAS 控制单元启用唤醒脉冲并通过唤醒导线将其传输给所连接的 FlexRay 控制单元。

第二阶段：打开车辆，总线端 R 仍处于关闭状态，总线系统内的电压电平再次下降。

第三阶段：起动车辆，总线端 15 接通，电压电平保持在设定值，直至再次关闭总线端 15。

第四阶段:总线端 R 关闭时整个车辆网络必须进入休眠模式,以免耗电过多。为确保所有控制单元都"休眠",网络内的每个控制单元都自动注销。

为了能够在联网控制单元内同步执行各项功能,在此需要一个共同的时基。因为所有控制单元内部利用其自身的时钟脉冲发生器工作,所以必须通过总线进行时间匹配。控制单元测量某些同步位的持续时间,据此计算平均值并根据这个数值调整总线时钟脉冲。同步位在总线信息的静态部分中发送。系统启动后,只要 CAS 控制单元发送一个唤醒脉冲,FlexRay 上的两个授权唤醒控制单元(在总线概览中带有"S"标记)之间就会开始进行同步化。该过程结束时,其余控制单元相继自动在 FlexRay 上注册并计算出各自的差值。此外,在运行期间还会对同步化进行计算校正。这样可以确保最小的时间差,从而在较长时间内不会导致传输错误。

总线导线出现故障(例如短路或对地短路)或 FlexRay 控制单元自身出现故障时,可能会切断各控制单元或整个支路与总线之间的通信。带有四个授权唤醒 FlexRay 控制单元(ZGM、DME、DSC、ICM)的分支除外。如果这些控制单元之间的通信中断,则发动机无法起动。此外,控制单元内的这种总线监控功能还能防止在非授权时间发送信息,从而防止覆盖其他信息。

十三、以太网

以太网上的所有设备都有单独分配的识别号,即 MAC 地址(媒体访问控制)。建立连接时,宝马编程系统通过该地址和 VIN(车辆识别号)识别车辆,以此避免第三方更改数据记录和存储值。

与办公室内的计算机网络一样,网络内的所有设备都必须拥有唯一的识别号。因此建立连接后,中央网关模块从编程系统得到一个 IP 地址。网络内的 IP 地址功能相当于电话网络的电话号码,这个 IP 地址通过 DHCP(动态主机配置协议)来分配,这是一种自动为网络内终端设备分配 IP 地址的方法。

以太网的特点:

数据传输率很高:100Mb/s。

建立连接和分配地址时系统启动用时 3s,进入休眠模式时用时 1s。

只能通过宝马编程系统访问系统。

以太网的功能:进行维修时能更迅速地进行车辆编程和在 CIC 与 RSE 间传输媒体数据。

诊断插座、ZGM 和 CIC 之间通过两个没有附加屏蔽层的双绞线连接。此外还有一个为各控制单元内以太网控制器供电的启用导线。CIC 与 RSE 之间的导线带有屏蔽层,取代了启用导线。

课题五 丰田数据总线系统应用

一、丰田数据总线概述

丰田车系多数传输系统 MPX(Multiplex Communication System)由 BEAN、CAN、LIN、AVC-LAN 和 MOST 组成,按照各系统对于传输信号速度、精度、可靠性和成本的要求,车辆不同系统选择的通信方式也不同。各个总线的缩写如表 6-53 所示,各总线的应用参数如表 6-54 所示。

丰田数据总线缩写一览表　　　　　　　　　　　　　　　　表 6-53

缩　　写	英文全称	中文含义
BEAN	Body Electronics Area Network	车身电子局域网络
CAN	Controller Area Network	控制器区域网络
AVC-LAN	Audio Visual Communication-Local Area Network	视听通信局域网
LIN	Local Interconnect Network	局域互连网络
MOST	Media Oriented System Transport	多媒体定向系统传输网

各总线的应用参数一览表　　　　　　　　　　　　　　　　表 6-54

总线类型	通信速率(b/s)	驱动方式	通信端子	主从架构	故障码记录处	用途
BEAN	10k	单线电压驱动	MPX +、MPX -	多主	BODY ECU	车身系
CAN	500k(最大1M)	差动电压驱动	CAN H、CAN L	多主	各个 ECU	底盘、发动机控制
AVC-LAN	17k	差动电压驱动	TX +、TX -	主从	主 ECU	音响、导航
LIN	9.6k(最大20k)	单线电压驱动	LIN	主从	主 ECU	空调伺服电机等
MOST	24.5M	光通信	OUT、IN	主从	各个 ECU	导航等

二、BEAN 总线与 AVC-LAN 总线

1. BEAN 的概要、特征

BEAN 是丰田汽车双向通信网络的专利,它是一种多总线车身电子局域网,采用了环状总线型终端连接方式,如图 6-100 所示。

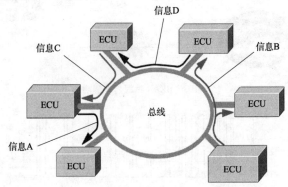

图 6-100　BEAN 环状总线型终端连接方式示意图

丰田车身电气相关 ECU(或执行器)间通信网络多采用 BEAN 通信协议,访问方式为带有优先度判别的 CSMA/CD(链路到通信线路上的所有节点都有等同权传输(请求)它们自己的信息),ECU 内部电路如图 6-101 所示。单线电压驱动方式(使用单线低速通信:约 10kb/s),环状总线型终端连接方式,当有一处断线时不会影响通信,如图 6-102 所示。如果常规总线在出现断路故障后,与电子控制单元的通信将中断,BEAN 总线即使通信线路被断路,菊花链式配置能够使用另一条路径继续通信。为节约蓄电池电量,各 ECU 搭载休眠/唤醒功能,如图 6-103 所示。BEAN 传输的信号波形如图 6-104 所示,BEAN 的传输帧如图 6-105 所示。数据帧说明一览,见表 6-55。

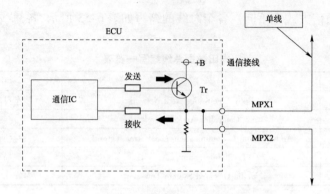

图 6-101　BEAN ECU 内部电路示意图

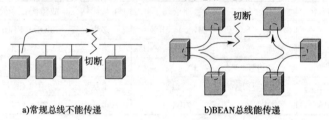

图 6-102　BEAN 总线断路与常规总线断路的比较

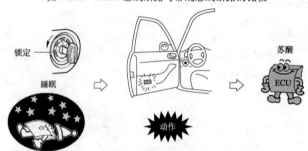

图 6-103　BEAN 睡眠与唤醒功能

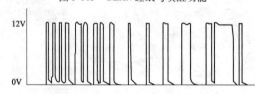

图 6-104　BEAN 总线信号波形图

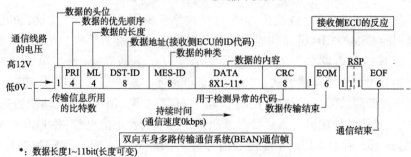

*：数据长度1~11bit(长度可变)

图 6-105　BEAN 通信数据帧结构

数据帧说明一览表　　　　　　　　　表6-55

缩　写	报文名称	规　　则
SOF	帧开始	起始位
PRI	优先权	优先(权)
ML	报文长度	数据总字节(包括标识符的2个字节)用二进制示出
DST-ID	目的地标识符	(1)广播通信(到所有的节点) $ FE (2)广播通信(到组) $ D1 – D3 (3)点到点通信(到规定的节点)每个节点标识符
MES-ID	报文标识符	报文内容
DATA	数据	可变长度(由ML规定)
CRC	循环冗余检查	用于差错检查
EOM	报文结束	表示完成达到CRC的报文
RSP	反应	发送节点：无 接收节点： 正常时(确认(ACK)) 不正时(否认(NAK)) 提示：RSP仅对接收节点输出
EOF	帧结束	表示所有的报文已完成

BEAN总线传输方式有三种：

(1)周期传输：周期性传输数据、周期传输定性(间隔持续时间：止)。

(2)事件传输：由开关操纵传输事件、事件传输正时。

(3)组合式传输(周期和事件传输)：开关接通时,周期传输的定时器就复位,如图6-106所示。

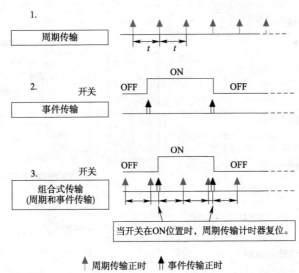

图 6-106　BEAN 的传输方式

2. AVC-LAN 通信简介

AVC-LAN 是丰田研发的类似于 BEAN 总线改进型的通信形式。AVC-LAN 是为了音响和导航专门设计的协议,使用这种通信协议的设备可以自由选择系统,即可以加装或更换设备,这符合音响和导航系统的设计理念。AVC-LAN 采用主从形式布局,ACC-ON 时主设备对从设备数量和功能进行确认。AVC-LAN 采用双绞线差动电压驱动,TX + 和 TX − 两线之间的电压差仅为 200mv,通信电压 2.5V,终端电阻为 60 ~ 80Ω,如图 6-107 所示。

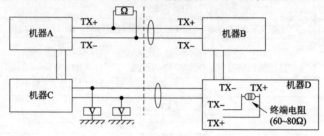

图 6-107　AVC-IAN 示意图

三、卡罗拉总线的应用

丰田卡罗拉总线仅使用 CAN 总线和 LIN 总线。

1. CAN 总线描述

卡罗拉 CAN 1 网络拓扑图见图 6-108、CAN 2 网络拓扑图见图 6-109、CAN MS 总线拓扑图见图 6-110。

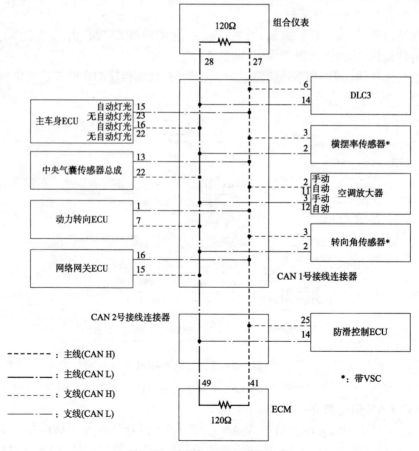

图 6-108　卡罗拉 CAN1 网络拓扑图

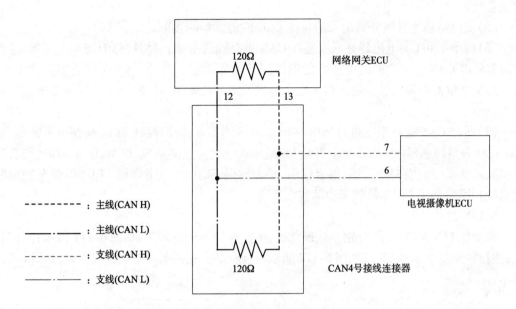

图 6-109 卡罗拉 CAN2 网络拓扑图

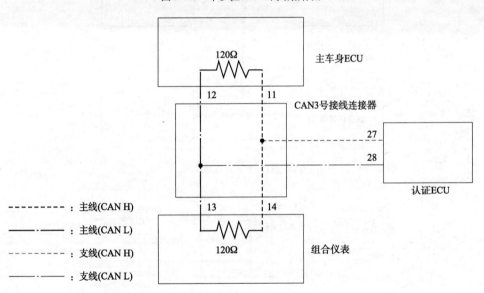

图 6-110 卡罗拉 CAN MS 总线拓扑图

(1)带智能上车和起动系统的车辆:CAN 通信系统由通过主车身 ECU 连接至各个系统的 CAN 号总线和 MS 总线组成。

(2)带驻车辅助监视系统的车辆:CAN 通信系统由通过网络网关 ECU 连接至各个系统的 CAN 号总线和 CAN2 号总线组成。

(3)CAN1 号总线、CAN2 号总线和 MS 总线都有带 $120\Omega \times 2$ 的电阻的终端电路,可以进行 500kb/s 和 250kb/s 的高速通信。

(4)主总线是总线(通信线路)上介于两个终端电阻器之间的线束,它是 CAN 通信系统的主总线。

(5)支线是从主总线分离出来的通往ECU或传感器的线束。

(6)两个120Ω的电阻器并联安装在CAN主总线的末端,它们被称为终端电阻器,这些电阻器使得CAN总线之间的电压差能够得到精确的测定。为使CAN通信能够正常工作,两个终端电阻器必须安装妥当。由于两个电阻器是并联安装,两条CAN总线间的电阻可能接近60Ω。

(7)通过CAN通信系统进行通信的ECU或传感器有:防滑控制ECU、横摆率传感器(带VSC)、转向角传感器(带VSC)、主车身ECU、中央气囊传感器总成、ECM、认证ECU(带智能上车和起动系统)、空调放大器、组合仪表、动力转向ECU、电视摄像机ECU(带驻车辅助监视系统)、网络网关ECU(带驻车辅助监视系统)。

2. LIN总线

卡罗拉LIN共有三个,分别是认证总线,主控单元是认证ECU,如图6-111所示;车门总线,主控单元是主车身ECU,如图6-112所示;空调总线,主控单元是空调放大器,如图6-113所示。

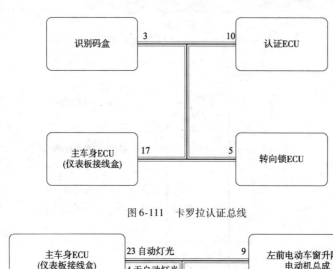

图6-111 卡罗拉认证总线

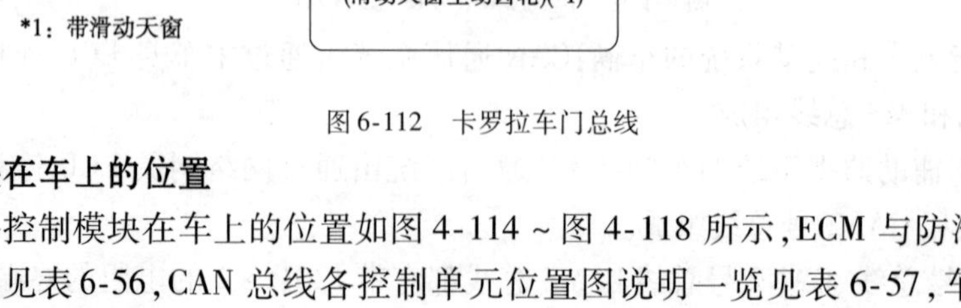

图6-112 卡罗拉车门总线

3. 各模块在车上的位置

卡罗拉各控制模块在车上的位置如图4-114～图4-118所示,ECM与防滑控制ECU位置图说明一览见表6-56,CAN总线各控制单元位置图说明一览见表6-57,车门模块、转向锁、识别码盒位置图说明一览见表6-58,空调总线单元位置图说明一览见表6-59,滑动天窗ECU位置图说明一览见表6-60。

单元六 汽车车载网络系统

图 6-113 空调总线

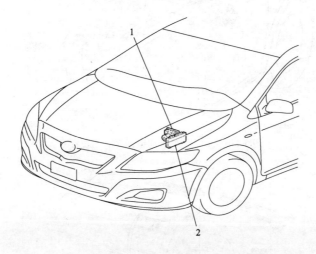

图 6-114 ECM 与防滑控制 ECU 位置图

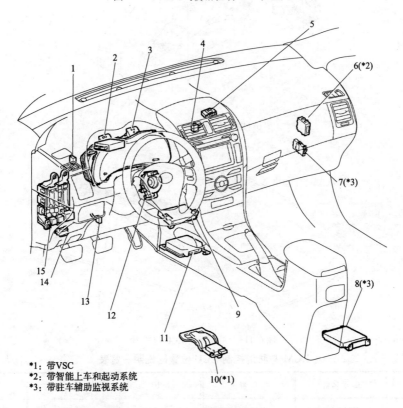

*1：带VSC
*2：带智能上车和起动系统
*3：带驻车辅助监视系统

图 6-115 CAN 总线各控制单元位置图

221

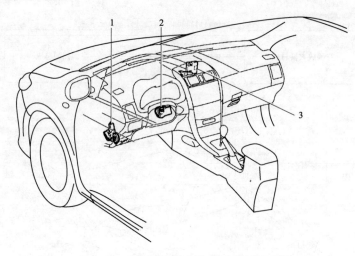

图 6-116　车门模块、转向锁、识别码盒位置图

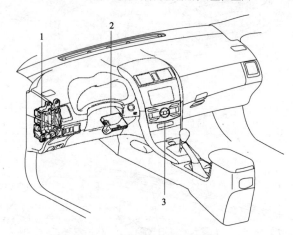

图 6-117　空调总线单元位置图

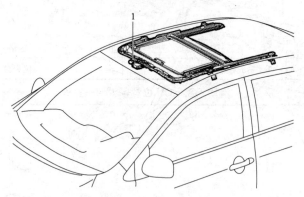

图 6-118　滑动天窗 ECU 位置图

ECM 与防滑控制 ECU 位置图说明一览表　　　　　　　　　　　表 6-56

标识	单元名称	位置	标识	单元名称	位置
1	防滑控制 ECU	发动机舱	2	ECM(发动机 ECU)	发动机舱

CAN 总线各控制单元位置图说明一览表　　　　　表 6-57

标　识	单 元 名 称	位　　置
1	CAN 2 号接线连接器	仪表台左下侧
2	动力转 ECU	仪表后下侧
3	组合仪表	仪表台左侧
4	CAN 1 号接线连接器	仪表台中后侧
5	CAN 4 号接线连接器	仪表台中后侧偏右
6	认证 ECU	仪表台右侧
7	网关 ECU	仪表台右下侧
8	电视摄像机 ECU	副驾驶侧
9	空调放大器	仪表台中下侧
10	横摆角传感器	主驾侧
11	中央气囊传感器总成	仪表台中下侧
12	转向角传感器	方向盘下侧
13	CAN 3 号接线连接器	仪表台左下侧
14	DLC 3	仪表台左下侧
15	主车身 ECU	仪表台左下侧

车门模块、转向锁、识别码盒位置图说明一览表　　　　　表 6-58

标　识	单 元 名 称	位　　置
1	电动车窗升降器电动机	左前门
2	转向锁 ECU	仪表左下侧
3	识别码盒	仪表台中后方

空调总线单元位置图说明一览表　　　　　表 6-59

标　识	单 元 名 称	位　　置
1	主车身 ECU	仪表台左下侧
2	空调放大器总成	仪表台中下侧
3	集成控制和面板总成	仪表台中前方

滑动天窗 ECU 位置图说明一览表　　　　　表 6-60

标　识	单 元 名 称	位　　置
1	滑动天窗 ECU	车顶前部

课题六　通用汽车公司数据总线系统应用

一、通用汽车公司数据总线概述

1. 通用汽车公司总线类型

汽车总线发展经历了一个过程,通用汽车公司总线在发展的过程中用到的总线类型可分为UART、Class2、E&C、Keyword2000和CAN。

(1) UART。二十世纪八十年代后期,通用公司开始在车辆中使用UART,不通信时电压被拉到5V,通信时电压小于5V。UART使用固定等脉宽数位,以连续方式进行数据通信,传输速率为8192b/s,如图6-119所示。

(2) Class2。二十世纪九十年代中期,通用公司开始在车辆中使用Class2(2类)通信,它一度是最常见的通信类型之一。Class2在不通信时电压被拉到0V,在通信时电压较高。Class2使用可这台脉宽数位,以可变传输速率按数据包方式进行数据通信,如图6-120所示。

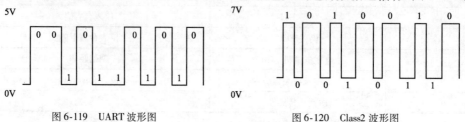

图6-119　UART波形图　　　　图6-120　Class2波形图

(3) E&C。E&C主要用于音响系统和自动空调系统的通信,见图6-121。

(4) Keyword2000。Keyword2000主要用于发动机和自动变速器之间,以10400b/s传输速率进行通信,如图6-122所示。

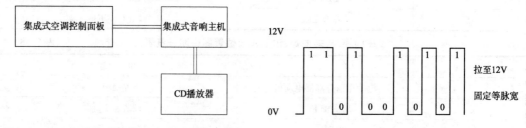

图6-121　E&C主要用于音响系统和自动空调系统的通信　　　　图6-122　Keyword2000波形图

(5) CAN。CAN是高速串行数据总线,用于EBCM和ECM等模块之间进行通信,传输速率从125kb/s至1Mb/s。CAN总线波形如图6-123所示。

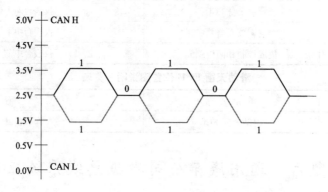

图6-123　CAN总线波形图

2. 通用汽车公司总线应用

通用汽车公司总线目前在车型上应用的有高速GMLAN、底盘扩展GMLAN、低速GM-LAN、LIN和MOST,各网络对比如表6-61所示。

通用汽车公司各网络特性对比表　　　　表6-61

网络类型	传输速度	线制	拓扑结构	应用
高速 GMLAN	500kb/s	双线	串联	动力总成等
底盘扩展 GMLAN	500kb/s	双线	串联	底盘相关模块
低速 GMLAN	33.3kb/s	单线	星形	车身电气系统
LIN	2.4～19.6kb/s	单线	线性	车身舒适系统
MOST	50Mb/s	双线	环形	娱乐系统

3. 通用汽车公司常见的网络结构

通用汽车公司常见的网络结构有三种:环形网络、星形网络和串联网络。

环形网络:在环形网络中,各模块呈环形依次边接,如图6-124所示。

星形网络:在星形网络中,各模块被连接到中心节点(星形连接器),一台车上可以同时有两个或多个星形结构,如图6-125所示。

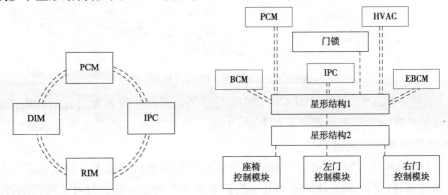

图6-124　环形网络结构示意图　　　　图6-125　星形结构示意图

串联网络:在某些车辆上,多个控制模块使用串联网络总线连接到一起,如图6-126所示。

(1)高速 GMLAN。高速 GMLAN 中多数模块都是通过两条双绞线串联,见图6-127,在两端的模块中各有一个120Ω终端电阻,用于防止信号的互相干扰。

图6-126　串联结构示意图　　　　图6-127　串联式高速 GMLAN 及终端电阻示意图

诊断接口并联在高速 GMLAN 上,在有些高速 GMLAN 中也有一些模块并联,如图6-128所示。高速 GMLAN 终端电阻也可能不放置在模块中,直接接到总线上。BCM(车身控制模块)通过专用唤醒线唤醒 ECM(发动机控制模块)和 TCM(变速器控制模块),BCM 通过启用线启用 EBCM(电子制动控制模块)、FSCM(燃油系统控制模块)和 AFL。

(2)底盘扩展 GMLAN。底盘扩展总线 GMLAN 除了用于底盘部件,其他基本上与高速 GMLAN 总线是一致的。作用是防止高速 GMLAN 总线因信息拥挤造成传输堵塞。K17电子制动控制模块(EBCM)作为网关模块来实现底盘扩展总线和主高速 GMLAN 总线之间的通信。底盘扩展 GMLAN 总线如图6-129所示。

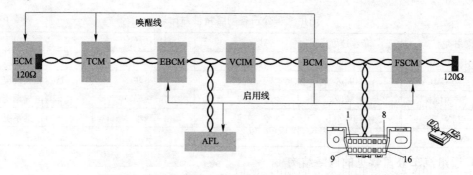

图 6-128　GMLAN 并联结构、终端电阻、唤醒线、启用线示意图

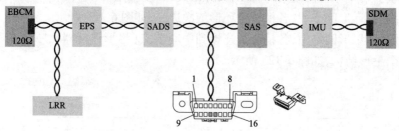

图 6-129　底盘扩展 GMLAN 总线示意图

（3）低速 GMLAN。低速 GMLAN 总线用于那些无需高速率数据传输、使用相对简单的部件的应用。其一般用于由驾驶员控制的功能，与那些动态车辆控制所要求的响应时间相比，这些功能的响应时间较慢。

低速 GMLAN 串行数据网由一条单线、带高压侧驱动的搭铁参考总线组成。在车辆路面操作期间，数据符号（1 和 0）以 33.3kB/s 的正常速率按顺序传输。只对于部件编程来说，可能会用到 83.3kB/s 的特定高速数据模式。与高速双线网络不同，单线低速网络在网络的各端不使用终端电阻器。低速 GMLAN 采用并联连接形式，如图 6-130 所示。低速 GMLAN 的唤醒是用电压唤醒的，如图 6-131 所示，10V 左右的高电压唤醒各模块。BCM 充当了高速 GMLAN 与低速 GMLAN 的网关。

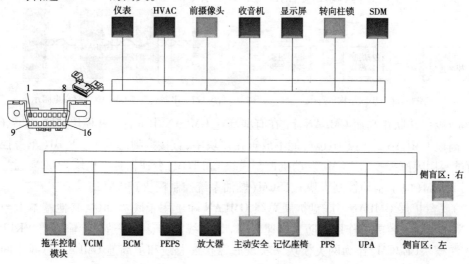

图 6-130　低速 GMLAN 示意图

（4）LIN。局域互联网（LIN）总线由一条传输速率为 10.417kB/s 的单线组成。该模块用于交换主控制模块和其他提供支持功能的智能装置之间的信息。此类配置对高速 GMLAN 总线或低速 GMLAN 总线的容量或速度没有要求，因此相对比较简单。要传输的数据符号（1 和 0）在通信总线上由不同的电压电平表示。当 LIN 总线静止且未被驱动时，该信号处于接近电池电压的高压状态。这由逻辑"1"表示。当要传输逻辑"0"时，信号电压被拉低至搭铁（0.0V）。

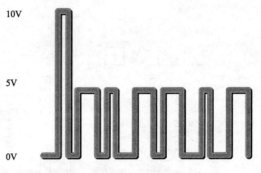

图 6-131　低速 GMLAN 唤醒示意图

通用汽车公司的 LIN 总线与大众 LIN 相似，不再赘述。

（5）MOST。MOST 网络是面向媒体信息传输系统（Media Oriented System Transport）的简称，其主要运用在汽车信息娱乐系统中，可用于传输模块之间的控制指令、音频和视频信号。在通用汽车公司 MOST 总线上采用的是双铜线（双绞方式）作为传输线路，各个设备作为网络中的节点，连接在一个逻辑环上，各节点之间单向，点对点连接，数据在网络中向固定的方向流动，两个节点之间只有一条通路。任何一段出现故障，网络失效。

MOST 网络中的模块在进行信号的接收和发送前需要被唤醒，通常收音机作为 MOST 的主模块，通过专用的一根电气线路来唤醒网络上的其他模块，然后开始进行数据传输，唤醒方式为主模块将唤醒线的电压从 12V 状态瞬时拉低至 0V，并维持 100ms 左右时长，网络上的其他模块通过这根电气线路的电位变化，启用数据传输。收音机通过低速 GMLAN 连接至诊断接口 DLC 进行 MOST 诊断，如图 6-132 所示。

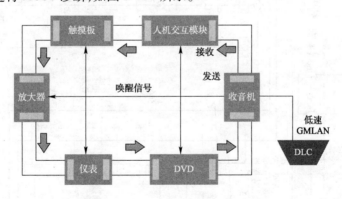

图 6-132　MOST 网络

二、科鲁兹数据总线应用

科鲁兹高速 GMLAN 主要用于动力模块之间的数据传输，其终端电阻在 K20 发动机控制模块和 K9 车身控制模块中，图中线号 2500 为 CAN H，2501 为 CAN L，X84 数据传输连接器（DLC）接在 K9 车身控制模块 X2-24、23 脚，总线由 K9 车身控制模块经 K73 远程通信接口控制模块（无此模块总线直接与下一模块相连）、电子制动控制模块、动力转向控制模块、T2 自动变速器总成后串连到 K20 发动机控制模块，如图 6-133 所示。

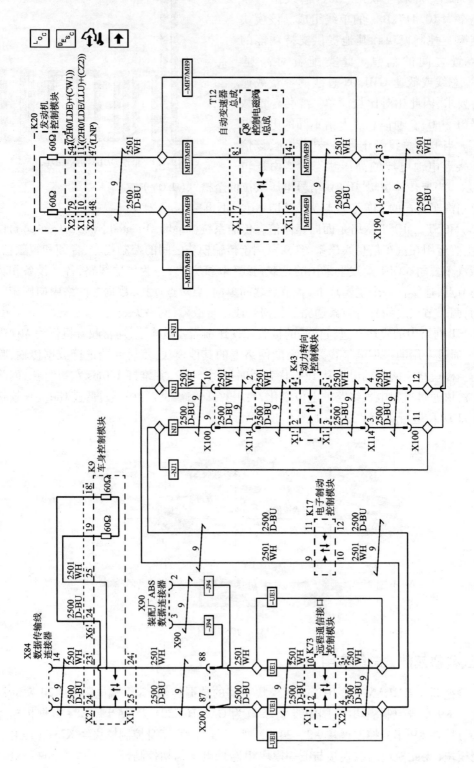

图 6-133 科鲁兹高速 GMLAN

图 6-134 中,K9 车身控制模块通过专用唤醒线(X4-22 针脚)输出高电位,唤醒 K20 发动机控制模块和 T2 变速器控制模块,通过启用线(X4-23 针脚)输出高电位,启用 K17 电子制动控制模块、K43 动力转向控制模块和 K73 远程通信接口控制模块。

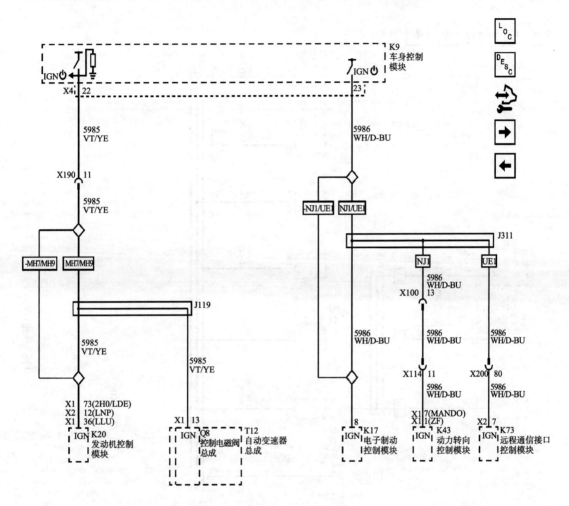

图 6-134 高速 GMLAN 网格的唤醒线

低速 GMLAN 采用单线传输,主要用于对传输速度要求不高的各模块之间的数据传递,如 K41R 后部驻车辅助控制模块、K84 无钥匙进入控制模块、K29 座椅加热控制模块、K36 充气式乘客保护感应系统和诊断模块,两个集线器 J313 和 J204 使所有模块分别并联,并通过 J204 连接到 X84 诊断接口的 1 号脚。K9 车身控制模块分别连接着 J313 和 J204,如图 6-135 所示。

底盘扩展总线,见图 6-136。主要用于 B119 多轴加速度传感器、B99 转向盘转角传感器和 K17 电子制动控制模块之间的数据传输,各模块之间采用串联方式,与 X84 数据传输线连接器采用了并联方式,图中线号 6105 为 CAN H,6106 为 CAN L,分别接在 X84 的 12 和 13 号针脚,底盘扩展总线无终端电阻。

科鲁兹共有五条 LIN 总线(图 6-137),分别是:

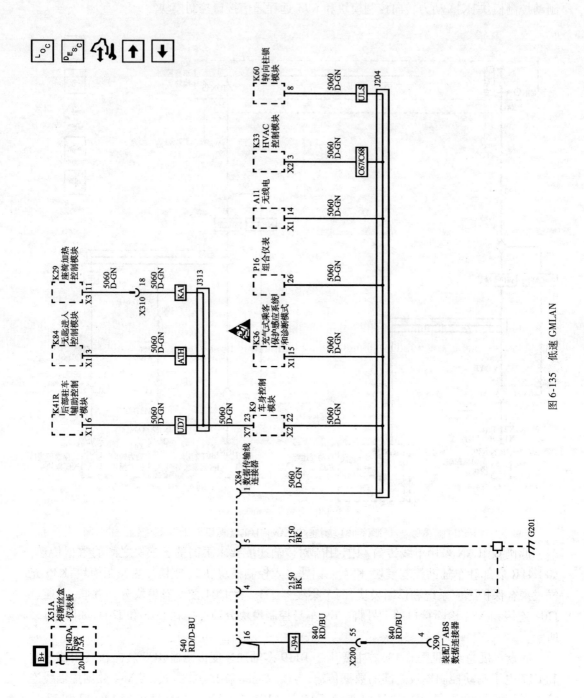

图 6-135 低速 GMLAN

单元六 汽车车载网络系统

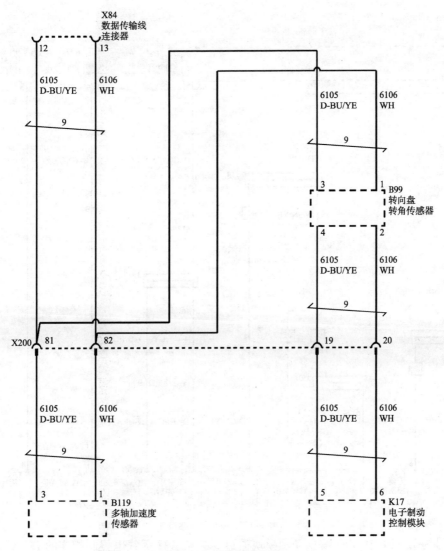

图 6-136 底盘扩展总线

线号为 6132 的由 K9 车身控制模块通过 X6-16 与 B117 雨量传感器和 K61 天窗控制模块相连的 LIN 线,传输信号有雨量信息、天窗开闭状态信息、天窗开闭动作指令等信息。

线号为 6134 的由 K9 车身控制模块通过 X6-10 与 M74D 车窗电机-驾驶员侧、S79D 车窗开关-驾驶员侧和 S79P 车窗开关-乘客侧相连的 LIN 线,传递了驾驶员和乘客侧车窗状态及开闭车窗的控制指令等信息。

线号为 6135 的由 K9 车身控制模块通过 X2-21 与 S79LR 车窗开关-左后和 S79RR 车窗开关-右后相连的 LIN 线,传递了左后、右后侧车窗状态及开闭车窗的控制指令等信息。

线号为 7531 的由 K33HVAC 控制模块通过 X2-4 与 A26HVAC 控制相连的 LIN 线,传递了空调各风板位置及动作指令等信息。

231

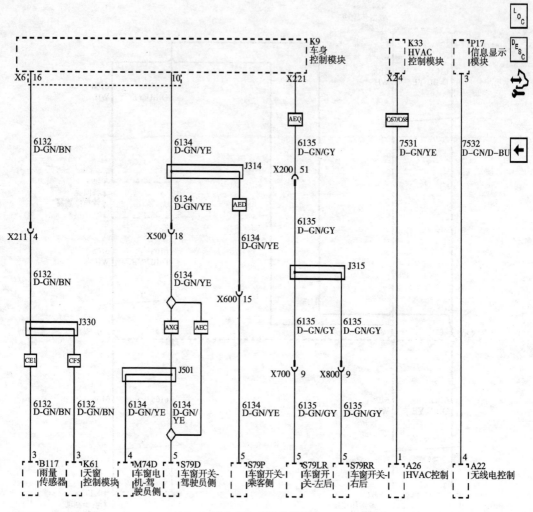

图 6-137 LIN 总线架构

　　线号为 7532 的由 P17 信息显示模块通过 3 脚与 A22 无线电控制相连的 LIN 线,传递了无线电的显示及控制等相关信息。

单元七　汽车车载网络系统的检修

知识目标

(1) 正确描述车载网络的一般故障诊断流程。
(2) 正确描述车载网络故障分类。
(3) 简述驱动系统 CAN 数据总线故障查询的工作步骤。
(4) 正确描述线路维修、连接器维修或模块更换要点。
(5) 简述 CAN 双线式数据总线的故障检修方法。
(6) 简述 U012608(转角传感器 CAN 信号损坏)故障码维修程序。
(7) 正确描述 LIN 总线故障诊断及处理方案。
(8) 简述 MOST 总线故障及现象。

技能目标

(1) 会分析数据链接诊断过程。
(2) 会分析示波器显示的 CAN 系统典型故障波形。
(3) 会正确使用解码器和万用表在驱动系统 CAN 数据总线上进行系统故障诊断。
(4) 会按故障码(DTC)进行典型故障诊断。
(5) 会进行驱动总线 CAN H 或 CAN L 对蓄电池电压(端子 30,12V)短路故障诊断。
(6) 会进行中控门锁故障的检查与排除。
(7) 会进行更换发动机控制单元的在线匹配实操。

课题一　CAN 网络故障的诊断与维修

一、故障诊断策略

网络故障诊断必须按标准程序来查找用户所提问题的原因,再分析这些原因,确定哪些是需要修理或更换的零部件。

对用户所提出的问题最有效的策略就是采取"症状→系统→部件→原因"的诊断路线，见表7-1。

表诊断策略一览　　　　　　　　　　　　　　　　　　　　　　　　表7-1

程序	内容	举例
症状	首先弄清用户提出问题的症状	驾驶员告知车门打开时室内灯不亮
系统	其次要确定是哪一个系统可能导致症状出现	查阅维修手册症状表后，就会首先怀疑导致该症状出现的系统可能是门控灯照明系统
部件	确定了具体系统(子系统)，就可以通过诊断测试来确定该系统中导致用户提出问题的部件	测试驾驶员车门开关，结果发现它已经出故障了
原因	确定了有故障的部件，就应该确定导致部件出故障的根本原因	发现车门密封的破损造成漏水，影响了开关。在本例中，车门密封损坏应该是问题的原因，必须更换车门密封，否则开关还会再出故障

注：本课题中所有诊断过程在各种汽车维修手册中都可以查到。具体汽车的诊断测试可能会与本课题中的讲解有所不同，但维修思路大体相同。

二、网络故障诊断流程

1. 一般故障诊断流程

客户将汽车送来维修，若是客户提出了问题，都应执行以下的诊断步骤：

(1)对客户提出的问题进行确认。首先确认客户提出的故障是否确为故障，排除有些客户所述故障的非真实性。在确认故障时，要充分了解故障车的相关信息，因不同车型所用的网络可能不同；而同一型号的车，也可能因配置不同，网络配置的模块也不同。有些故障是因总线故障引起的，而有些故障非总线故障，均需要进一步确认。

(2)检查汽车维修记录和参阅网上维修指导。检查汽车维修记录是了解车辆历史维修记录、有无相关维修；参阅网上指导，是为维修做好相应准备。

(3)执行初步检测：

①诊断之前，查阅维修手册上的"检查与确认"程序中列出的步骤。

②进行直观检查：绝对不能省略或遗漏任何初步诊断步骤。漏过项目的初步诊断步骤可能造成数个工时的浪费，并可能导致误诊。

(4)执行网络测试。完成初步测试后，必须检查网络的通信能力。使用解码器读取车辆上的配置单元信息，进行网络诊断，检查网络上模块安装状况。若无法通过解码器进入诊断系统，应检查解码器、诊断总线及网关是否正常。

(5)读取故障诊断码。用解码器进入网关或其他控制单元读取故障代码。

①读取模块配置(编码)信息，配置信息错误，也会造成网络系统故障。

②如果有故障码，按故障码诊断流程进行诊断。

(6)进行诊断测试。通过使用万用表、示波器检测，或断开及替换控制单元等方法，确认故障点。

(7)修复交车。确认故障后，进行修复工作，完成交车环节。

2. 数据链接诊断测试(图 7-1)

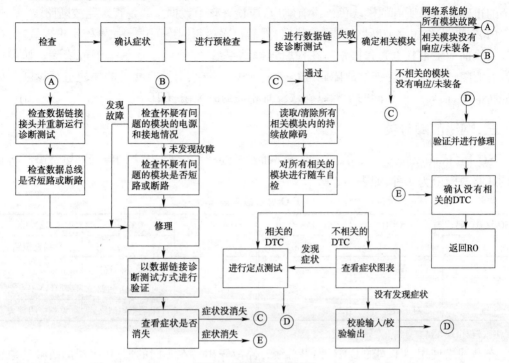

图 7-1　数据链接诊断过程
Ⓐ、Ⓑ、Ⓒ、Ⓓ、Ⓔ-表示接点,各对应点各自分别相接

　　运行数据链接诊断测试后,确定是否有些模块与故障有关,这些模块将以"没有响应"或"没有装备"的方式表明。如果没有相关的模块,那么网络测试通过;如果有相关模块,那么通过读取和清除连续故障码(DTC)及通过进行随车自测试继续进行测试。

　　(1) 如果数据链接插口(DLC)测试显示模块没有响应,并且它们与症状有关,则需要检查怀疑有问题的模块的电源和搭铁线路,因为没有接通电源和良好的搭铁,模块就像被关闭一样不起作用。在各种车辆的维修手册中,这种检查被称为"定点测试步骤"。

　　(2) 如果电源和搭铁检查没有查出故障,则应检查所怀疑模块的数据总线是否短路或断路。线路短路和断路会阻止模块之间以及模块与测试仪之间进行通信。网络线路的短路将导致网络信息被传送到搭铁处,线路断路将阻止网络信息到达网络的其他部分。

　　(3) 发现网络故障后,进行必要的对症维修。维修后要进行数据链接插口(DLC)测试来验证网络维修结果。应当记住的重要一点是:如果确定了发生故障的模块是用户提出的故障的原因,在更换模块前应当检查模块的电源和搭铁。

　　(4) 网络通信恢复,在进行了数据链接插口(DLC)测试验证维修结果后,需要确认症状是否消除。如果症状没有消除,则要读取和清除连续故障码(DTC)或进行随车自测试,继续进行故障诊断。

　　(5) 如果症状消除,那么在重新查看维修单之前,仍然需要确认没有相关的故障码(DTC),这项工作可以通过读取和消除连续故障码,以及对所有相关模块进行随车自测试来完成。

　　(6) 如果网络中所有模块都没有响应。应定点测试将指导检查数据链接插口(DLC)是否损坏。如果数据链接插口(DLC)损坏,将影响网络通信。再次运行网络测试,以证实修理结果的正确。如果所有的模块仍然没有响应,应检查整个数据总线是否短路或断路。

(7)如果发生短路或断路,应维修线路,然后再次运行网络测试。如果模块出现故障,在更换模块前应检查其电源和搭铁。在检验维修结果后,需要确定症状是否被清除。如果症状没有清除,读取和清除连续故障码进行随车自测试,继续对所有相关的模块进行诊断。如果症状消除,需要进行相同的步骤以确认没有相关的故障码(DTC)。

三、网络故障分类

ISO 是"International Organisation for Standardization"的缩写,代表国际标准委员会。将总线的线路故障分为 8 种,如表 7-2 所示。

ISO 总线故障表　　　　　　　　　　　　　　　　表7-2

ISO 故障代码	CAN H	CAN L	ISO 故障代码	CAN H	CAN L
1		断路	5		对搭铁短路
2	断路		6	对搭铁短路	
3		对正极短路	7	对 CAN L 短路	对 CAN H 短路
4	对正极短路		8*	终端电阻缺失	终端电阻缺失

注:8*仅出现在高速总线上。

车载网络使用到不同的 CAN,如果总线开路故障出现在不同的地点,出现的故障现象也不一样,如图 7-2～图 7-4 所示,分别表示车载网络出现不同地点断路的故障示意图。

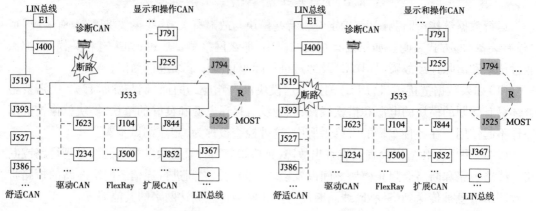

图 7-2　诊断 CAN 断路故障示意图　　　　图 7-3　舒适 CAN 与 J533 断路故障示意图

诊断 CAN 无单线模式,当诊断 CAN 出现断路时,虽然对车辆其他网络运行没有影响,但是会引起解码器无法进入车载网络。

舒适总线在不同的车上有两种传输速度:

一种是高速总线,传输速率为 500kb/s,无单线工作模式,当舒适 CAN 与网关之间出现断路时,无法与其他总线进行信息交换,网络内的单元会运行应急模式,比如出于安全考虑会点亮近光灯等。

一种是低速总线,传输速率为 100kb/s,有单线工作模式,当舒适 CAN 与网关之间出现单线断路时,信息能传输,会有相应的故障码被记录。

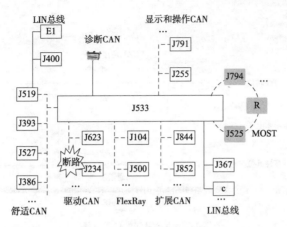

图 7-4　驱动 CAN 安全气囊与总线断路故障示意图

以驱动 CAN 安全气囊为例,当单个控制单元与总线出现断路时,与此控制单元的信息交换将不能进行,使用此控制单元信息的其他控制单元缺失安全气囊的相关信息,仪表会报出"安全气囊故障"。

四、CAN 总线的波形测试

CAN 数据总线诊断过程中,还可用示波器对 CAN 系统的线路进行信号测试,知道了正确的波形信号后,才能区分不正常的信号波形。图 7-5 是驱动系统的 CAN BUS 信号示意图。图 7-6 是以 VAS5051 测试仪 DSO(示波器功能)测试 CAN 信号的波形,用 VAS5051 测试 CAN 信号时选用 DSO1 和 DSO2 测量导线。用任何一条测量导线进行测量时,必须对两个测量插接器都进行调试。示波器的设置必须正常,否则不能显示正常的波形。图 7-7 是驱动总线的休眠电压图。

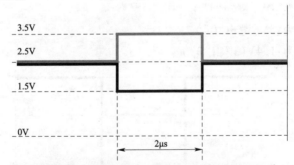

图 7-5　驱动系统的 CAN BUS 信号示意图(浅灰色为 CAN H、深灰色为 CAN L,下同)

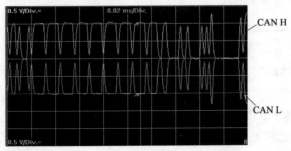

图 7-6　示波器显示的驱动系统的 CAN BUS 信号示波器设置:时间轴为 0.02ms/格,电压轴为 0.5V/格

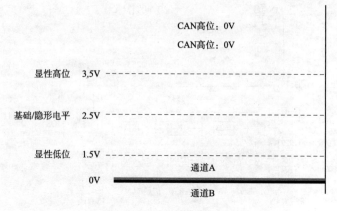

图 7-7 驱动总线的休眠电压

1. 驱动系统的 CAN BUS(高速总线)信号和逻辑信号

Can H 的高电平为:3.5V(逻辑"0")。

Can H 的低电平为:2.5V(逻辑"1")。

Can L 的高电平为:2.5V(逻辑"1")。

Can L 的低电平为:1.5V(逻辑"0")。

当高速总线进入休眠时,CAN H 和 CAN L 的电压均为 0V,当总线被唤醒后,总线的电压恢复正常。

2. 舒适系统的 CAN BUS 信号和逻辑信号

舒适系统的 CAN BUS 信号和逻辑信号见图 7-8,示波器显示的舒适系统的 CAN BUS 信号和逻辑信号波形见图 7-9,舒适总线(低速总线)休眠电压图见图 7-10。

CAN H 的高电平为:3.6V(逻辑"0")。

CAN H 的低电平为:0V(逻辑"1")。

CAN L 的高电平为:5V(逻辑"0")。

CAN L 的低电平为:1.4V(逻辑"0")。

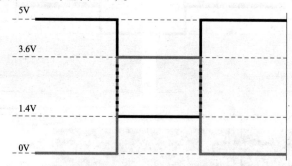

图 7-8 舒适系统的 CAN BUS 信号和逻辑信号

当高速总线进入休眠时,CAN H 为 0V 和 CAN L 为 12V,当总线被唤醒后,总线的电压恢复正常。

3. 示波器显示 CAN 系统典型故障波形

典型故障 1:驱动总线 CAN H 与 CAN L 短路(图 7-11)。驱动总线 CAN L 与 CAN H 短接线路短接在一起,在示波器上显示的波形为 CAN L 与 CAN H 波形相同。

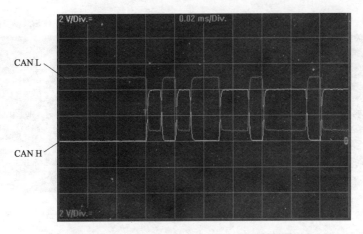

图7-9 示波器显示的舒适系统的 CAN BUS 信号和逻辑信号波形

示波器设置:时间轴为0.02ms/格,电压轴为2V/格

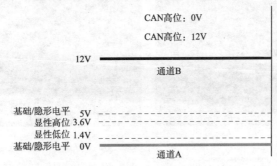

图7-10 舒适总线(低速总线)休眠电压

典型故障2:驱动总线 CAN H 与 B+短路(图7-12)。驱动总线 CAN H 与 B+短路,CAN H 几乎呈一条直线,无单线工作模式。

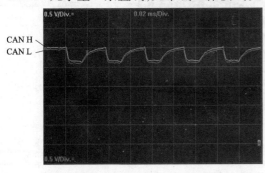

图7-11 驱动总线 CAN L 与 CAN H 短接波形　　　图7-12 驱动总线 CAN H 与 B+短接波形

典型故障3:驱动总线 CAN H 与地短路(图7-13)。驱动总线 CAN H 与地短路,CAN H 几乎呈一条直线,无单线工作模式。

典型故障4:驱动总线 CAN L 与地短路(图7-14)。驱动总线 CAN L 与地短路,CAN L 几乎呈一条直线,无单线工作模式。

典型故障5:驱动总线 CAN L 与 B+短路(图7-15)。驱动总线 CAN L 与 B+短路,CAN L 几乎呈一条直线,无单线工作模式。

典型故障6:驱动总线 CAN H 开路(图7-16)。驱动总线 CAN H 开路,无单线工作模式。

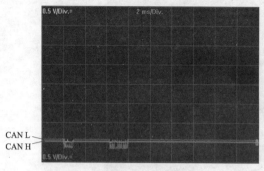

图7-13　驱动总线 CAN H 与地短接波形　　　　图7-14　驱动总线 CAN L 与地短接波形

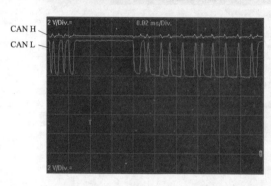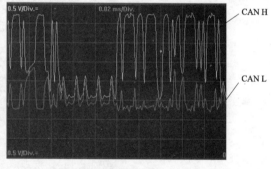

图7-15　驱动 CAN H 与 B+短接波形　　　　图7-16　驱动总线 CAN H 开路波形

典型故障7:驱动总线 CAN L 开路(图7-17)。驱动总线 CAN L 开路,无单线工作模式。

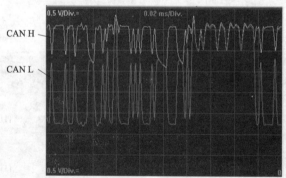

图7-17　驱动总线 CAN L 开路波形

舒适总线故障波形。

典型故障1:舒适总线 CAN L 与 CAN H 短接(图7-18、图7-19)。舒适总线 CAN L 与 CAN H 短接线路短接在一起,在示波器上显示的波形为 CAN L 与 CAN H 波形相同。注意图7-18 与图7-19 的电压0基准位置,实际两波形是完全一样的。

典型故障2:舒适总线 CAN H 对地短路故障(图7-20)。舒适总线 CAN H 对地短路故障,示波器显示 CAN L 正常,CAN H 几乎呈一条直线,总线进入单线工作模式。

典型故障3:舒适总线 CAN H 对正短路故障(图7-21)。舒适总线 CAN H 对正极短路故障,示波器显示 CAN L 正常,CAN H 呈一条直线并且电压值为12V,总线进入单线工作模式。

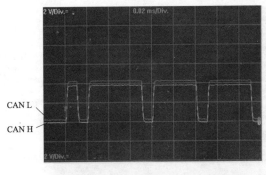
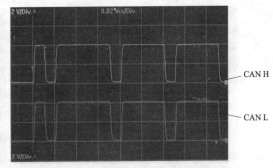

图7-18　舒适总线 CAN L 与 CAN H 短接1　　　　图7-19　舒适总线 CAN L 与 CAN H 短接2

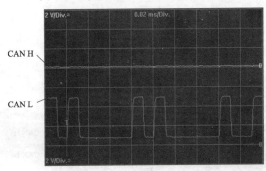
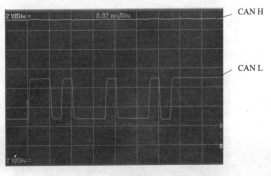

图7-20　CAN H 对地短路波形　　　　　　　　图7-21　CAN H 对正极短路故障

典型故障4：舒适总线 CAN L 与地短接（图7-22）。舒适总线 CAN L 与地短接，示波器显示 CAN H 正常，CAN L 呈一条直线并且电压值为0V。总线进入单线工作模式。

典型故障5：舒适总线 CAN L 对正短路故障（图7-23）。舒适总线 CAN L 故障，示波器显示 CAN H 正常，CAN L 几乎呈一条直线并且电压为12V，总线进入单线工作模式。

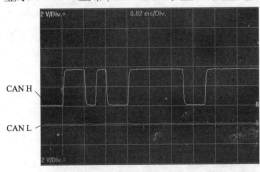
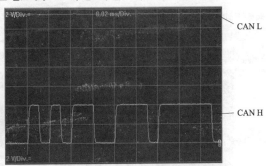

图7-22　CAN L 与地短接波形　　　　　　　　图7-23　CAN L 对正短路波形

典型故障6：舒适总线 CAN L 开路故障（图7-24、图7-25）。舒适总线 CAN L 开路时，示波器测量处的控制单元不对外发送信号时，CAN H 上有单线运行的波形，如图7-24，当示波器测量侧的控制单元也对外发送信号时，就会出现图7-25右侧部分的 CAN 网络波形，图7-25左侧波形与图7-24是一样的，两图设置的时间轴时间不一样，一个设为0.02ms/格，一个设为0.5ms/格。

典型故障7：舒适总线 CAN H 开路故障（图7-26）。舒适总线 CAN H 开路故障与 CAN L 开路故障相似，所以看到的波形是完全相反的，原理相同。

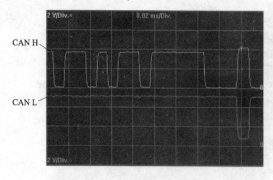
图7-24 CAN L开路故障波形1

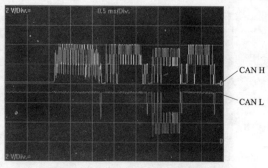
图7-25 CAN L开路故障波形2

典型故障8：舒适总线CAN H对正极虚接。舒适总线CAN H对正极虚接即CAN H对正极有接触电阻的短路，此时CAN H的波形电压被拉高，其基础/隐性电压已不是0V了，但是波形还能被检测到，如图7-27所示。

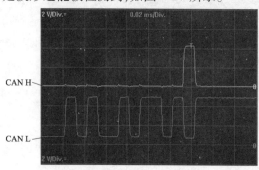
图7-26 CAN H开路故障波形

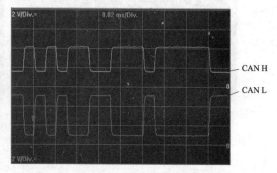
图7-27 CAN H对正极虚接故障波形

典型故障9：舒适总线CAN H对地虚接。舒适总线CAN H对地虚接即CAN H对地有接触电阻短路，CAN H显性电压被拉低，大约1V，如图7-28所示。

典型故障10：舒适总线CAN L对正极虚接。舒适总线CAN L对正极虚接导至CAN L基础/隐性电压被拉高至蓄电池电压，如图7-29所示。

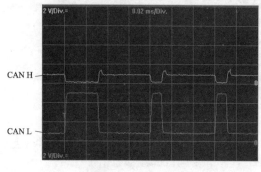
图7-28 CAN H对地虚接故障波形

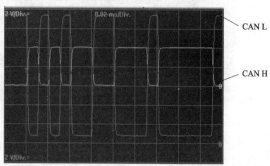
图7-29 CAN L对正极虚接故障波形

典型故障11：舒适总线CAN L对地虚接。舒适总线CAN L对地虚接导至CAN L基础/隐性电压被拉低至3V左右，如图7-30所示。

典型故障12：舒适总线CAN L与CAN H虚接。舒适总线CAN H对CAN L虚接故障导至CAN H基础/隐性电压被拉高，与CAN L显性电压几乎相等，CAN L基础/隐性电压被拉低,与 CAN H 显性电压几乎相等,如图 7-31 所示。

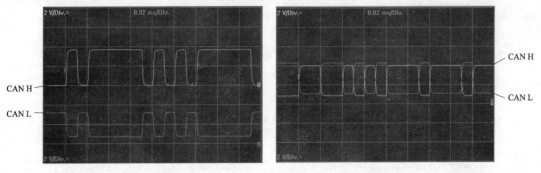

图 7-30　CAN L 对地虚接故障波形　　　　图 7-31　CAN H 对 CAN L 虚接故障波形

五、典型故障的诊断方法

1. 使用解码器和万用表在驱动系统 CAN 数据总线上进行系统故障诊断的工作步骤

其工作步骤见图 7-32。

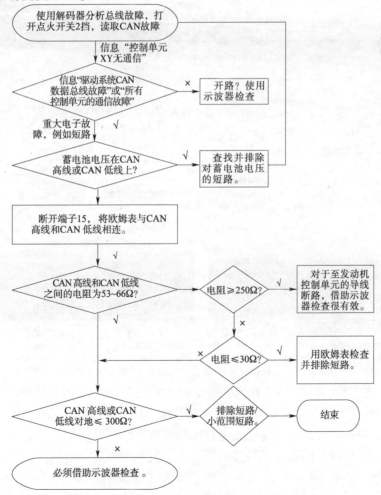

图 7-32　驱动系统 CAN 数据总线故障查询的工作步骤

2. 使用解码器诊断驱动总线的故障的工作步骤

使用解码器诊断驱动总线的故障的工作步骤见图 7-33。

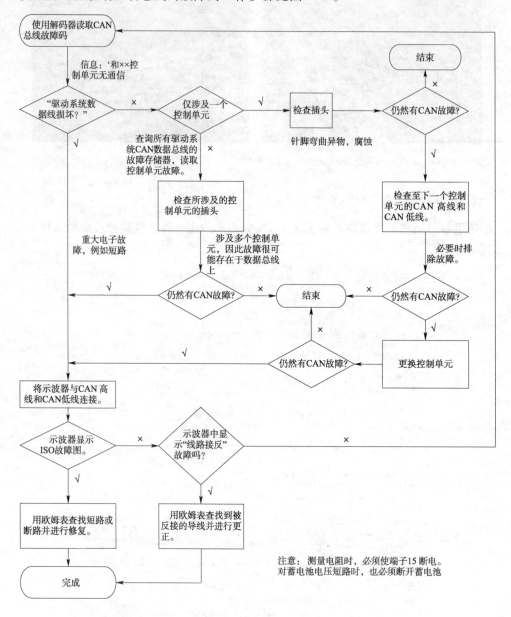

图 7-33　诊断仪诊断驱动系统 CAN 数据总线故障的工作步骤

3. 驱动总线 CAN H 或 CAN L 断路故障诊断

首先必须使用解码器读取故障记录和测量值块，以发动机控制单元 CAN L 断路故障为例，诊断仪诊断显示："发动机控制单元无信号/无通信"如图 7-34 所示。由于终端电阻在发动机控制单元内，CAN L 断路造成可能不再有电流流向中央终端电阻，此时两个 CAN 高线几乎都约为 5V。如果还有其他控制单元处于激活状态，则图示电平和正常的 CAN 低线电平交替出现，如图 7-35 所示。发动机控制单元 CAN 低线断路故障示意图见图 7-36。

单元七　汽车车载网络系统的检修

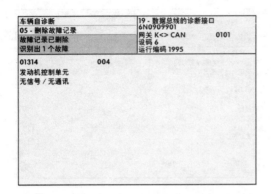
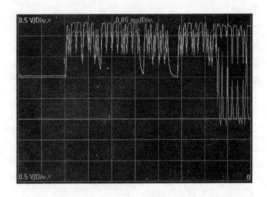

图 7-34　发动机控制单元 CAN L 断路故障诊断故障显示　　图 7-35　发动机控制单元 CAN L 断路波形图

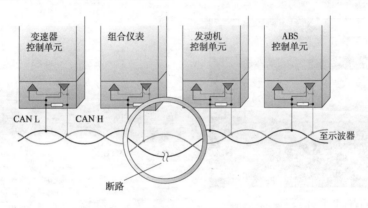

图 7-36　发动机控制单元 CAN 低线断路故障示意图

进一步检查方法：拔下相应控制单元的插头，检查触点是否弯折；重新插上插头，检查故障存储器是否还有故障，如果有还显示故障，则断开蓄电池，重新拔下通信受干扰的控制单元插头，参照电路图，拔下与受干扰控制单元直接连接的控制单元插头，使用万用表在 CAN 低线上检查插头中插销之间的连接是否断路。

如果是 CAN H 断路，检查方法相同，只是波形会与 CAN L 断路相反。

4. 驱动总线 CAN H 或 CAN L 对蓄电池电压（端子 30,12V）**短路故障诊断**

使用诊断仪读取故障记录和测量值块，以驱动总线 CAN L 对 B+ 短路故障为例，如图 7-37 所示。诊断仪诊断显示所有控制单元的故障，还有"驱动系统数据总线损坏"信息，该信息说明数据总线故障就在网关处短路或断路，如图 7-38 所示故障记录。图 7-39 为测量值块 125 显示值：发动机 0；变速器 0；ABS 0，说明驱动系统 CAN 数据总线的所有控制单元的通信都失灵（显示为 1 表示通信正常）。驱动总线某单元互相接错如图 7-40 所示。

使用诊断仪诊断显示："发动机控制单元无信号/无通信"，与图 7-34 显示内容一样，使用示波器测试，如图 7-41 所示，图左侧 CAN L 电压走向就会超过 2.5V（静态电平）。如果错接了某个控制单元或某组控制单元的 CAN H 与 CAN L，不一定马上能在屏幕上看出不同，也可能在较长时间内都没有显示，只有错接的控制单元发送信息时，才能看到。不过错接了控制单元就没有数据交换，相反控制单元由于 CAN 报文运行中断而受影响，以至于多次出现所谓的"错误帧"（CAN 数据总线上的故障信息）。

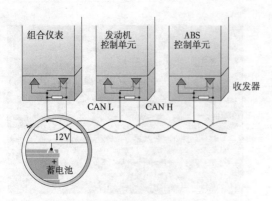

图 7-37 发动机控制单元 CAN L 对 B + 短路故障示意图

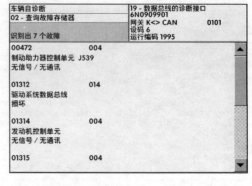

图 7-38 发动机控制单元 CAN L 对 B + 短路故障诊断故障显示

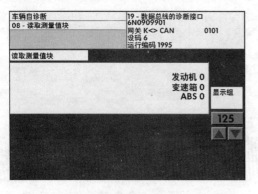

图 7-39 发动机控制单元 CAN L 对 B + 短路故障测量数据块 125 组显示

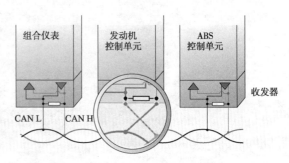

图 7-40 驱动总线某单元互相错接示意图

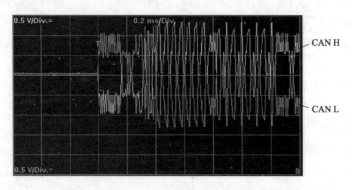

图 7-41 驱动总线某单元 CAN H 与 CAN L 互相错接故障波形图

5. 使用解码器和万用表在舒适系统 CAN 数据总线上进行系统故障诊断的工作步骤

原则上,舒适/信息娱乐系统 CAN 数据总线上可能出现和驱动系统 CAN 数据总线上相同的故障(表 7-2)。由于舒适/信息娱乐系统 CAN 数据总线的 CAN 导线相互独立,以及因此可以实现的单线运行能力,再加上两个数据总线系统的电压值不同,所以在舒适/信息娱乐系统 CAN 数据总线上的故障查询方法也与驱动系统 CAN 数据总线上的不同。

在舒适/信息娱乐系统 CAN 数据总线上,故障查询的输出点始终为诊断仪,借助它可以从网关中读取故障信息。只有当故障信息分析不能直接得出需排除的故障时,才使用示波器继续进行故障查询。一旦确定故障,必须用万用表/欧姆表多次查找具体的故障位置。使用万用表测量总线时务必断开蓄电池。图7-42为低速总线的故障诊断工作步骤。

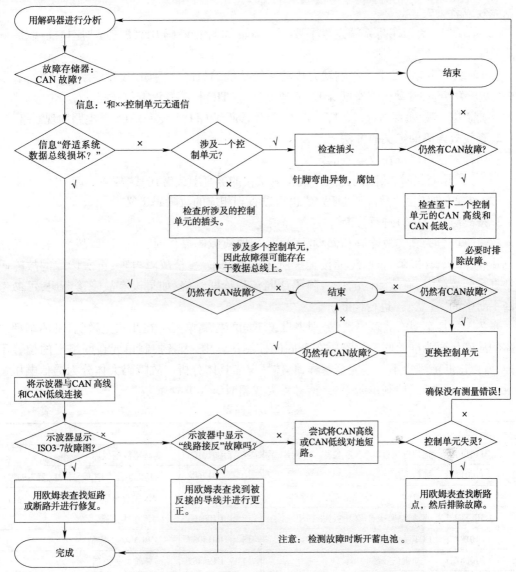

图7-42 低速总线的故障诊断工作步骤

随着汽车技术的发展,数据传输量越来越大,舒适/信息娱乐系统CAN数据总线也由100kb/s变成500kb/s的高速总线,故诊断方法也和驱动总线(高速总线)相同了。

六、按故障码(DTC)进行诊断

在网络中的通信控制模块能够存储故障诊断码(DTC)。通过网络访问这些故障诊断码,可以获得产生故障的相关信息。

从网络上读取的所有的故障诊断码,都有标准格式。该格式提供产生故障码的系统的信息。故障码的第一个字母(前缀)表示产生故障诊断码的汽车系统类型。

1. 故障诊断码第一个字母(前缀)的定义及举例

(1)前缀"U"表示网络上的信息丢失。例如,故障诊断码 U1135 表示"点火开关/起动机数据无效或者丢失"。

(2)前缀"B"表示车身系统发生了故障。例如,故障诊断码 B1958 表示"座椅前倾/后倾电路故障"。

(3)前缀"P"表示发生了影响动力传动系统功能的故障。例如,故障诊断码 P1705 表示"在点火开关接通,发动机停车状态时,变速器挡位(TR)传感器没有停车指示"。

(4)前缀"C"表示存在底盘故障。例如,故障诊断码 C1185 表示"ABS 泵电路出现断路"。

2. 查找故障码的定义的方法

有两种方法可以查找故障码的定义:

(1)使用诊断仪时,故障码定义出现在测试仪的屏幕上或者在其"故障码库"中。

(2)维修手册中的"故障诊断码表"也可以查到相应的故障码定义。

3. 按故障码(DTC)进行诊断

故障码可分为真实故障码和偶发故障码,读取故障码操作时,应先读取故障码,记录之后,清除故障码,让故障再现,比如按客户所述条件试车,直至故障再现,再次读取的故障码才是真实故障码,有故障码的按故障码诊断流程诊断维修;如果没有故障诊断码,可参考维修手册中的"症状表"进行诊断。

表 7-3 为某车型的故障码表,分别来自于不同的控制单元。在此只是举例,具体车型以具体的故障代码为准。同一故障码在不同的控制单元内,因各控制单元在网络上的位置不一样,所以诊断流程也不一定完全一样,具体情况需具体分析。故障码大体分为通信电压过高或过低、总线关闭、控制单元丢失、信号丢失或超时等几类故障。

某车型故障码表　　　　表 7-3

序号	故障码	定义	序号	故障码	定义
1	U110116	通信电压过低(表7-4)	9	U010108	变速器数据损坏
2	U110017	通信电压过高(表7-4)	10	U012608	转角传感器 CAN 信号损坏(表7-9)
3	U000188	驱动 CAN BUS Off 错误(表7-5、表7-6)	11	C100104	CAN 硬件故障
4	U3FFFF2	驱动 CAN 所有 ECU 丢失	12	U100104	CAN 总线错误
5	U010187	DCT 丢失(表7-7、表7-8)	13	U014087	与 BCM 失去通信
6	U010087	发动机信号超时	14	U123487	与导航失去通信
7	U014608	CAN 总线网关数据中断	15	U012687	SAS1 节点丢失
8	U014687	网关信号超时	16	U012287	ABS3 节点丢失

CAN 总线故障 U110116(17)通信电压过低(过高)维修程序　　　　表 7-4

故障可能原因	(1)蓄电池电压过高或过低(电压标准值 9~16V);发电机故障; (2)CAN 总线网络存在故障; (3)ECU 损坏
维修诊断方法	(1)测量蓄电池电压,必要时对蓄电池进行充电;检查发电机发电量,必要时维修更换发电机; (2)排查 CAN 总线及各总线节点有无故障; (3)更换控制单元总成

U000188（驱动 CAN BUS Off 错误）故障码存于网关内的维修程序　　　　表 7-5

故障可能原因	PT CAN 总线通信受到干扰、发生 CAN 线路错误或网关误记 DTC
维修诊断方法	（1）记录错误代码以及可能的行车场景或操作； （2）检查 CAN 线路是否发生短接或短路电源的故障情况，如果有，排除故障； （3）检查 ECU 周边是否存在可能导致 CAN 通信干扰的强电磁设备，如果有，移除干扰设备； （4）重新启动上电，清除之前 DTC 后重新读取，检查 DTC 记录情况； （5）如果错误仍然存在，可能是网关本身故障，需要更换网关

U000188 故障码存于发动机控制单元内的维修程序　　　　表 7-6

故障可能原因	（1）CAN 总线接口接插不牢或接触不良； （2）CAN 总线接口引脚对电源/地短路或开路； （3）ECU 端对应的 CAN 总线接口引脚对电源/地短路、开路或内部电路损坏
维修诊断方法	（1）检查 CAN 总线接口接插是否不牢或接触不良，若是，重新接插；若不是，进行下一步； （2）检查 CAN 总线接口引脚对电源/地短路或开路，若是，维修线束；若均不是，进行下一步； （3）检查是否存在线束信号干扰，若是，屏蔽干扰线束；若不是，进行下一步； （4）检查 ECU 端对应的 CAN 总线接口引脚对电源/地短路、开路或内部电路损坏，若是，更换 ECU

U010187（DCT 丢失）故障码存于网关内的维修程序　　　　表 7-7

故障可能原因	DCT ECU 网络管理报文发送失败或网关误记 DTC
维修诊断方法	（1）记录错误代码以及可能的行车场景或操作； （2）检查受监控 ECU CAN 总线连接情况，如果连接异常请重新连接； （3）检查受监控 ECU 发送报文的情况，如有异常，请更换 DCT 单元； （4）重新启动上电，清除 DTC 后重新读取，检查 DTC 记录情况； （5）如果错误仍然存在，可能是网关本身故障，需要更换网关

注：DCT：双离合变速器（Dual Clutch Transmission）。

U010187（DCT 丢失）故障码存于发动机控制单元内的维修程序　　　　表 7-8

故障可能原因	（1）DCT 接插件接插不牢或脱开； （2）DCT 与 ECU 间传输线路破损或中断； （3）DCT 损坏，不能正常传输信号给 ECU
维修诊断方法	（1）检查 DCT 接插件接插是否不牢或脱开，若是，重新接插；若不是，进行下一步； （2）检查是否存在线束信号干扰，若是，屏蔽干扰线束；若不是，进行下一步； （3）检查 DCT 与 ECU 间传输线路破损或中断，若是，维修线束；若不是，进行下一步； （4）检查是否存在 CAN 硬件电路故障，若是，参考 U0001XX 维修步骤；若不是，进行下一步； （5）检查 DCT 是否损坏，不能正常传输信号给 ECU，若是，更换 DCT

U012608（转角传感器 CAN 信号损坏）故障码维修程序　　　　表 7-9

故障可能原因	（1）转向角传感器未正确标定； （2）转向角传感器线路故障； （3）转向角传感器插头松动或破裂； （4）转向角传感器损坏
维修诊断方法	（1）取消转向角传感器的标定并重新进行标定； （2）检查转向角传感器线束； （3）检查并重新插好转向角传感器插头； （4）更换转向角传感器

七、网络故障维修

所有的网络基本上都是由电子控制模块、连接器,数据链接插口(DLC)和数据总线电路组成。能够进行的维修仅仅是线路维修、连接器维修或模块更换。

1. 线路维修、连接器维修或模块更换要点

(1)线路或连接器需要维修时,都要采用汽车维修手册中指定的方法进行维修。在检查控制模块所有的电源和搭铁电路后,才能确定该控制模块是否发生故障。首先识别该模块的电源和搭铁电路,然后采用数字万用表进行检查。

(2)所有的双绞线在每2.5cm内必须至少有一个扭结(为了防止电磁干扰),并且在与模块连接的25cm范围内必须扭结(最好不大于10cm)。

(3)维修数据总线时,必须使用正确规格的导线。数据总线电路中的高阻抗会导致网络发生故障。

(4)导线维修必须焊接,不允许将导线拧接。

(5)网络维修要点:

①使用正确规格的导线。

②在检查模块所有的电源和搭铁电路后,才能确定该控制模块是否发生故障。

③双绞线要求每25mm最少扭结一次,并一直扭结到距模块250mm以内(最好不大于10cm)。

④使用正确的维修或更换方法。

⑤只能用许可的电气连接器进行更换。

2. CAN双线式数据总线的故障检修方法

现在绝大多数汽车均采用了CAN双线式数据总线系统,CAN双线式数据总线系统的故障检修方法如下:

(1)先行检查并排除存在的功能故障。在对数据总线系统进行检查之前,必须保证所有与数据总线相连的控制单元的功能故障。功能故障指不会直接影响数据总线系统,但会影响某一系统的功能流程的故障。例如:传感器损坏,其结果就是传感器信号不能通过数据总线传递。这种功能故障对数据总线系统有间接影响,会影响需要该传感器信号进行控制的单元的通信。如存在功能故障,应先行排除该故障,记下该故障并消除所有控制单元的故障码。

(2)对数据总线系统故障的检查。排除所有功能故障后,如果控制单元间数据传递仍不正常,检查数据总线系统。在检查数据总线系统故障时,须区分两种可能的情况。

①两个控制单元组成的双线式数据总线系统的检测。检测时,关闭点火开关,断开两个控制单元(图7-43)。检查数据总线是否断路、短路或对正极/地短路。如果数据总线无故障,更换较易拆下(或较便宜)的一个控制单元试一下。如果数据总线系统仍不能正常工作,再更换另一个控制单元。

②三个或更多控制单元组成的双线式数据总线系统的检测。检测时,先读出控制单元内的故障码。如图7-44所示,如果控制单元1与控制单元2和控制单元3之间无通信。关闭点火开关,断开与总线相连的控制单元,检查数据总线是否断路。如果总线无故障,更换控制单元1。如果所有控制单元均不能发送和接收信号(故障存储器存储"硬件故障"),则关

闭点火开关,断开与数据总线相连的控制单元,检测数据总线是否短路,是否对正极/地短路。

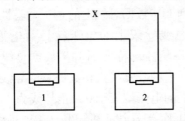 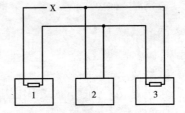

图7-43 两个控制单元组成的双线式数据总线系统　　图7-44 三个控制单元组成的双线式总线系统

③CAN总线传输线路检测注意事项。如果线路中出现断路现象,不可用外接一条线路来代替损坏的CAN线(图7-45)。非双绞线部分的长度不能大于10cm的距离,如图7-46所示。维修总线时不可改变连节点,节点必须保持连接在主要CAN总线上,如图7-47所示。

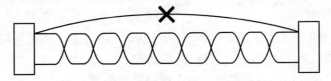

图7-45 不可外接线代替双绞线

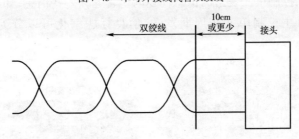

图7-46 非双绞线的长度不得大于10cm

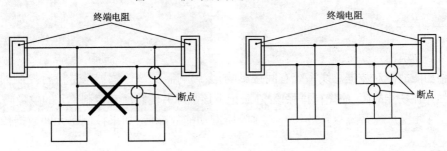

图7-47 总线接线原则

课题二　其他网络故障诊断与维修

一、LIN故障诊断与维修

1. LIN总线波形分析

LIN总线使用单线传递信息,控制单元分为主、从控制单元,其信息传递的波形如图

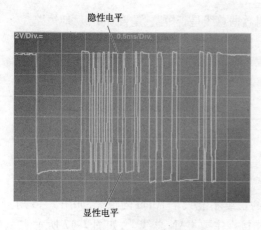

图7-48 LIN总线的显性电平与隐性电平

7-48所示,如果无信息发送到LIN数据总线上或者发送到LIN数据总线上的是一个隐性比特,那么数据总线导线上的电压就是蓄电池电压12V,如果将显性比特传到LIN数据总线上,发送控制单元内的收发报机将数据总线导线搭铁,数据导线上的电压就等于0V,当导线为12V时,称为隐性电平,当导线上的电压为0V时称为显性电平。

如图7-49所示,LIN总上传递的信息包含两部分,一部分是信息标题,一部分是信息内容,组成一个信息。该信息可能由主控单元单独发送,也可能由主控发送,从控单元响应顺序发送。由主控单元发时,称为带有主控制单元命令的信息,包含LIN主控制单元通过标题内的标志符来要求LIN从控制单元使用包含在回应内的数据。

由LIN从控制单元回应发送的信息称为带有从控制单元回应的信息,信息包含LIN主控制单元要求LIN从控制单元发送的信息标题内包含这样一些信息,如开关状态或测量值。

信息标题由LIN主控制单元按周期发送,信息标题细化可以分为四部分,如图7-50所示:

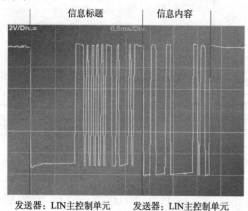

图7-49 信息标题和信息内容图示

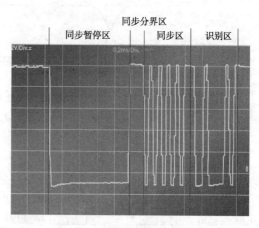

图7-50 信息标题图示

(1)同步暂停区:长度至少为13位(二进制的),它以显电平发送,能准确地通知所有的LIN从控制单元有关信息的起始点的情况。

(2)同步分界区:为1位(二进制的)的隐性电平。

(3)同步区:由0101010101这个二进制位序构成,所有的LIN从控制单元通过这个二进制位序来与LIN主控制单元进行匹配(同步)。

(4)识别区:长度为8位(二进制的),头6位是回应信息识别码和数据区的个数。回应数据区的个数在0~8。后两位是校验位,用于检查数据传递是否有错误。

信息内容:信息内容有两种类型,一是从控单元的回应信息,一个是主控单元的控制信息。对于带有从控制单元回应的信息,LIN 从控制单元会根据识别码给这个回应提供信息,如图 7-51 所示,主控单元发送的标题信息中有指向性的查询,如查询从控制单元 2 鼓风机转速,而从控制单元 1 对此信息不作出回应。如图 7-52 所示,主控单元发送的标题信息指向鼓风机(从控单元2),并且发送的信息内容为设定转速,只有从控单元 2 鼓风机响应命令信息,调节鼓风机的转速,而从控单元 1 风窗玻璃加热不响应此信息。

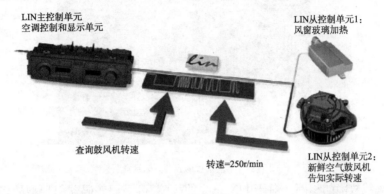

图 7-51　主从控制单元共同发送的信息

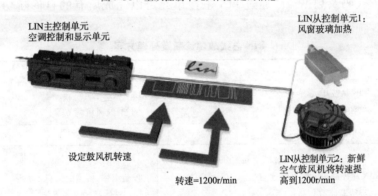

图 7-52　由主控单元单独发送的信息

信息内容由 1~8 个数据区构成,每个数据区是 10 个二进制位,包括一个显性起始位、一个包含信息的字节和一个隐性停止位。起始位和停止位是用于再同步从而避免传递错误的。

LIN 总线上信息的顺序:LIN 主控制单元的软件内已经设定了一个顺序,LIN 主控制单元就按这个顺序将信息标题发送至 LIN 总线上(如是主信息,发送的是回应)。常用的信息会多次传递,LIN 主控制单元的环境条件可能会改变信息的顺序。环境条件如:点火开关接通与关闭、自诊断已激活或是未激活、停车灯接通与关闭。

为了减少 LIN 主控制单元部件的种类,主控制单元将全装备车控制单元的信息标题发送到 LIN 总线上。如果没有安装专用设备控制单元,那么在示波器屏幕上会出现没有回应的信息标题,但这并不影响系统的功能,如图 7-53 所示信息内容波形,主信息、从信息及无回应的信息标题都可以从不同的显性电平均中识别出来。

2. LIN 的故障类型及诊断

(1)LIN 总线故障的分类。由于 LIN 总线由主控单元、从控单元及 LIN 线等组成,LIN 总线的故障可分为:

①节点故障:主控单元故障、从控单元故障。
②线路故障:LIN 线路断路、对正极短路、对负极短路、接插器连接不良故障等。
③信号故障:干扰造成信息传输错误、软件版本或是编码不匹配造成的信息不能识别故障。

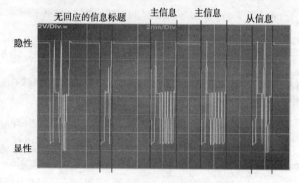

图 7-53　不同信息内容的波形示意图

(2)LIN 总线故障的诊断。对于 LIN 总线的故障,可采用解码器引导型故障诊断进行诊断,含读取故障代码及数据流。通过 LIN 主控单元可以完成所有的自诊断功能,如表 7-10 所示。

LIN 总线故障诊断及处理方案　　　　　　表 7-10

故障	故障一	故障二
故障部位	LIN 从控单元 例如:鼓风机调节器	LIN 从制单元 例如:鼓风机调节器
故障内容	无信号或无法通信	不可靠信号
故障原因	在 LIN 主控制单元内已规定好的时间间隔内 LIN 从控制单元数据传递有故障; 导线断路或短路; LIN 从控制单元供电故障; LIN 从控制单元或 LIN 主控制单元型号错误; LIN 从控制单元损坏	校验出错,传递的信息不完整; LIN 导线受到电磁干扰; LIN 导线的电容和电阻值改变了(例如插头壳体潮湿或脏污)、软件故障(备件型号错误)
处理方案	关闭点火开关,断开蓄电池,断开主从控制单元,测量 LIN 线的导通性,阻值应小于 1Ω; 检查 LIN 控制单元的供电应等于蓄电池电压,搭铁应正常; 检查控制单元版本或型号有无错误; 更换控制单元,重新编码或匹配	测量 LIN 线波形,查看有无干扰,排除干扰源; 检查插接器连接情况,测量 LIN 线阻值应小于 1Ω; 更换正确型号控制单元

二、MOST 故障诊断与维修

1. MOST 总线故障及现象

在光纤内传输的光线随着传输距离的加大逐渐减弱,这一过程称为衰减。衰减量不允许超过某个规定值,否则相应控制单元内的接收模块将无法处理这个光脉冲。有两种基本形式的衰减：自然衰减和故障衰减。

自然衰减是由光脉冲从发射模块至接收模块走过的距离而产生的（为防止衰减过度，严禁使用过长的光纤）。故障衰减是因为光脉冲传输区域有缺陷而产生的。如图7-54所示为光纤内的光线衰减。

进行车辆导线束方面的工作时必须特别小心。与铜电缆不同，光缆损坏时不会立即产生故障，而是在日后使用中用户才能察觉出来。判断信号质量的一个标准就是衰减度。过度衰减可能是由以下不同原因造成的：

图7-54 光纤内的光线衰减
1-发送二极管；2-外壳；3-光纤；4-接收二级管

（1）弯曲半径过小。光纤的弯曲半径不得小于50mm。50mm大约相对于一个饮料瓶的直径。弯曲半径更小时会影响光缆的性能，甚至造成塑料光缆完全损坏。光线会从过度弯曲部位射出，因为此处无法正确反射光线，如图7-55所示。

（2）光纤扭结。扭结光纤会损坏纤维内芯和外壳，使部分光线会在扭结部位发生散射，从而造成传输损失。因此安装时切勿扭结光纤，即使仅仅短促扭结过一次，也会损坏光缆，纽扭后的光纤如图7-56所示。

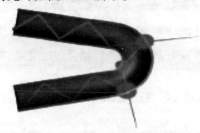

图7-55 光纤的过度弯曲造成光线过度衰减　　图7-56 光纤扭结后造成的光线过度衰减

（3）挤压变形。挤压可能会造成光导横截面永久变形，传输时就会丢失光线。电缆扎带过紧也可能会造成挤压变形，因此任何情况下都不能挤压光纤。挤压变形导致的光线传递示意图如图7-57所示。

（4）摩擦破损。与铜导线不同的是，光纤上摩擦破损的部位不会造成短路，而会造成光线损失或使外部光线射入，光纤系统就会受到干扰或完全失灵，如图7-58所示。

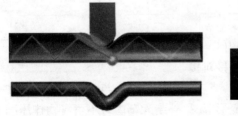

图7-57 挤压变形造成的光线过度衰减　　图7-58 摩擦破损造成的光线侵入和外泄

（5）过度拉伸。光纤受外力过度伸长会使芯线因拉长而减小纤维内芯横截面面积，从而减少通过的光量，因此拉伸光缆时同样可能造成光缆损坏，如图7-59所示为拉伸后的光线通过情况。

（6）端面有污物或划痕。光纤端部的污物会妨碍光线射入和射出，污物会吸收光线，造成衰减程度过大，如图7-60所示。

图7-59 过度拉伸造成的光线过度衰减　　图7-60 端面有污物造成的光线过度衰减

端面有划痕时会使到达该处的光线形成散射,从而减少到达接收装置的光线,如图7-61所示。

操作中虽然可以避免无意中接触端面,但操作不当仍可能会造成光纤端面有污物或划痕故障。

(7) 端面错位。插头破损会造成端面错位,导致接触面变小而造成光线传输衰减,如图7-62所示。

图7-61 端面划痕造成的接收光线变少　　图7-62 端面错位造成的光线过度衰减

(8) 端面未对正。由于安装角度不对,造成端面没有对正,光线传输会过度衰减,如图7-63所示。

(9) 端面间隙。插头壳体碎裂或未定位,造成光导纤维的端面与控制单元的接触面之间有空隙,造成光线不能完全传递,如图7-64所示。

图7-63 端面未对正造成的光线过度衰减　　图7-64 端面间隙造成的光线过度衰减

(10) 光纤过热。光纤过热时不会立即产生故障,而是在日后使用中才会造成损坏。因此,光纤的温度不能超过85℃。

2. MOST 总线维修注意事项

(1) 不允许用热处理之类的维修方法,如钎焊、热粘接及焊接。

(2) 不允许用化学及机械方法,如粘贴、平接对接。

(3) 不允许将两条光导纤维线绞合在一起,或者一根光导纤维与一根铜线绞合在一起。

(4) 不允许对光纤外壳打孔、切割、压缩变形等,另外装入车内时不可有物体压到光纤。

(5) 端面上不可脏污,如液体、灰尘、工作介质等,只有在插接和检测时才可小心地取下保护盖。

(6) 在车内铺设光纤时不可打结,更换时注意其正确的长度。

(7) 严禁弯折光纤,在铺设光导纤维时,应安装防弯折装置(波形管),用以保证最小 25～50mm 的曲率半径,防弯折装置如图7-65所示。

(8) 光纤插头连接要规范,使用专用插头,插塞连接上有一个信号方向箭头,它表示输入方向(通向接收器)。如图 7-66 所示为标准的光纤插头结构。

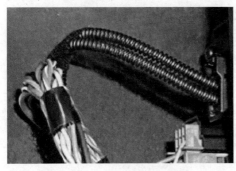

图 7-65 光纤防弯曲的波形管

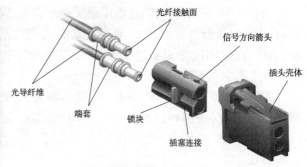

图 7-66 光纤插接头结构

(9)只能用专用工具切割光纤,避免切削时造成光纤端面出现光线散射。

① 为了将套管正确安装在光缆上,使用专用卷边钳。

② MOST 系统内的光缆只允许在两个控制单元之间维修一次。

3. MOST 总线故障自诊断

以奥迪 A6'11 为例,光纤连接着数据总线诊断接口 J533,J533 是除 MOST 系统管理器以外的诊断管理器,负责执行环形中断诊断,并会将 MOST 总线上的控制单元诊断数据传给诊断控制单元。

如果数据传递在 MOST 总线上的某一位置处中断,由于总线是环形结构,因此出现了环形中断,无法进行数据传递时,需要进行环形中断诊断,判断中断的具体位置。环形中断诊断是诊断管理器执行元件诊断内容的一部分。

发生环形中断的原因有光导纤维断路、发射器或接收器控制单元的供电有故障或发射器或接收器控制单元损坏等。环形中断会产生音频和视频停止播放、通过多媒体操纵的单元无法进行控制和调整、诊断管理器的故障存储器中存有故障记录"光纤数据总线断路"。

环形光纤中断诊断。环形光纤中断诊断需要使用诊断线来进行,诊断线通过中央导线连接器与 MOST 总线上的各个控制单元相连,如图 7-67 所示。

如果光导纤维信号衰减增大,那么到达接收器的光信号就会非常弱,接收器会报告"光学故障"。于是诊断管理器就可识别出故障点,并且在用检测仪查寻故障时会输出故障信息,如图 7-68 所示。

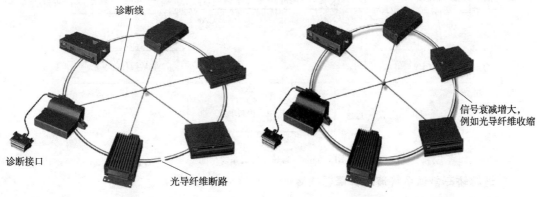

图 7-67 环形光纤中断故障诊断　　　　图 7-68 环形光纤衰减增大的诊断

4. MOST 总线的检修

当装备 MOST 总线的信息娱乐系统出现音频、视频和导航等故障,需要进行总线系统检修,首先可以进行外观的检查,观察光纤是否有弯折、破损、脱落等原因造成的信息传递中断,其次可以使用诊断设备进行诊断,使用的设备除常用的故障诊断仪(解码器)外,还可以使用汽车光学网络检测仪。

故障诊断仪检测时可以进入 MOST 诊断管理器,启动环路中断诊断和环路衰减诊断,诊断出相应的故障原因和故障点。各汽车厂家都有专用的光纤检测仪。汽车光学网络检测仪可以测量 MOST 总线中光信号传输的衰减值。通过测量出的衰减值,可以判断是光纤故障还是节点故障。

通过诊断判断出如果是光纤故障,根据诊断结果可以重新连接或是更换光纤,注意事项如前所述,如果是节点故障,应更换节点控制单元并进行编码匹配。

课题三 车载网络系统故障案例分析

一、车载网络故障案例

速腾轿车舒适系统采用了 CAN 技术,其控制的原理和检测的方法都不同于无 CAN 技术的车辆舒适系统,下面分析诊断若干个典型的舒适系统故障。

大众速腾轿车舒适系统功能主要包括车窗玻璃升降、天窗玻璃开闭、后视镜调节、车门锁启闭、行李舱和油箱盖开启、内部监控的启闭、防盗警报等。

2010 款大众速腾轿车舒适系统中,左、右前车门控制单元通过 CAN H、CAN L 线与舒适系统控制单元、车载网络控制单元相连;而左后车门控制单元与左前车门控制单元、右后车门控制单元与右前车门控制单元分别是通过 LIN 线相连,进而通过 CAN 与舒适系统中央控制单元通信。该舒适系统的组成与连接如图 7-69 所示。

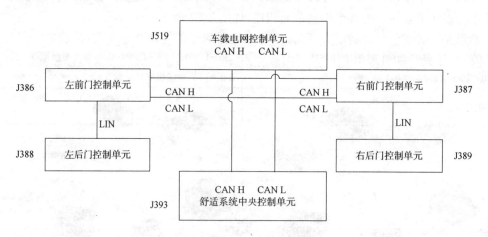

图 7-69 速腾轿车舒适系统框图

1. 速腾轿车舒适系统玻璃升降器故障

(1)故障现象,见表 7-11。

单元七 汽车车载网络系统的检修

玻璃升降器故障现象   表7-11

操作	驾驶员侧的主控开关		其他玻璃升降器
打开点火开关	不能控制右前门玻璃升降器的运行	但右前门的玻璃升降器开关能控制相应电机的运行	工作正常:中控门锁开关能控制右前门锁电机的运行;E40 与 E81 共同搭铁且 E40 能正常工作

(2)故障分析,见图7-70及表7-12。

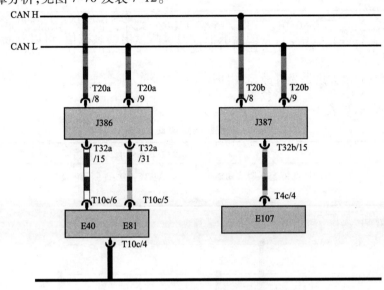

图 7-70 右前玻璃升降器控制线路简图

J386-左前门控单元;E81-驾驶门侧右前玻璃升降器开关;E107-右前门上玻璃升降器开关;J387-右前门控单元;E40-左前玻璃升降器开关

玻璃升降器故障分析   表7-12

现　　象	故障分析
右前门的玻璃升降器开关能控制相应电机的运行	由于 E107 能够控制右前升降电机动作,说明右前升降电机本身及其线路正常
中控门锁开关能控制右前门锁电机的运行	说明 J386 与 J387 之间的 CAN BUS 通信正常
E40 与 E81 共同搭铁且 E40 能正常工作	说明 E81 的公共搭铁正常
不能控制右前门玻璃升降器的运行	可能原因为:E81 开关自身故障;E81 与 J386 之间电路故障;J386 局部故障

(3)故障诊断,见表7-13。

玻璃升降器故障诊断   表7-13

检查项目	检查方法及结果	分析可能原因
1. 检查 J386 信号输入端子电压	在操作 E81 开关(双方向)时,用万用表测量 J386 的 T32a/15 端子对地电压,测试值为 3.6V 不变,而正常情况下该端子电压应交替变化,测试结果异常	E81 自身故障;E81 到 J386 的线路故障
2. 检查 E81 信号输出端子电压	在操作 E81 开关(双方向)时,用万用表测量 E81 的 T10c/6 端子对地电压,标准值为随操作开关而变化,实测为 0.04V,测试结果异常	

续上表

检查项目	检查方法及结果	分析可能原因
综合以上2个测试结果	E81 的 T10c/6 端子对地电压为几乎零,说明故障为 J386 端子 T32a/15 到 E81 的 T10c/6 端子之间的线路断路	
验证	用带有熔断丝的线束跨接 J386 端子 T32a/15 和 E81 的 T10c/6 端子,故障现象消失,故障排除	

(4)维修结论:由于 J386 端子 T32a/15 到 T10c/6 端子之间的线路断路,J386 无法接收到开关 E81 的信号,导致 J387 无法控制右前玻璃升降器电机的工作。更换故障线束,故障排除。

2. 速腾轿车舒适系统后视镜故障

(1)故障现象,见表7-14。

后视镜故障现象   表7-14

操 作	后视镜调整开关处于 L 或 R 挡	
打开点火开关	右侧后视镜上下调节功能失效	其他功能正常:左侧后视镜的上下、左右调整和右侧后视镜的左右调整功能

(2)故障分析,见图7-71及表7-15。

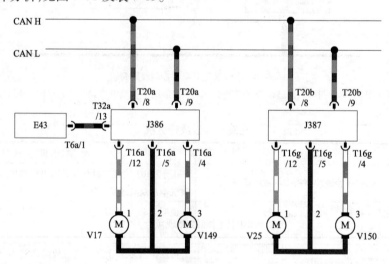

图 7-71　右侧后视镜调整控制线路简图

J386-左前门控单元;E43-后视镜调节开关;V149-驾驶员侧后视镜左右调整电机;V150-副驾驶员后视镜左右调整电机;J387-右前门控单元;V17-驾驶员侧后视镜上下调整电机;V25-副驾驶侧后视镜上下调整电机

后视镜故障分析   表7-15

现　象	故障分析
左侧后视镜的上下、左右调整和右侧后视镜的左右调整功能正常	E43 开关能正常控制,说明 E43 自身、E43 与 J386 之间线路、J386 自身、J386 与 J387 之间线路、J387 电源电路均工作正常
右侧后视镜上下调节功能失效	造成故障的可能原因有:右侧后视镜上下调整电机故障;右侧后视镜电机与 J387 之间的线路故障;J387 局部故障

(3)故障诊断,见表7-16~表7-18。

后视镜故障诊断   表7-16

检查项目	检查方法及结果	分析可能原因
1.右侧后视镜调整电机2个端子之间电压	后视镜调整开关转至R挡,然后操作后视镜调整开关,用万用表测量右侧后视镜调整电机的1与2、2与3端子之间的电压,数值见表7-17	综合测试结果,说明1与2之间的电压测试结果异常。可能原因为:V25电机自身故障;V25与J387之间线路故障;J387局部故障
2.测量V25控制线路	将后视镜调整开关转至R挡,然后上下、左右操作后视镜上下调整开关,用万用表测量右侧后视镜调整电机的1端子与J387的T16g/5端子之间、1端子与T16g/12端子之间的电压降,数值见表7-18	综合测试结果,说明右侧后视镜上下调整电机1端子与J387的T16g/12端子之间的电压降不符合要求,测试结果异常,加之电压降为电源电压,说明故障为J387的T16g/12端子到V25的1端子间的线路断路
验证	用带有熔断丝的线束跨接故障线束,故障现象消失,故障排除	

测量右侧后视镜调整电机端子间的电压   表7-17

测试对象	右侧后视镜调整电机1与2端子之间的电压	右侧后视镜调整电机2与3端子之间的电压
标准参数	0~12V的方波脉冲	0~12V的方波脉冲
测试结果	0V	12V

测量右侧后视镜调整电机端子与J387连接端子间的电压降   表7-18

测试对象	2与J387的T16a/5之间的电压降	1与J387的T16a/12之间的电压降
标准参数	小于0.1V	小于0.1V
测试结果	0V	12.11V

(4)维修结论:由于J387的T16g/12端子到V25的1端子之间的线路断路,导致J387无法发出控制指令,右侧后视镜上下调节功能失效。更换故障线束,故障即可排除。

3.速腾轿车舒适系统中控门锁故障

(1)故障现象,见表7-19。

中控门锁故障现象   表7-19

操作	左前闭锁器	左后闭锁器	左后门玻璃升降电机
操作驾驶员侧中控锁开关	正常工作	不工作	能控制工作

(2)故障分析,见图7-72及表7-20。

中控门锁故障分析   表7-20

现象	故障分析
中控锁能控制左前闭锁器正常工作	中控锁开关本身、中控锁开关与J386之间线路正常
能控制左后门玻璃升降电机工作	E53玻璃升降器开关能控制,说明J386和J388之间通信正常
左后闭锁器不工作	可能原因为:V214电机故障;V214电机与J388之间的控制线路故障;J388局部故障

(3)故障诊断,见表7-21、表7-22。

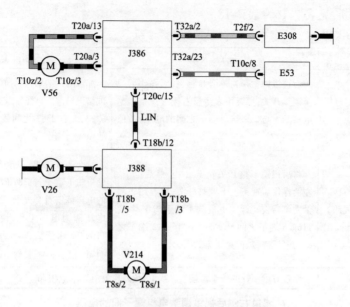

图 7-72 左后中控门锁电机控制线路简图

J386-左前门控单元;E308-驾驶员侧内联锁按钮;V56-驾驶员车门的中央锁电机;V214-左后车门中央门锁电机;J388-左前门控单元;E53-驾驶员侧车门上的左后后车窗升降器开关;V26-左后车窗升降器电机

后视镜故障诊断 表 7-21

检查项目	检查方法及结果	分析可能原因
1. 检查 V214 两端的电压	反复操作 E308 开关解锁或闭锁,用万用表测量 V214 电机两端之间电压,正常情况下应为 0～-12V 的脉冲电压,实测为 0V 不变,测试结果异常	原因:V214 电机自身故障;V214 电机与 J388 之间控制线路故障;J388 局部故障
2. 测量 V214 两端端子电位	反复操作 E308 解锁或闭锁,用万用表测量 V214 电机两端电位均在 11.9～0V 之间变化	说明 J388 有信号输出,但无法确定故障是在电机的哪端电路上
3. 测量电机 V214 与 J388 之间的电路导通性	反复操作 E308 解锁或闭锁,用万用表测量电机 T8s/1、T8s/2 端子对 J388 的 T18b/3、T18b/5 端子之间的电压降,数值见表 7-22	综合以上测试结果,说明电机 T8s/2 端子对 J388 的 T18b/5 端子之间的电压降不符合要求,测试结果异常,加之电压降为电源电压,说明故障为 J388 的 T18b/5 端子到电机 T8s/2 端子之间的线路断路
验证	用带有熔断丝的线束跨接故障线束,故障现象消失,故障排除	

测量左后车门中央门锁电机端子与 J388 连接端子的电压降 表 7-22

测试对象	T8s/1 对 T18b/3 之间的电压降	T8s/2 对 T18b/5 之间的电压降
标准参数	小于 0.1V	小于 0.1V
测试结果	0V	12V

(4)维修结论:由于 J388 的 T18b/5 端子和电机 T8s/2 端子之间线路断路,导致 J388 无法发出控制指令,左后中控锁无法正常工作。更换故障线束,故障即可排除。

4. 速腾轿车驱动总线系统故障——发动机不能正常起动

(1) 故障现象,见图7-73及表7-23。

发动机不能正常起动故障现象　　　　　　　　　　　表7-23

操　　作	起　动　机
钥匙处于起动挡	起动机正常工作,但发动机无反应
随后把钥匙置于ON挡	仪表不显示发动机故障灯,从供电到起动都无显示,仪表其他指示正常
初步确认	仪表不显示发动机故障灯,故障真实存在

图7-73　确认仪表不显示发动机故障灯

(2) 故障诊断,见图7-74 ~ 图7-78。

进行电脑检测与示波器检测:使用解码器读取仪表无故障,发动机电脑控制单元无法进入,见图7-19,解码器无法读取发动机故障。

图7-74　解码器无法读取发动机故障

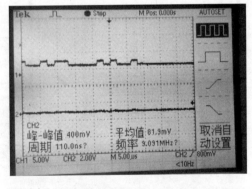

图7-75　测到波形不正常

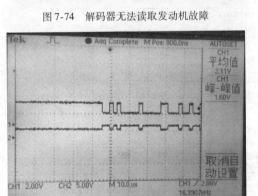

图7-76　正常波形图

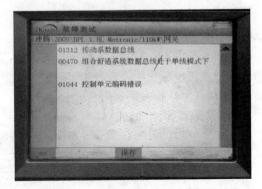

图7-77　传动系数据总线有多个故障码

使用示波器测CAN线测到波形不正常,见图7-20,正常波形见图7-21。

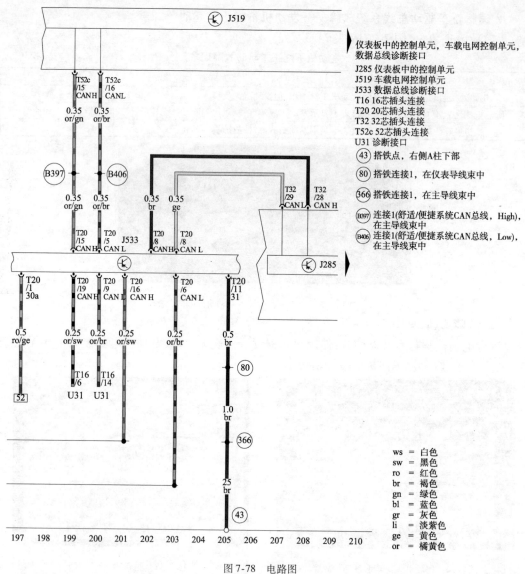

图 7-78 电路图

从示波器信息来看可能是 CAN 线出现问题。使用诊断仪进入诊断总线电脑发现相应故障,见图 7-77。

再行查找资料:查看维修手册的电路图,见图 7-78。驱动 CAN 是发动机控制单元传输给诊断总线接电脑数据来诊断发动机故障从而来进行维修和排故的。先通过电路图找到相应的电脑针脚号,用万用表进行测量。

(3)故障分析,见表 7-24。

发动机不能正常起动故障分析　　　　表 7-24

检查情况	故障分析
通过维修手册及相应诊断设备	仪表、舒适总线、信息总线、电源、搭铁线和网关正常,诊断接口供电正常
剩下只有驱动 CAN 总线未检查,再次检查 CAN 线路	发现汽车电脑控制单元 CAN 线与诊断总线电脑 CAN H 高速 CAN 断路

264

(4)维修结论:根据分析及掌握的相关信息,用导线直接把汽车电脑控制单元 CAN 线与诊断总线电脑 CAN H 连接到一起,观察仪表正常显示发动机故障灯,进行线束连接后发动机正常工作。工作人员在进行维修时发现,故障由车辆线束老化造成,建议客户对车辆线束方面进行进一步检查或对老化部分线束更换。

5. 速腾轿车仪表不正常工作故障

(1)故障现象,见图 7-79 及表 7-25。

图 7-79 仪表无指示灯显示

仪表不正常工作故障现象　　　　　　　　　　　　　　　　　　表 7-25

对车辆进行故障测试	故障现象
钥匙处于起动挡	起动机正常工作,发动机无反应
随后把钥匙至于 ON 挡	仪表无指示灯显示(图 7-79)
初步确认	多次测试确认故障存在

(2)故障诊断,见图 7-80~图 7-83。

使用解码器读取仪表故障,无法进入,见图 7-80a),其他部位电脑可以正常进入。随后进入诊断总线电脑读取故障,见图 7-80b),出现故障 00381。

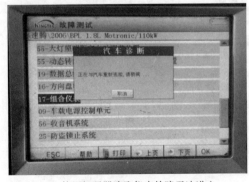 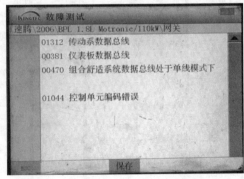

a)使用解码器读取仪表故障无法进入　　　　　b)使用解码器读取仪表故障无法进入

图 7-80 故障诊断

随后使用示波器对仪表 CAN 线进行波形检测,发现波形不正常,见图 7-81。正常波形见图 7-82。

通过上述两种仪器检测后发现,可能是 CAN 线出现故障。通过诊断电脑也发现多个故障,通过维修手册,查看电路图,见图 7-83。仪表 CAN 是传输给诊断总线接电脑数据来诊断故障并排除的。先通过电路图找到相应的电脑针脚号用万用表进行测量。

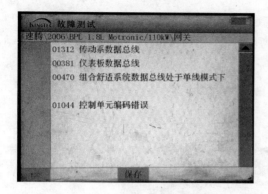

图 7-81 测到仪表 CAN 线不符波形

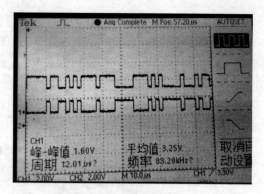

图 7-82 仪表 CAN 线正常波形图

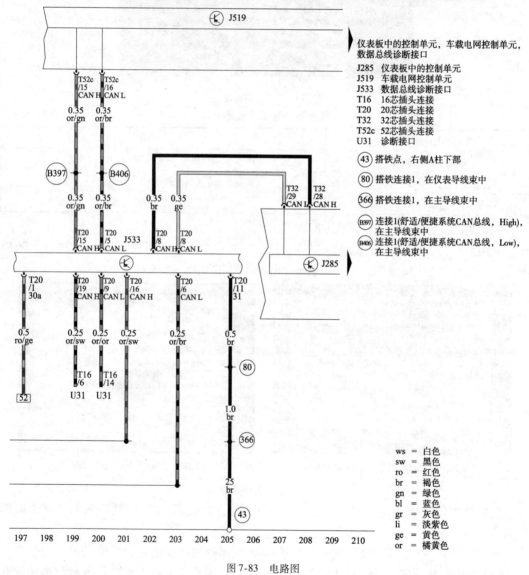

图 7-83 电路图

(3)故障分析,见表 7-26。

仪表不正常工作故障分析　　　　　　　　　　　　表 7-26

检 查 情 况	故 障 分 析
通过维修手册及相应诊断设备检查	驱动总线、舒适总线、信息总线、电源、搭铁线和网关正常,诊断接口供电正常
剩下只有驱动 CAN 总线未检查,再次检查 CAN 线线路	发现仪表 CAN 与诊断总线电脑 CAN H 高速 CAN 断路

（4）维修结论：根据分析及掌握的相关信息，用导线直接把仪表 CAN 线与诊断总线电脑 CAN H 连接到一起，观察仪表正常显示所有指示灯，进行线束连接后一切正常工作。工作人员在进行维修时发现，故障由车辆线束断裂造成，建议客户对车辆线束方面进行进一步检查或部分线束更换。

二、控制单元匹配

更换参与防盗锁止系统功能的控制单元后，必须通过与 FAZIT 数据库进行在线连接来匹配。

Wolfsburg 大众汽车的中央数据库 FAZIT 是防盗锁止系统的重要组成部分。FAZIT 表示"车辆信息和中央识别工具"。该数据库存有所有控制单元的防盗数据，该数据是集成在防盗锁止系统中的。如果没有在线连接到 FAZIT 数据库，则无法匹配控制单元。如图 7-84 所示为位于德国的大众中央数据库 FAZIT。

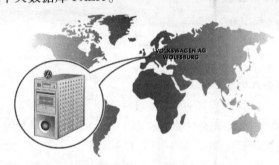

图 7-84　大众汽车的中央数据库 FAZIT

在更换参与防盗锁止系统功能的控制单元时（图 7-85），需将 VAS5051 与数据总线控制单元连接，通过无线网络与 FAZIT 数据库进行数据交换，获取使用授权。

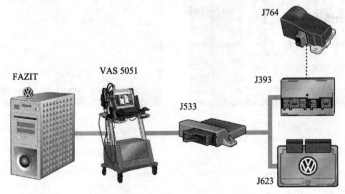

图 7-85　更换控制单元匹配连接示意图

J393-舒适系统中央控制单元；J533-数据总线诊断接口；J623-发动机控制单元；J764-电子转向柱锁止装置控制单元；FAZIT-车辆信息和中央识别工具

1. 更换舒适系统中央控制单元 J393 的匹配步骤

(1) 通过在线连接索要数据。
(2) 通过 VAS 测试仪接收数据。
(3) 将数据下载到控制单元。
(4) 控制单元自适应。
(5) 匹配汽车钥匙。

2. 更换发动机控制单元 J623 的匹配步骤

(1) 通过在线连接索要数据。
(2) 通过 VAS 测试仪接收数据。
(3) 将数据下载到控制单元。
(4) 在控制单元和 FAZIT 之间进行数据交换。
(5) 匹配汽车钥匙。

3. 更换电子转向柱锁止装置控制单元(ELV) J764 和舒适系统中央控制单元 J393 的匹配步骤

(1) 通过在线连接索要数据。
(2) 通过 VAS 测试仪接收数据。
(3) 将数据下载到控制单元。
(4) 在控制单元和 FAZIT 之间进行数据交换。
(5) 匹配汽车钥匙。

4. 更换发动机控制单元的在线匹配实操

以大众迈腾更换发动机控制单元 J623 为例,在线匹配实操过程为:

打开《车辆诊断和保养信息系统》(版本:CHN - /V16.00.00 13/01/2010)。

其操作界面上的实操流程如图 7-86 ~ 图 7-125 所示。

图 7-86 选择引导性功能

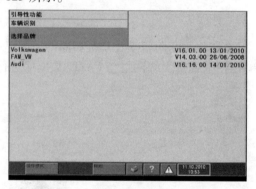

图 7-87 车辆识别,选择品牌

(1) 选择引导性功能。
(2) 进行车辆识别,选择品牌。
(3) 选择车型。
(4) 选择车辆年款。
(5) 选择发动机代码。

(6)选择系统25——防盗锁止系统4D。

(7)选择在线系统测试形成测试计划。(目的是保证在线匹配过程中网络的通畅)

(8)插好网卡及网线,并确认连接正常。

建立连接后,要求输入经销商用户名及密码(图7-94)。注意:如果用户名及密码错误或权限超出时间期限,都不能进行在线匹配和在线查询密码(图7-95)。

(9)创建在线连接。

(10)在线发送数据。

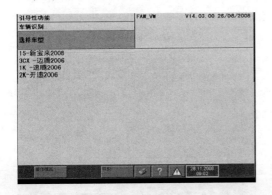

图7-88 选择车型

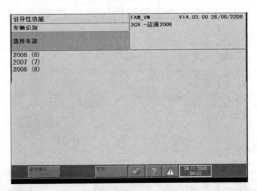

图7-89 选择车辆年款

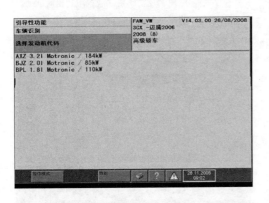

图7-90 选择发动机代码

图7-91 选择系统25——防盗锁止系统4D

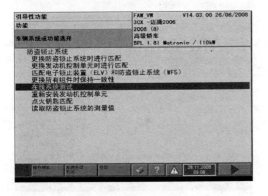

图7-92 选择在线系统测试

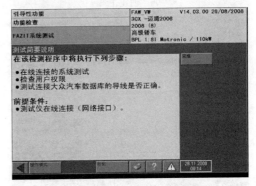

图7-93 插好网卡及网线,并确认连接正常

(11) 等待接收数据。
(12) 分析数据的有效性。
(13) 数据输出。
(14) 在线测试成功。
(15) 返回防盗锁止系统选择重新安装发动机控制单元。
(16) 进入重新安装发动机控制单元测试计划。
(17) 出现提示信息。
(18) 是否要继续该检测程序询问。

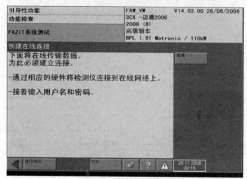

图 7-94　建立连接后输入经销商用户名及密码

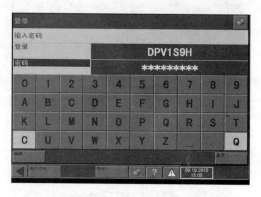

图 7-95　用户名及密码错误或权限超出时间期限,都不能进行在线匹配

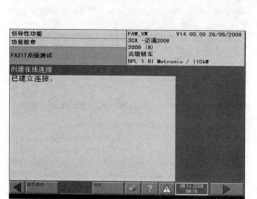

图 7-96　创建在线连接

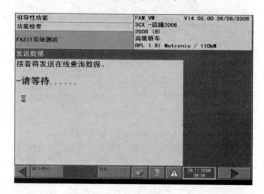

图 7-97　发送数据

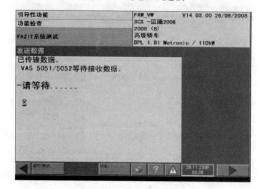

图 7-98　等待接收数据

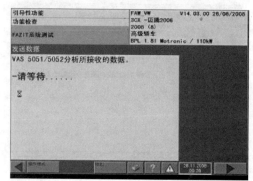

图 7-99　分析数据的有效性

(19) 提示打开点火开关,打开后点击完成。
(20) 进入登录锁止测量模块。
(21) 确定 WFS - 数据。
(22) 输入用户数据。
(23) 输入登录身份证号。
(24) 输入国籍。

图 7-100　数据输出

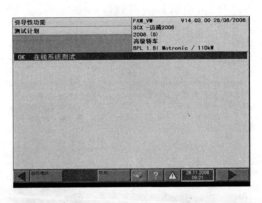

图 7-101　在线测试成功

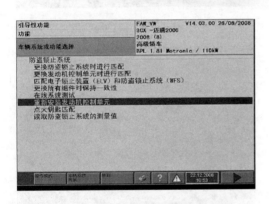

图 7-102　返回防盗锁止系统选择重新
　　　　　安装发动机控制单元

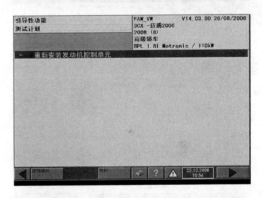

图 7-103　进入重新安装发动机控制单元测试计划

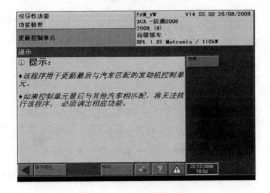

图 7-104　出现提示信息

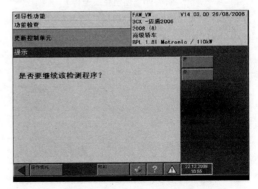

图 7-105　是否要继续该检测程序询问

(25)读取数据。
(26)创建在线连接。
(27)输入登录密码。
(28)登录成功。
(29)发送数据。
(30)等待接收数据。
(31)分析数据的有效性。
(32)结束在线连接。

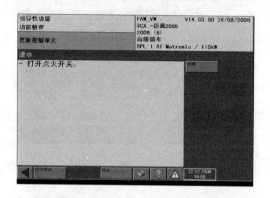

图7-106 提示打开点火开关,打开后点击完成

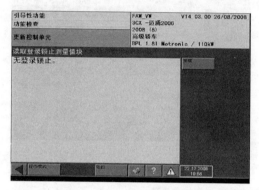

图7-107 进入登录锁止测量模块

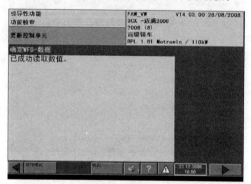

图7-108 确定WFS-数据

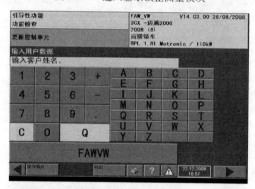

图7-109 输入用户数据

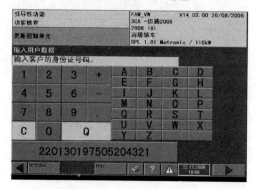

图7-110 输入登录身份证号

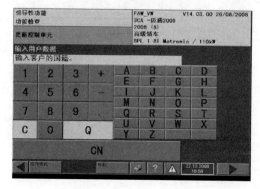

图7-111 输入国籍"CN"表示中国

单元七 汽车车载网络系统的检修

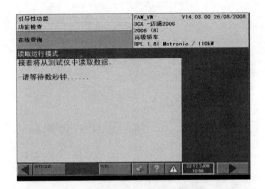

图7-112 读取数据

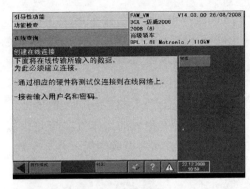

图7-113 创建在线连接

图7-114 输入登录密码

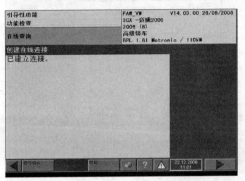

图7-115 登录成功

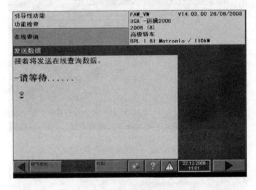

图7-116 发送数据

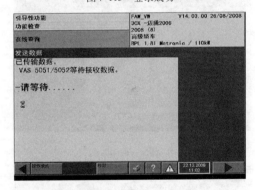

图7-117 等待接收数据

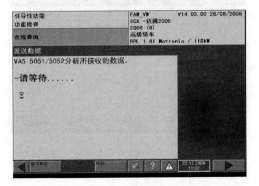

图7-118 分析数据的有效性

图7-119 结束在线连接(1)

(33) 执行4位数的登录程序。

(34) 检测匹配。根据提示关闭点火开关后,再打开。

(35) 检测匹配是否成功。

(36) 成功更新。

(37) 成功完成发动机控制单元的安装。

更换其他控制单元的操作方案与此相似,不再一一叙述,根据解码器提示步骤,输入相应的用户及密码,即可完成匹配。

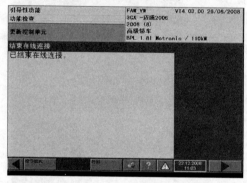

图7-120　结束在线连接(2)

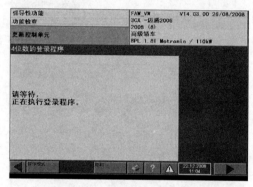

图7-121　执行4位数的登录程序

图7-122　检测匹配

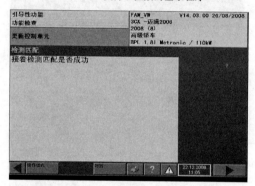

图7-123　检测匹配是否成功

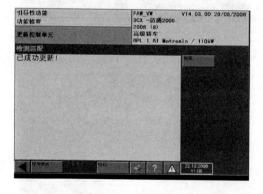

图7-124　成功更新

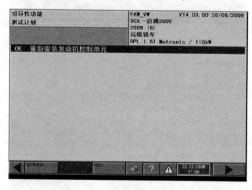

图7-125　成功完成发动机控制单元的安装

参 考 文 献

[1] 潘新民,王燕芳. 微型计算机控制技术[M]. 2版. 北京:电子工业出版社,2011.
[2] 冯博琴,吴宁. 微型计算机原理与接口技术[M]. 3版. 北京:清华大学出版社,2011.
[3] 李伯成. 微型计算机原理与接口技术[M]. 北京:清华大学出版社,2012.
[4] 黄建文. 汽车车载网络系统检修一体化项目教程[M]. 上海:上海交通大学出版社,2012.
[5] 吴宝新,郭永红. 汽车FlexRay总线系统开发实战[M]. 北京:电子工业出版社,2012.
[6] 刘春晖,刘宝君. 汽车车载网络技术详解[M]. 北京:机械工业出版社,2012.
[7] 闫炳强,黄伟青. 汽车车载网络技术与检修[M]. 北京:北京大学出版社,2013.
[8] 尹勇,撒继铭,刘涛,等. 单片计算机原理及应用[M]. 北京:科学出版社,2013.
[9] 吴静进,许仙明. 单片机原理及应用教程[M]. 北京:人民邮电出版社,2014.
[10] 孙月红. 单片机控制装置安装与调试[M]. 北京:电子工业出版社,2016.
[11] 国家标准化管理委员会. 商用车控制系统局域网(CAN)通信协议.
[12] LIN协会. LIN规范2.0.

人民交通出版社汽车类技工教材部分书目

一、全国交通技工院校汽车运输类专业规划教材（第五轮）

书号	书名	作者	定价	出版时间	课件
978-7-114-10637-8	汽车文化	杨雪茹	35.00	2016.08	有
978-7-114-10648-4	钳工工艺	李永吉	17.00	2014.08	有
978-7-114-10459-6	汽车机械基础	刘根平	22.00	2016.07	有
978-7-114-10458-9	汽车发动机结构与拆装	程晟	27.00	2015.06	有
978-7-114-10456-5	汽车底盘结构与拆装	王健	39.00	2015.06	有
978-7-114-10686-6	汽车电器结构与拆装	许云珍	30.00	2016.05	有
978-7-114-10604-0	汽车使用与日常维护	李春生	25.00	2016.02	有
978-7-114-10527-2	汽车发动机检修	王忠良	39.00	2015.06	有
978-7-114-10573-9	汽车变速器与驱动桥检修	戴良鸿	28.00	2016.05	有
978-7-114-10454-1	汽车转向、悬架和制动系统检修	樊海林	24.00	2015.05	有
978-7-114-10627-9	汽车实用英语	杨意品	17.00	2013.07	有
978-7-114-10518-0	汽车服务企业管理	应建明	19.00	2016.07	有
978-7-114-10536-4	汽车结构与拆装	邢春霞	40.00	2015.07	有
978-7-114-10457-2	汽车钣金基础	姚秀驰	32.00	2013.05	有
978-7-114-10444-2	汽车车身碰撞估损	石琳	23.00	2017.07	有
978-7-114-10612-5	汽车美容	彭本忠	20.00	2015.06	有
978-7-114-10758-0	汽车装饰与改装	梁登	32.00	2013.08	有
978-7-114-10580-7	汽车营销	郑超文	25.00	2016.05	有
978-7-114-10477-0	汽车配件管理	卫云贵	25.00	2015.02	有
978-7-114-10597-5	汽车营销法规	邵伟军	23.00	2013.06	有
978-7-114-10528-9	汽车保险与理赔	刘冬梅	22.00	2016.05	有
978-7-114-10999-7	汽车电器与空调系统检修	潘承炜	45.00	2015.05	有
978-7-114-11135-8	汽车车身涂装	曾志安	32.00	2014.03	有
978-7-114-10881-5	汽车营销礼仪	吴晓斌	30.00	2015.08	有

二、全国中等职业技术学校汽车类专业通用教材

书号	书名	作者	定价	出版时间	课件
978-7-114-13417-3	汽车发动机构造与维修（第二版）	吕秋霞	43.00	2016.12	有
978-7-114-13818-8	汽车发动机构造与维修习题集及习题集解（第二版）	吕秋霞	15.00	2017.06	
978-7-114-13016-8	汽车底盘构造与维修（第二版）	徐华东	32.00	2016.07	有
978-7-114-13479-1	汽车底盘构造与维修习题集及习题集解	徐华东	21.00	2016.12	
978-7-114-13007-6	汽车电气设备构造与维修（第二版）	张茂国	42.00	2016.07	有
978-7-114-13521-7	汽车电气设备构造与维修习题集及习题集解	张茂国	23.00	2016.12	
978-7-114-13227-8	机械识图（第二版）	冯建平	25.00	2016.12	
978-7-114-13350-3	机械识图习题集及习题集解（第二版）	冯建平	25.00	2016.11	
978-7-114-12997-1	电工与电子技术基础（第二版）	窦敬仁	34.00	2016.07	有
978-7-114-12891-2	汽车专业英语（第二版）	王蕾	15.00	2016.05	有
978-7-114-13014-4	汽车故障诊断与检测技术（第二版）	王囤	36.00	2016.07	有
978-7-114-13169-1	汽车维修基础（第二版）	毛兴中	24.00	2016.08	有
978-7-114-13136-3	汽车运用基础（第二版）	冯宝山	29.00	2016.07	有

书号	书名	作者	定价	出版时间	课件
978-7-114-13200-1	汽车电路识图（第二版）	田小农	21.00	2016.09	有
978-7-114-13162-2	钳工与焊接工艺（第二版）	宋庆阳	22.00	2016.07	有
978-7-114-13296-4	汽车维修企业管理（第二版）	杨建良	19.00	2016.09	有
978-7-114-11750-3	汽车安全驾驶技术（第二版）	范 立	39.00	2016.05	有
即将出版	汽车故障诊断与综合检测（第二版）	杨永先			有
978-7-114-13738-9	发动机与汽车理论（第二版）	徐华东	16.00	2017.06	有
即将出版	汽车维修案例分析（第二版）	王 征			有
即将出版	汽车维修标准与规范（第二版）	杨承明			有
即将出版	汽车服务工程（第二版）	王旭荣			有
即将出版	公差配合与技术测量（第二版）	刘 涛			有
即将出版	新能源汽车概论	樊海林			有
即将出版	汽车单片机及车载网络系统（第二版）	林为群			有
即将出版	专业技术论文与科研报告撰写（第二版）	裘玉平			有

三、国家示范性中职院校工学结合一体化课程改革教材

书号	书名	作者	定价	出版时间	课件
978-7-114-11778-7	汽车电学基础	梁 勇、唐李珍	18.00	2016.05	有
978-7-114-11757-2	汽车检测与维修技术（初级学习领域一）	赵晚春、李爱萍	28.00	2016.05	有
978-7-114-11766-4	汽车检测与维修技术（初级学习领域二）	刘小强、黄 磊	21.00	2016.02	有
978-7-114-11779-4	汽车检测与维修技术（中级学习领域一）	梁 华、何弘亮	28.00	2015.01	有
978-7-114-11820-3	汽车检测与维修技术（中级学习领域二）	莫春华、雷 冰	32.00	2015.02	有
978-7-114-11933-0	汽车检测与维修技术（高级学习领域一）	潘利丹、李宣葙	23.00	2015.03	有
978-7-114-11944-6	汽车检测与维修技术（高级学习领域二）	张东山、韦 坚	34.00	2015.03	有
978-7-114-11880-7	汽车车身修复基础	冯培林、韦军新	42.00	2016.05	有
978-7-114-11844-9	汽车车身修复技术	冯培林、韦军新	39.00	2015.03	有
978-7-114-11885-2	汽车商务口语	郑超文、林柳波	23.00	2016.05	有
978-7-114-11973-6	二手车销售实务	陆向华	26.00	2015.04	有
978-7-114-12087-9	运输实务管理	谢毅松	22.00	2015.05	有
978-7-114-12098-5	仓储与配送	谢毅松、罗 莎	24.00	2015.05	有

四、全国交通中等职业技术学校通用教材（第四轮）

书号	书名	作者	定价	出版时间	课件
978-7-114-05244-6	汽车发动机构造与维修	张弟宁	45.00	2014.07	
978-7-114-05184-5	汽车底盘构造与维修	崔振民	32.00	2015.06	
978-7-114-05188-3	汽车电气设备构造与维修	张茂国	36.00	2015.04	
978-7-114-05176-0	汽车故障诊断与检测技术	杨海泉	30.00	2016.02	
978-7-114-05207-1	汽车运用基础	冯宝山	18.00	2015.07	
978-7-114-05243-9	汽车维修基础	毛兴中	18.00	2015.01	
978-7-114-05208-8	计算机应用基础	王骁勇	28.00	2008.03	
978-7-114-05190-6	机械识图	冯建平	18.00	2016.07	
978-7-114-05162-3	机械识图习题集及习题集解	冯建平	28.00	2016.06	
978-7-114-05193-7	钳工与焊接工艺	宋庆阳	19.00	2015.12	

咨询电话：010-85285962010-85285977. 咨询QQ：616507284；99735898